创新型普通高等院校“形势与政策”教材

互联网+教育改革新理念教材

大学生时事教育

主编　刘怀平　赵文崛

镇　江

内容提要

本书根据国内国际形势的变化，选择了大学生普遍关注的重大问题和社会热点问题作为教材内容。全书分为“全面贯彻党的二十大精神的科学指引”“深刻领悟‘两个确立’坚定不移听党话、跟党走”“扎实推动经济社会高质量发展”“坚定推进高水平对外开放”“奋进中国特色大国外交新征程”5个专题。

本书内容全面、重点突出、体例丰富，非常适合作为高等院校的思政课教材。

图书在版编目（CIP）数据

大学生时事教育 / 刘怀平，赵文崛主编. -- 镇江 ：江苏大学出版社，2022.5（2024.1 重印）
ISBN 978-7-5684-1802-7

Ⅰ. ①大… Ⅱ. ①刘… ②赵… Ⅲ. ①时事政策教育－高等学校－教材 Ⅳ. ①G641.41

中国版本图书馆 CIP 数据核字(2022)第 074181 号

大学生时事教育
Daxuesheng Shishi Jiaoyu

主　　编 / 刘怀平　赵文崛
责任编辑 / 任建波
出版发行 / 江苏大学出版社
地　　址 / 江苏省镇江市京口区学府路 301 号（邮编：212013）
电　　话 / 0511-84446464（传真）
网　　址 / http://press.ujs.edu.cn
排　　版 / 北京同文印刷有限责任公司
印　　刷 / 北京同文印刷有限责任公司
开　　本 / 787 mm×1 092 mm　1/16
印　　张 / 11.75
字　　数 / 271 千字
版　　次 / 2022 年 5 月第 1 版
印　　次 / 2024 年 1 月第 3 次印刷
书　　号 / ISBN 978-7-5684-1802-7
定　　价 / 38.00 元

如有印装质量问题请与本社营销部联系（电话：0511-84440882）

本书编委会

主　编　刘怀平　赵文崛

副主编　赵婷婷　唐艳群　郝全越

蔡煜燕　南志国　左　恒

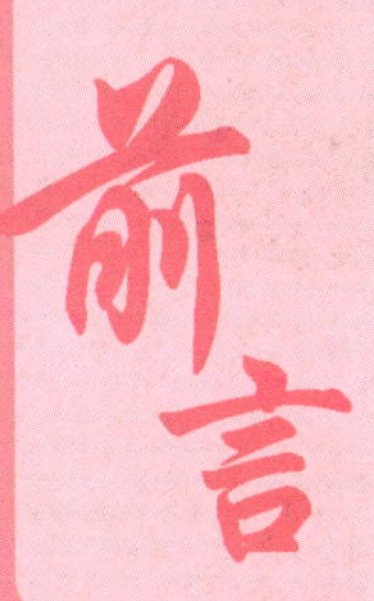

前言

PREFACE

"形势与政策"这门课程是高校思想政治理论课的重要组成部分，是对大学生进行形势与政策教育的主渠道、主阵地，是每个大学生的必修课程，在大学生思想政治教育中担负着重要使命，具有不可替代的作用。以马克思列宁主义、毛泽东思想、邓小平理论、"三个代表"重要思想、科学发展观、习近平新时代中国特色社会主义思想为指导，帮助学生认清国内外形势，切实把思想和行动统一到中央精神上来，坚定中国特色社会主义道路自信、理论自信、制度自信和文化自信，为全面建成社会主义现代化强国，实现中华民族伟大复兴的中国梦增添青春正能量，是"形势与政策"课程教学的基本任务。

本教材以教育部下发的"形势与政策"课程教学要点为依据，结合"形势与政策"课程的教学特点编写而成。

本教材以宣传、贯彻习近平新时代中国特色社会主义思想和党的二十大精神，围绕大学生关注的国内外形势和社会热点问题，开展有针对性的宣传教育，宣讲政策、解疑释惑、统一思想、凝聚共识，引导大学生认识新时代，紧跟国家发展步伐，坚定不移听党话、跟党走，深刻领悟"两个确立"的决定性意义，进一步增强"四个意识"、坚定"四个自信"、做到"两个维护"，努力成为担当民族复兴大任的时代新人。

具体来说，本教材具有以下几个特色。

1．思政引航，铸魂育人

本教材积极践行"立德树人"的理念，以培养学生正确的世界观、人生观和价值观为己任，将社会主义核心价值观元素、以爱国主义为核心的民族精神、以改革创新为核心的时代精神等有机地融入正文内容与各个模块中。

本教材深入阐释了中国共产党为什么能、马克思主义为什么行、中国特色社会主义为什么好，大力唱响中国经济光明论，生动展示大国责任、大国担当，引导学生积极响应号召，增强做中国人的志气、骨气、底气，不负时代，不负韶华，不负党和人民的殷切期望，为民族复兴铺路架桥，为祖国建设添砖加瓦。

本教材不仅在正文部分突出显示了上述内容，还在每个专题的最后设置了多个模块供学生巩固与实践相关理论知识。其中，"思政践行""思政阅读，学习强国"提供了丰富的案例及拓展阅读资料；"思政探究，入脑入心""思政训练营"让学生通过思考与实践，将上述理论知识内化于心、外化于行。

2．凝聚合力，协同育人

本教材在编写的过程中听取了众多优秀教师及相关专家的意见，根据国内国际形势的最新变化，选择了大学生普遍关注的重大问题和社会热点问题作为教材内容，从不同角度分析了当前最新的形势和政策，既便于教师在教学中突出重点和难点，也便于学生的课堂学习和课外阅读。

3．全新理念，全新形态

本教材按照“必需、够用、兼顾发展”的原则组织内容。为了让学生在做中学，在学中做，化被动为主动，我们精心设计了多个模块，能有效地帮助学生理解教材内容和拓宽视野，同时还能增加课堂的趣味性。

本教材的正文中设置了“思政园地——中国风采”“思政园地——中国智慧”“思政园地——中国楷模”“数据库”“新闻角”“平语近人”“思政点拨”“高层之声”“思政点滴”等模块，旨在帮助学生全面掌握所学知识，活跃课堂气氛，并激发学生的学习欲望。另外，本教材在正文中还穿插了大量精美的图片，在美化版面的同时，也能增强学生的学习兴趣。

4．平台支撑，资源丰富

本书融入了“互联网+”思想，将教材、在线课堂与教学资源相融合，构建了线上线下结合的教学模式。学生可以借助智能手机或其他移动设备扫描扉页二维码获取相关视频，教师可登录文旌综合教育平台“文旌课堂”查看与下载本书配套资源，如优质课件、教案、课程标准等。

我们诚挚地希望大学生通过“形势与政策”课程的学习，能够把握时代主题和时代脉搏，进而了解党和国家根据国内国际形势变化所制定的重大战略决策和基本方针政策，把思想和行动统一到中央决策部署上来，更加自觉地投身于中国特色社会主义建设的宏伟事业中，为实现中华民族的伟大复兴贡献自己的聪明才干。

在教材编写过程中，为把最新发生的重大事件和党的最新方针政策及时、全面、准确地体现在教材中，我们引用了一些专家、学者的研究成果，借鉴了相关的教材、论著等资料，未能一一标注，谨在此一并致谢！

由于作者水平有限，疏漏之处在所难免，敬请批评指正。

本书配套资源下载网址和联系方式

网址：https://www.wenjingketang.com

电话：4001179835

邮箱：book@wenjingketang.com

目
录
CONTENTS

目录 | CONTENTS

全面贯彻党的二十大精神的科学指引

中国共产党第二十次全国代表大会，是在全党全国各族人民迈上全面建设社会主义现代化国家新征程、向第二个百年奋斗目标进军的关键时刻召开的一次十分重要的大会。

大会的主题是：高举中国特色社会主义伟大旗帜，全面贯彻新时代中国特色社会主义思想，弘扬伟大建党精神，自信自强、守正创新，踔厉奋发、勇毅前行，为全面建设社会主义现代化国家、全面推进中华民族伟大复兴而团结奋斗。

中国共产党已走过百年奋斗历程。我们党立志于中华民族千秋伟业，致力于人类和平与发展崇高事业，责任无比重大，使命无上光荣。全党同志务必不忘初心、牢记使命，务必谦虚谨慎、艰苦奋斗，务必敢于斗争、善于斗争，坚定历史自信，增强历史主动，谱写新时代中国特色社会主义更加绚丽的华章。

我们要按照党的二十大的战略部署，坚持统筹推进“五位一体”总体布局、协调推进“四个全面”战略布局，加快推进中国式现代化建设，团结奋斗，开拓创新，在新征程上做出无负时代、无负历史、无负人民的业绩，为推进强国建设、民族复兴做出我们这一代人的应有贡献！

（习近平总书记在第十四届全国人民代表大会第一次会议上的讲话，2023 年 3 月 13 日）

一、开辟马克思主义中国化时代化新境界

马克思主义是我们立党立国、兴党兴国的根本指导思想。实践告诉我们，中国共产党为什么能，中国特色社会主义为什么好，归根到底是马克思主义行，是中国化时代化的马克思主义行。拥有马克思主义科学理论指导是我们党坚定信仰信念、把握历史主动的根本所在。

推进马克思主义中国化时代化是一个追求真理、揭示真理、笃行真理的过程。十八大以来，国内外形势新变化和实践新要求，迫切需要我们从理论和实践的结合上深入回答关系党和国家事业发展、党治国理政的一系列重大时代课题。我们党勇于进行理论探索和创新，以全新的视野深化对共产党执政规律、社会主义建设规律、人类社会发展规律的认识，取得重大理论创新成果，集中体现为新时代中国特色社会主义思想。十九大、十九届六中全会提出的“十个明确”“十四个坚持”“十三个方面成就”概括了这一思想的主要内容，必须长期坚持并不断丰富发展。

中国共产党人深刻认识到，只有把马克思主义基本原理同中国具体实际相结合、同中华优秀传统文化相结合，坚持运用辩证唯物主义和历史唯物主义，才能正确回答时代和实践提出的重大问题，才能始终保持马克思主义的蓬勃生机和旺盛活力。

坚持和发展马克思主义，必须同中国具体实际相结合。我们坚持以马克思主义为指导，是要运用其科学的世界观和方法论解决中国的问题，而不是要背诵和重复其具体结论和词句，更不能把马克思主义当成一成不变的教条。我们必须坚持解放思想、实事求是、与时俱进、求真务实，一切从实际出发，着眼解决新时代改革开放和社会主义现代化建设的实际问题，不断回答中国之问、世界之问、人民之问、时代之问，做出符合中国实际和时代要求的正确回答，得出符合客观规律的科学认识，形成与时俱进的理论成果，更好指导中国实践。

坚持和发展马克思主义，必须同中华优秀传统文化相结合。只有植根本国、本民族历史文化沃土，马克思主义真理之树才能根深叶茂。中华优秀传统文化源远流长、博大精深，是中华文明的智慧结晶，其中蕴含的天下为公、民为邦本、为政以德、革故鼎新、任人唯贤、天人合一、自强不息、厚德载物、讲信修睦、亲仁善邻等，是中国人民在长期生产生活中积累的宇宙观、天下观、社会观、道德观的重要体现，同科学社会主义价值观主张具有高度契合性。我们必须坚定历史自信、文化自信，坚持古为今用、推陈出新，把马克思主义思想精髓同中华优秀传统文化精华贯通起来、同人民群众日用而不觉的共同价值观念融通起来，不断赋予科学理论鲜明的中国特色，不断夯实马克思主义中国化时代化的历史基础和群众基础，让马克思主义在中国牢牢扎根。

实践没有止境，理论创新也没有止境。不断谱写马克思主义中国化时代化新篇章，是当代中国共产党人的庄严历史责任。继续推进实践基础上的理论创新，首先要把握好新时代中国特色社会主义思想的世界观和方法论，坚持好、运用好贯穿其中的立场观点方法。

——必须坚持人民至上。人民性是马克思主义的本质属性，党的理论是来自人民、为了人民、造福人民的理论，人民的创造性实践是理论创新的不竭源泉。一切脱离人民的理论都是苍白无力的，一切不为人民造福的理论都是没有生命力的。我们要站稳人民立场、把握人民愿望、尊重人民创造、集中人民智慧，形成为人民所喜爱、所认同、所拥有的理论，使之成为指导人民认识世界和改造世界的强大思想武器。

——必须坚持自信自立。中国人民和中华民族从近代以后的深重苦难走向伟大复兴的光明前景，从来就没有教科书，更没有现成答案。党的百年奋斗成功道路是党领导人民独立自主探索开辟出来的，马克思主义的中国篇章是中国共产党人依靠自身力量实践出来的，贯穿其中的一个基本点就是中国的问题必须从中国基本国情出发，由中国人自己来解答。我们要坚持对马克思主义的坚定信仰、对中国特色社会主义的坚定信念，坚定道路自信、理论自信、制度自信、文化自信，以更加积极的历史担当和创造精神为发展马克思主义做出新的贡献，既不能刻舟求剑、封闭僵化，也不能照抄照搬、食洋不化。

——必须坚持守正创新。我们从事的是前无古人的伟大事业，守正才能不迷失方向、不犯颠覆性错误，创新才能把握时代、引领时代。我们要以科学的态度对待科学、以真理的精神追求真理，坚持马克思主义基本原理不动摇，坚持党的全面领导不动摇，坚持中国特色社会主义不动摇，紧跟时代步伐，顺应实践发展，以满腔热忱对待一切新生事物，不断拓展认识的广度和深度，敢于说前人没有说过的新话，敢于干前人没有干过的事情，以新的理论指导新的实践。

——必须坚持问题导向。问题是时代的声音，回答并指导解决问题是理论的根本任务。今天我们所面临问题的复杂程度、解决问题的艰巨程度明显加大，给理论创新提出了全新要求。我们要增强问题意识，聚焦实践遇到的新问题、改革发展稳定存在的深层次问题、人民群众“急难愁盼”问题、国际变局中的重大问题、党的建设面临的突出问题，不断提出真正解决问题的新理念、新思路、新办法。

——必须坚持系统观念。万事万物是相互联系、相互依存的。只有用普遍联系的、全面系统的、发展变化的观点观察事物，才能把握事物发展规律。我国是一个发展中大国，仍处于社会主义初级阶段，正在经历广泛而深刻的社会变革，推进改革发展、调整利益关系往往牵一发而动全身。我们要善于通过历史看现实、透过现象看本质，把握好全局和局部、当前和长远、宏观和微观、主要矛盾和次要矛盾、特殊和一般的关系，不断提高战略思维、历史思维、辩证思维、系统思维、创新思维、法治思维、底线思维能力，为前瞻性思考、全局性谋划、整体性推进党和国家各项事业提供科学思想方法。

——必须坚持胸怀天下。中国共产党是为中国人民谋幸福、为中华民族谋复兴的党，也是为人类谋进步、为世界谋大同的党。我们要拓展世界眼光，深刻洞察人类发展进步潮流，积极回应各国人民普遍关切，为解决人类面临的共同问题做出贡献，以海纳百川的宽阔胸襟借鉴吸收人类一切优秀文明成果，推动建设更加美好的世界。

二、新时代新征程中国共产党的使命任务

从现在起，中国共产党的中心任务就是团结带领全国各族人民全面建成社会主义现代化强国、实现第二个百年奋斗目标，以中国式现代化全面推进中华民族伟大复兴。

在中华人民共和国成立特别是改革开放以来长期探索和实践基础上，经过十八大以来在理论和实践上的创新突破，我们党成功推进和拓展了中国式现代化。

中国式现代化，是中国共产党领导的社会主义现代化，既有各国现代化的共同特征，更有基于自己国情的中国特色。

——中国式现代化是人口规模巨大的现代化。我国 14 亿多人口整体迈进现代化社会，规模超过现有发达国家人口的总和，艰巨性和复杂性前所未有，发展途径和推进方式也必然具有自己的特点。我们始终从国情出发想问题、做决策、办事情，既不好高骛远，也不因循守旧，保持历史耐心，坚持稳中求进、循序渐进、持续推进。

——中国式现代化是全体人民共同富裕的现代化。共同富裕是中国特色社会主义的本质要求，也是一个长期的历史过程。我们坚持把实现人民对美好生活的向往作为现代化建设的出发点和落脚点，着力维护和促进社会公平正义，着力促进全体人民共同富裕，坚决防止两极分化。

——中国式现代化是物质文明和精神文明相协调的现代化。物质富足、精神富有是社会主义现代化的根本要求。物质贫困不是社会主义，精神贫乏也不是社会主义。我们不断厚植现代化的物质基础，不断夯实人民幸福生活的物质条件，同时大力发展社会主义先进文化，加强理想信念教育，传承中华文明，促进物的全面丰富和人的全面发展。

——中国式现代化是人与自然和谐共生的现代化。人与自然是生命共同体，无止境地向自然索取甚至破坏自然，必然会遭到大自然的报复。我们坚持可持续发展，坚持节约优先、保护优先、自然恢复为主的方针，像保护眼睛一样保护自然和生态环境，坚定不移走生产发展、生活富裕、生态良好的文明发展道路，实现中华民族永续发展。

——中国式现代化是走和平发展道路的现代化。我国不走一些国家通过战争、殖民、掠夺等方式实现现代化的老路，那种损人利己、充满血腥罪恶的老路给广大发展中国家人民带来深重苦难。我们坚定站在历史正确的一边、站在人类文明进步的一边，高举和平、发展、合作、共赢旗帜，在坚定维护世界和平与发展中谋求自身发展，又以自身发展更好维护世界和平与发展。

中国式现代化的本质要求是：坚持中国共产党领导，坚持中国特色社会主义，实现高质量发展，发展全过程人民民主，丰富人民精神世界，实现全体人民共同富裕，促进人与自然和谐共生，推动构建人类命运共同体，创造人类文明新形态。

全面建成社会主义现代化强国，总的战略安排是分两步走：从2020年到2035年基本实现社会主义现代化；从2035年到21世纪中叶把我国建成富强民主文明和谐美丽的社会主义现代化强国。

到2035年，我国发展的总体目标是：经济实力、科技实力、综合国力大幅跃升，人均国内生产总值迈上新的大台阶，达到中等发达国家水平；实现高水平科技自立自强，进入创新型国家前列；建成现代化经济体系，形成新发展格局，基本实现新型工业化、信息化、城镇化、农业现代化；基本实现国家治理体系和治理能力现代化，全过程人民民主制度更加健全，基本建成法治国家、法治政府、法治社会；建成教育强国、科技强国、人才强国、文化强国、体育强国、健康中国，国家文化软实力显著增强；人民生活更加幸福美好，居民人均可支配收入再上新台阶，中等收入群体比重明显提高，基本公共服务实现均等化，农村基本具备现代生活条件，社会保持长期稳定，人的全面发展、全体人民共同富裕取得更为明显的实质性进展；广泛形成绿色生产生活方式，碳排放达峰后稳中有降，生态环境根本好转，美丽中国目标基本实现；国家安全体系和能力全面加强，基本实现国防和军队现代化。

在基本实现现代化的基础上，我们要继续奋斗，到21世纪中叶，把我国建设成为综合国力和国际影响力领先的社会主义现代化强国。

未来5年是全面建设社会主义现代化国家开局起步的关键时期，主要目标任务是：经济高质量发展取得新突破，科技自立自强能力显著提升，构建新发展格局和建设现代化经济体系取得重大进展；改革开放迈出新步伐，国家治理体系和治理能力现代化深入推进，社会主义市场经济体制更加完善，更高水平开放型经济新体制基本形成；全过程人民民主制度化、规范化、程序化水平进一步提高，中国特色社会主义法治体系更加完善；人民精神文化生活更加丰富，中华民族凝聚力和中华文化影响力不断增强；居民收入增长和经济增长基本同步，劳动报酬提高与劳动生产率提高基本同步，基本公共服务均等化水平明显提升，多层次社会保障体系更加健全；城乡人居环境明显改善，美丽中国建设成效显著；国家安全更为巩固，建军100年奋斗目标如期实现，平安中国建设扎实推进；中国国际地位和影响进一步提高，在全球治理中发挥更大作用。

全面建设社会主义现代化国家，是一项伟大而艰巨的事业，前途光明，任重道远。当前，世界百年未有之大变局加速演进，新一轮科技革命和产业变革深入发展，国际力量对比深刻调整，我国发展面临新的战略机遇。同时，世纪疫情影响深远，逆全球化思潮抬头，单边主义、保护主义明显上升，世界经济复苏乏力，局部冲突和动荡频发，全球性问题加剧，世界进入新的动荡变革期。我国改革发展稳定面临不少深层次矛盾躲不开、绕不过，党的建设特别是党风廉政建设和反腐败斗争面临不少顽固性、多发性问题，来自外部的打压遏制随时可能升级。我国发展进入战略机遇和风险挑战并存、不确定难预料因素增多的时期，各种“黑天鹅”“灰犀牛”事件随时可能发生。我们必须增强忧患意识，坚持底线思维，做到居安思危、未雨绸缪，准备经受风高浪急甚至惊涛骇浪的重大考验。前进道路上，必须牢牢把握以下重大原则。

——坚持和加强党的全面领导。坚决维护党中央权威和集中统一领导，把党的领导落实到党和国家事业各领域各方面各环节，使党始终成为风雨来袭时全体人民最可靠的主心骨，确保我国社会主义现代化建设正确方向，确保拥有团结奋斗的强大政治凝聚力、发展自信心，集聚起万众一心、共克时艰的磅礴力量。

——坚持中国特色社会主义道路。坚持以经济建设为中心，坚持四项基本原则，坚持改革开放，坚持独立自主、自力更生，坚持道不变、志不改，既不走封闭僵化的老路，也不走改旗易帜的邪路，坚持把国家和民族发展放在自己力量的基点上，坚持把中国发展进步的命运牢牢掌握在自己手中。

——坚持以人民为中心的发展思想。维护人民根本利益，增进民生福祉，不断实现发展为了人民、发展依靠人民、发展成果由人民共享，让现代化建设成果更多更公平惠及全体人民。

——坚持深化改革开放。深入推进改革创新，坚定不移扩大开放，着力破解深层次体制机制障碍，不断彰显中国特色社会主义制度优势，不断增强社会主义现代化建设的动力和活力，把我国制度优势更好转化为国家治理效能。

——坚持发扬斗争精神。增强全党全国各族人民的志气、骨气、底气，不信邪、不怕鬼、不怕压，知难而进、迎难而上，统筹发展和安全，全力战胜前进道路上各种困难和挑战，依靠顽强斗争打开事业发展新天地。

今天，我们比历史上任何时期都更接近、更有信心和能力实现中华民族伟大复兴的目标，同时必须准备付出更为艰巨、更为艰苦的努力。全党必须坚定信心、锐意进取，主动识变应变求变，主动防范化解风险，不断夺取全面建设社会主义现代化国家新胜利！

我们致力于团结奋斗，让全体中国人民一起迈向现代化。人口众多是中国的基本国情。再大的成就除以14亿都会变得很小，再小的问题乘以14亿都会变得很大，这就是大的难处。同时，大也有大的优势。中国共产党领导、中国特色社会主义制度、广大人民群众的拥护和支持是我们最大的优势。

（习近平主席在美国友好团体联合欢迎宴会上的演讲，2023年11月15日）

三、加快构建新发展格局，着力推动高质量发展

高质量发展是全面建设社会主义现代化国家的首要任务。发展是党执政兴国的第一要务。没有坚实的物质技术基础，就不可能全面建成社会主义现代化强国。必须完整、准确、全面贯彻新发展理念，坚持社会主义市场经济改革方向，坚持高水平对外开放，加快构建以国内大循环为主体、国内国际双循环相互促进的新发展格局。

我们要坚持以推动高质量发展为主题，把实施扩大内需战略同深化供给侧结构性改革有机结合起来，增强国内大循环内生动力和可靠性，提升国际循环质量和水平，加快建设现代化经济体系，着力提高全要素生产率，着力提升产业链、供应链韧性和安全水平，着力推进城乡融合和区域协调发展，推动经济实现质的有效提升和量的合理增长。

（一）构建高水平社会主义市场经济体制

坚持和完善社会主义基本经济制度，毫不动摇巩固和发展公有制经济，毫不动摇鼓励、支持、引导非公有制经济发展，充分发挥市场在资源配置中的决定性作用，更好发挥政府作用。深化国资国企改革，加快国有经济布局优化和结构调整，推动国有资本和国有企业做强做优做大，提升企业核心竞争力。优化民营企业发展环境，依法保护民营企业产权和企业家权益，促进民营经济发展壮大。完善中国特色现代企业制度，弘扬企业家精神，加快建设世界一流企业。支持中小微企业发展。深化简政放权、放管结合、优化服务改革。构建全国统一大市场，深化要素市场化改革，建设高标准市场体系。完善产权保护、市场准入、公平竞争、社会信用等市场经济基础制度，优化营商环境。健全宏观经济治理体系，发挥国家发展规划的战略导向作用，加强财政政策和货币政策协调配合，着力扩大内需，增强消费对经济发展的基础性作用和投资对优化供给结构的关键作用。健全现代预算制度，优化税制结构，完善财政转移支付体系。深化金融体制改革，建设现代中央银行制度，加强和完善现代金融监管，强化金融稳定保障体系，依法将各类金融活动全部纳入监管，守住不发生系统性风险底线。健全资本市场功能，提高直接融资比重。加强反垄断和反不正当竞争，破除地方保护和行政性垄断，依法规范和引导资本健康发展。

数据库

2023 年以来，中国人民银行防范化解风险各项工作有序推进。数据显示，2023 年前三季度，银行业共处置不良资产 1.9 万亿元，截至三季度末，商业银行不良贷款率 1.61%，拨备覆盖率 207.89%，资本充足率 14.77%，保险业综合偿付能力充足率 194%。延长房地产“金融 16 条”实施期限，指导金融机构用好 3 500 亿元专项借款、2 000 亿元保交楼贷款支持计划，保持房地产融资平稳有序。

中国人民银行行长潘功胜表示，当前，我国金融风险总体可控，金融机构经营整体稳健，金融市场平稳运行，高风险金融机构无论是数量还是资产规模在金融系统的占比都很小。

（资料来源：人民网，2023 年 12 月 11 日，有改动）

（二）建设现代化产业体系

坚持把发展经济的着力点放在实体经济上，推进新型工业化，加快建设制造强国、质量强国、航天强国、交通强国、网络强国、数字中国。实施产业基础再造工程和重大技术装备攻关工程，支持专精特新企业发展，推动制造业高端化、智能化、绿色化发展。巩固优势产业领先地位，在关系安全发展的领域加快补齐短板，提升战略性资源供应保障能力。推动战略性新兴产业融合集群发展，构建新一代信息技术、人工智能、生物技术、新能源、新材料、高端装备、绿色环保等一批新的增长引擎。构建优质高效的服务业新体系，推动现代服务业同先进制造业、现代农业深度融合。加快发展物联网，建设高效顺畅的流通体系，降低物流成本。加快发展数字经济，促进数字经济和实体经济深度融合，打造具有国际竞争力的数字产业集群。优化基础设施布局、结构、功能和系统集成，构建现代化基础设施体系。

（三）全面推进乡村振兴

全面建设社会主义现代化国家，最艰巨、最繁重的任务仍然在农村。坚持农业农村优先发展，坚持城乡融合发展，畅通城乡要素流动。加快建设农业强国，扎实推动乡村产业、人才、文化、生态、组织振兴。全方位夯实粮食安全根基，全面落实粮食安全党政同责，牢牢守住18亿亩耕地红线，逐步把永久基本农田全部建成高标准农田，深入实施种业振兴行动，强化农业科技和装备支撑，健全种粮农民收益保障机制和主产区利益补偿机制，确保中国人的饭碗牢牢端在自己手中。树立大食物观，发展设施农业，构建多元化食物供给体系。发展乡村特色产业，拓宽农民增收致富渠道。巩固拓展脱贫攻坚成果，增强脱贫地区和脱贫群众内生发展动力。统筹乡村基础设施和公共服务布局，建设宜居宜业和美乡村。巩固和完善农村基本经营制度，发展新型农村集体经济，发展新型农业经营主体和社会化服务，发展农业适度规模经营。深化农村土地制度改革，赋予农民更加充分的财产权益。保障进城落户农民合法土地权益，鼓励依法自愿有偿转让。完善农业支持保护制度，健全农村金融服务体系。

云南因地制宜发展特色农业

在云南巍峨雄壮的高山峡谷间，大片干热河谷依偎着金沙江、澜沧江、怒江、红河等河流而生。这里因地处高温、低湿的河谷地带而得名，干旱少雨、水土流失严重的山坡上，农户广种薄收，不少片区都属于乡村振兴重点县。自然条件无法改变，群众增收问题如何解决？

一颗杧果，化劣势为优势，让薄土长出生机，让热区成为热土。近年来，云南省着力在干热河谷地区发展热带水果种植业。自2015年起，云南省杧果种植面积连年增加，如今种植面积位居全国第一。

立足实际，热区种上热带果

位于澜沧江干热河谷的怒江傈僳族自治州兰坪白族普米族自治县，陡坡峭石上绿意盎然，一棵棵杧果树在薄薄土层里扎稳了根。除草、套袋……农民褚小昌动作麻利。

现在生机勃勃的果林，曾是连片裸露的荒地。“村子不是在高山上，就是在深谷里，气候干热，土地贫瘠，越垦越穷、越穷越垦，形成恶性循环。”褚小昌说。为提升人民群众生活水平，兰坪县大力开展易地搬迁。“搬出了大山，我们也离开了土地。今后的收入怎么办？地又怎么办？”那时褚小昌的担忧，在山区很普遍。

热区发展，如何“稳得住、能致富”？安置点尚在建设时，兰坪县农业局副局长张海秋已几番思量：建立现代农业产业园，立足干热河谷生态脆弱实际，兼顾生态和生产，以产业带动群众生活水平稳步提高。

“干热河谷适合种植热带水果。杧果耐旱、经济效益好，既能增收还能保护生态。”云南省绿色食品发展中心李永平说。2019 年，兰坪县引进金杧果农业开发有限公司，打造 5 000 余亩种植园区。同期搬进安置点的褚小昌，成了金杧果基地的一名种植工人。“刚开始哪敢上手修叶子，生怕剪坏了不结果。”而现在的褚小昌，“别说剪枝，连嫁接都会”。

一片杧果地，农户多了 3 笔收入：除了劳务工资，土地流转给公司，能拿租金，村集体入股，还能拿分红。“现在每月 4 500 元工资准时到账，一年收入近 7 万元。”褚小昌语气轻快。“土地没闲置，手里有闲钱”，家里家具电器轮番换了新，褚小昌在县城的生活稳定安逸。

怒江东岸的临沧市永德县是云南杧果种植较早的地区之一。“冬无霜冻，夏无台风，永德出的杧果甜，纤维少。”云南省临沧市永德县农业技术推广站张世云介绍，不同品种的杧果，对生长环境要求有差异。老品种“椰香”因为抗风性较差，在沿海地区种植效果不理想，可引进到永德后，一结果子，满树“水灵得很”，又重新打开了市场。

云南干热地区面广而散，生态脆弱，但立足本地实际，也有勃勃生机。2022 年，云南省杧果种植面积约 184.1 万亩，位居全国第一，以杧果为代表的热带水果种植业，盘活了干热河谷土地。

错峰上市，好东西实现好价值

“盛果期每天订单上千，白天收的果，晚上就卖光。所以农户手中有多少杧果，我们就收多少。”玉溪市元江哈尼族彝族傣族自治县的杧果咋这么好卖？元江勤农水果专业合作社理事长苏永仁道出缘由：“元江杧果熟得早，别处还没上市，我们都快卖完了，当然销量好。”

元江县地处干热河谷，适宜种植杧果。“但对元江杧果种植户而言，一度种果容易卖果难。”苏永仁回忆，“以前元江没种早熟品种，很多人家杧果成熟时，外地杧果也大批量上市；加上种植标准低，产品销路不畅，缺乏竞争优势。”

“闷头种果不行，得先摸清市场需求。”几番交流打听，苏永仁动起了脑筋：5 月初到 6 月底，海南杧果下市之后，广西杧果还未上市，是国产杧果上市空窗期。“杧果成熟需要高温和大量光照，那会儿大部分地区还达不到成熟条件。”苏永仁分析。

“上市得早，品质还得好。”苏永仁精挑细选，瞄上了果肉清甜的早熟杧果品种。为确保品种适应干热河谷，苏永仁和少数果农先做起了小规模试验田。为节约引种成本，果农们从外地购买早熟品种剪下的枝条，嫁接到老杧果树上进行品种更新试验。

3年后，经改良的早熟杧果“小金凤”实现5月上市。打好“时间差”，元江早熟杧果供不应求。“在杧果普遍2元一斤的情况下，我们的早熟杧果一度卖到15元一斤。”苏永仁说，元江杧果如今远销新疆、东北等地。

市场反馈好，越来越多的杧果种植户自主调整结构，种植早熟杧果。如今，元江县杧果种植面积近24万亩，年产量达23万吨，年产值约12亿元。早熟杧果正逐步成为元江农户增收、山谷增绿的招牌。

“云南是我国杧果上市时间最长的产区，从5月中旬到12月上旬均有上市，供应期达7个月。”李永平说，从滇南元江到滇西兰坪，早熟、中熟、中晚熟、晚熟4个类型杧果错峰上市，保证稳定供应。

呵护种质，产业发展后劲足

一处早已落果，另一处熟得恰到好处，3 000多棵杧果树高低错落，生长速度不一。“掌握种质资源，是杧果产业发展关键。”走在杧果种质资源圃间，丽江市华坪县有机晚熟杧果研究中心主任郭学红说。

“品种好，经济效益才高。”郭学红深知，杧果产业长久发展，只找到单一好品种远远不够，“得消费者想吃啥，就能推出啥。”品种多，才能跟得上市场变化。

这些年，郭学红辗转各地引种，改良种植技术，寻找适合华坪种植的品种，慢慢地，他积累下70亩各种各样的杧果树，卖了舍不得，怎么储存合适？郭学红念头一转：干脆就此建一个种质资源圃，既能延长种子寿命，留存种质资源，又能开展杂交育种试验。

“对农户来说，杧果树15到20年左右就会老化，需要嫁接更新。”郭学红说，种质资源储备并非可有可无，而是产业持续发展的保障。

意识到种质资源的重要性，华坪县建设起杧果种质资源圃。郭学红带领团队反复试验，收集国内外杧果品种资源330个，种植不同品种果树3 000余株，华坪种质资源圃成为目前国内品种最多的杧果种质资源圃之一。

种果30年，郭学红见证着华坪杧果一步步攒起家底。“过去产煤的黑山，如今变成绿水青山、金山银山。2017年之前，华坪县杧果种植面积还不到20万亩，现在已超40万亩。”在华坪，有8万人从事以杧果为主的绿色产业，户均收入18.6万元。

不只华坪，历时20余年，云南省农业科学院热带亚热带经济作物研究所现已收集、保存早熟、丰产、反季成花等国内外杧果种质资源超1 000份，为云南省杧果种植打下了坚实的产业基础。“水果受市场、气候影响，价格波动风险大，但优良的种质资源始终是产业持续发展的保证。”李永平说。

（资料来源：《人民日报》，2023年10月31日，有改动）

（四）促进区域协调发展

深入实施区域协调发展战略、区域重大战略、主体功能区战略、新型城镇化战略，优化重大生产力布局，构建优势互补、高质量发展的区域经济布局和国土空间体系。推动西部大开发形成新格局，推动东北全面振兴取得新突破，促进中部地区加快崛起，鼓励东部地区加快推进现代化。支持革命老区、民族地区加快发展，加强边疆地区建设，推进兴边富民、稳边固边。推进京津冀协同发展、长江经济带发展、长三角一体化发展，推动黄河流域生态保护和高质量发展。高标准、高质量建设雄安新区，推动成渝地区双城经济圈建设。健全主体功能区制度，优化国土空间发展格局。推进以人为核心的新型城镇化，加快农业转移人口市民化。以城市群、都市圈为依托构建大中小城市协调发展格局，推进以县城为重要载体的城镇化建设。坚持人民城市人民建、人民城市为人民，提高城市规划、建设、治理水平，加快转变超大特大城市发展方式，实施城市更新行动，加强城市基础设施建设，打造宜居、韧性、智慧城市。发展海洋经济，保护海洋生态环境，加快建设海洋强国。

（五）推进高水平对外开放

依托我国超大规模市场优势，以国内大循环吸引全球资源要素，增强国内国际两个市场两种资源联动效应，提升贸易投资合作质量和水平。稳步扩大规则、规制、管理、标准等制度型开放。推动货物贸易优化升级，创新服务贸易发展机制，发展数字贸易，加快建设贸易强国。合理缩减外资准入负面清单，依法保护外商投资权益，营造市场化、法治化、国际化一流营商环境。推动共建“一带一路”高质量发展。优化区域开放布局，巩固东部沿海地区开放先导地位，提高中西部和东北地区开放水平。加快建设西部陆海新通道。加快建设海南自由贸易港，实施自由贸易试验区提升战略，扩大面向全球的高标准自由贸易区网络。有序推进人民币国际化。深度参与全球产业分工和合作，维护多元稳定的国际经济格局和经贸关系。

思政园地——中国智慧

西宁：扩大对外开放　推动高质量发展

西宁市是青海省省会，是一座拥有悠久历史的高原古城，是青藏高原唯一人口超过100万的城市，是古丝绸之路的重要节点和枢纽，具有浓郁的地方特色。西宁市地处青藏高原和黄土高原的接合部，是青海省农业区与牧业区的地理分界线。

党的十八大以来，西宁市坚持高质量发展，以建设现代美丽幸福大西宁为目标，全面深化改革开放，高质量发展动能持续增强，经济发展取得历史性成就，招商引资取得突破性进展，生态文明建设迈上新台阶，人民群众获得感显著提升，对外交流交往不断深入，对外开放合作取得新成果。现代美丽幸福大西宁建设取得开创性局面，走出了一条具有西宁特色的高质量发展之路。一个更加繁荣、更加美丽、更加宜居的现代化都市正悄然呈现。

构建现代特色经济体系　经济发展实现新跨越

西宁市聚焦构建西宁特色现代产业体系，着力提升产业基础和现代化水平，加快推动经济发展质量变革、效率变革、动力变革，经济向高质量发展加速转变。2021年，西宁市地区生产总值突破1 500亿元，较2012年627亿元翻了一番多；人均生产总值突破6万元，是2012年的2.3倍；全体居民人均可支配收入突破3万元，是2012年的2.2倍。

工业迈向价值链中高端。西宁市坚定不移走新型工业化道路，加快改造提升传统动能，培育壮大新动能。锂动力电池、光伏制造等5大产业初具规模，全国首个万吨碳纤维生产基地建成投产，3个千亿级产业集群加速培育。2021年，规模以上工业增加值增长21.4%，规模以上工业总产值由2012年的1 031亿元增长到1 571亿元。

服务业提质增效，新业态增加。西宁市着力推动服务业向多样化发展，持续增加高品质供给，不断释放需求潜力，新增12家大型商业综合体，大型商业网点达58家。2021年，实现服务业增加值971.6亿元，服务业占经济总量的比重达60%以上。

现代农业发展迅速且质量高。西宁市聚焦农业农村现代化，积极扩大粮食种植面积，调整农业产业结构，优化农业生产区域布局，加快农村一二三产融合发展，培育产业融合示范县、产业融合先导区和融合发展示范园，农业质量效益和竞争力明显提升，绿色有机农畜产品输出地建设稳步推进。

坚持科技创新产业转型　科创成果实现新突破

西宁市逐步形成以创新为引领的经济体系和发展格局，走出一条“科技强、产业强、经济强、西宁强”的新路径。先后出台贯彻创新驱动发展战略实施方案、支持科技创新若干奖励措施、加强产学研合作促进科技成果转化若干措施等鼓励创新政策50余项，形成与国家、省关联配套的科技创新政策体系；累计争取国家、省级科技项目2 596个，实施市级科技计划项目1 000余个，地方财政科技投入从2012年的9 650万元增加到2021年的2.35亿元。

锂电、光伏等领域技术创新取得突破性进展，单晶硅电池平均转化效率达到国际先进水平，4.5微米锂离子电池铜箔技术国际领先，建成全国首条第六代锂电池生产线；构建西宁国家农业科技园区“三核十区百园”新格局，建成青藏高原现代农业科技创新中心。

2012—2021年，科技成果年登记量从282项增长至793项，西宁市专利授权量由427件增长到4 589件，每万人口发明专利拥有量由0.34件增长到7.42件，更多高水平科技成果向西宁转移、转化。

持续优化营商环境改革　审批服务展现新气象

瞄准难题深化改革，增强市场主体获得感。西宁市持续深化“放管服”重点领域改革，政务服务网办能力达95%以上；通过一系列强有力的改革举措，市级集中审批事项由342项减少至78项，企业开办全流程纳入省企业登记全程电子化平台，办理时限压缩至1个工作日内，用电、用水、用气报装时限分别压缩至30个、8个、10个工作日内，个人和企业办理不动产登记时限分别压缩至2.5个和4个工作日内，政府性融资担保费率降至1.5%以下，企业获得信贷时间压缩至13个工作日以内，“放管服”改革受到国务院通报表扬。

持续优化营商环境，让各类企业共同受益。在持续优化营商环境方面，西宁市始终把优化营商环境列为“一把手工程”实施；政商交往正负面清单等300余项改革措施，降低企业用电成本约13亿元，减免小微企业增值税、所得税12亿元；市场主体增加到23.7万户。

构建高原生态建设屏障　生态文明呈现新画卷

党的十八大以来，西宁市核心产业转型升级，人居环境提档升级，绿色和生态已成为西宁的发展底色和竞争优势。西宁市坚持空气质量与声环境质量同步推进，天蓝气清声美成为标配；坚持“治宁方略，水为大政”，确保“一江清水向东流”；坚持兜牢底线标本兼治，努力让群众吃得放心、住得安心；坚持围绕碳达峰、碳中和目标，主要污染物排放大幅减少；坚持源头治理，牢牢守住自然生态安全边界；坚持从严管控，全力保障人民群众生态福祉；坚持奏响绿色发展最强音，生态优先理念深入人心。

西宁市先后获评“国家园林城市”“全国绿化模范城市”“国家森林城市”“关注森林活动20周年突出贡献单位”，促进人与自然和谐共生，生态建设成效凸显；构建生态安全格局，保护管理成效凸显；实施乡村振兴战略，林业富民成效凸显。累计落实水利投资181亿元，实施水利工程1 012项，人民群众用水更加安全便捷，水资源的利用更加集约高效，水清岸绿鱼翔浅底成为常态，河湖岸线成为市民休憩场所。

不断扩大务实交流合作　对外开放拓展新平台

西宁高度重视对外开放和国际交流，举办了西宁城市发展投资洽谈会、环青海湖国际公路自行车赛、丝绸之路沿线国际友城峰会等国际经贸、体育、文化节会活动，与诸多国家和地区开展经贸、科技、生态、文化、旅游等方面的交流与合作，取得丰硕成果。

西宁市着力扩大开放协作，加快跨境电子商务综合试验区、青海丝绸之路国际物流城等重点项目建设，西宁综合保税区通过国家验收进入封关运营新阶段，跨境电商首批“青货出海”。

未来，西宁将继续坚持稳中求进工作总基调，完整、准确、全面贯彻新发展理念，融入新发展格局，全面深化改革，全面扩大对外开放格局，坚持创新驱动，加快建设现代美丽幸福大西宁，在奋力谱写全面建设社会主义现代化国家青海篇章中彰显省会担当、做出西宁贡献。

（资料来源：《人民日报》（海外版），2023年7月22日，有改动）

四、实施科教兴国战略，强化现代化建设人才支撑

教育、科技、人才是全面建设社会主义现代化国家的基础性、战略性支撑。必须坚持科技是第一生产力、人才是第一资源、创新是第一动力，深入实施科教兴国战略、人才强国战略、创新驱动发展战略，开辟发展新领域新赛道，不断塑造发展新动能新优势。

我们要坚持教育优先发展、科技自立自强、人才引领驱动，加快建设教育强国、科技强国、人才强国，坚持为党育人、为国育才，全面提高人才自主培养质量，着力造就拔尖创新人才，聚天下英才而用之。

（一）办好人民满意的教育

教育是国之大计、党之大计。培养什么人、怎样培养人、为谁培养人是教育的根本问题。育人的根本在于立德。全面贯彻党的教育方针，落实立德树人根本任务，培养德、智、体、美、劳全面发展的社会主义建设者和接班人。坚持以人民为中心发展教育，加快建设高质量教育体系，发展素质教育，促进教育公平。加快义务教育优质均衡发展和城乡一体化，优化区域教育资源配置，强化学前教育、特殊教育普惠发展，坚持高中阶段学校多样化发展，完善覆盖全学段学生资助体系。统筹职业教育、高等教育、继续教育协同创新，推进职普融通、产教融合、科教融汇，优化职业教育类型定位。加强基础学科、新兴学科、交叉学科建设，加快建设中国特色、世界一流的大学和优势学科。引导规范民办教育发展。加大国家通用语言文字推广力度。深化教育领域综合改革，加强教材建设和管理，完善学校管理和教育评价体系，健全学校家庭社会育人机制。加强师德师风建设，培养高素质教师队伍，弘扬尊师重教社会风尚。推进教育数字化，建设全民终身学习的学习型社会、学习型大国。

如何办好人民满意的教育

中国特色社会主义教育体系是好的，我国的基础教育在世界上是有优势的，要坚定文化自信，把自己好的东西坚持好，把国外好的东西借鉴好，与时俱进、开放发展，让孩子们有更广阔的眼界、更开阔的思路、更开放的观念，努力培养堪当民族复兴重任、勇于创造世界奇迹的国之栋梁。

（习近平总书记在北京育英学校考察时的讲话，2023 年 5 月 31 日）

（二）完善科技创新体系

坚持创新在我国现代化建设全局中的核心地位。完善党中央对科技工作统一领导的体制，健全新型举国体制，强化国家战略科技力量，优化配置创新资源，优化国家科研机构、高水平研究型大学、科技领军企业定位和布局，形成国家实验室体系，统筹推进国际科技创新中心、区域科技创新中心建设，加强科技基础能力建设，强化科技战略咨询，提升国家创新体系整体效能。深化科技体制改革，深化科技评价改革，加大多元化科技投入，加强知识产权法治保障，形成支持全面创新的基础制度。培育创新文化，弘扬科学家精神，涵养优良学风，营造创新氛围。扩大国际科技交流合作，加强国际化科研环境建设，形成具有全球竞争力的开放创新生态。

（三）加快实施创新驱动发展战略

坚持面向世界科技前沿、面向经济主战场、面向国家重大需求、面向人民生命健康，加快实现高水平科技自立自强。以国家战略需求为导向，积聚力量进行原创性引领性科技攻关，坚决打赢关键核心技术攻坚战。加快实施一批具有战略性、全局性、前瞻性的国家重大科技项目，增强自主创新能力。加强基础研究，突出原创，鼓励自由探索。提升科技投入效能，深化财政科技经费分配使用机制改革，激发创新活力。加强企业主导的产学研深度融合，强化目标导向，提高科技成果转化和产业化水平。强化企业科技创新主体地位，发挥科技型骨干企业引领支撑作用，营造有利于科技型中小微企业成长的良好环境，推动创新链产业链资金链人才链深度融合。

思政园地——中国智慧

比亚迪的制胜之道

2023 年 8 月，比亚迪集团宣布第 500 万辆新能源汽车正式下线，成为全球首家达成这一里程碑式目标的车企。从 0 到 100 万辆，用了 13 年；从 100 万辆到 300 万辆，用了一年半；从 300 万辆到 500 万辆，仅用 9 个月。这样的“高光时刻”属于比亚迪，更属于中国新能源汽车产业。

习近平总书记指出，发展新能源汽车是我国从汽车大国迈向汽车强国的必由之路。党的十八大以来，我国率先确立发展新能源汽车国家战略，习近平总书记多次考察新能源汽车产业并就产业发展、自主品牌建设、关键核心技术突破等做出重要指示批示，各部门先后推出 70 余项支持产业发展的政策举措，有力推动我国车企布局或持续加码新能源汽车赛道。

从“追赶”到“领跑”，我国新能源汽车产销量已连续 8 年位居全球第一，全球市场份额超过 60%。比亚迪的发展正是中国汽车产业在新能源赛道上创造“换道超车”奇迹的生动缩影。走进比亚迪集团重要生产基地——长沙市比亚迪汽车有限公司（以下简称“长沙比亚迪”），近距离观察比亚迪在新能源汽车领域的布局落子，解码中国车企新赛道上的发展之道。

把握大趋势、下好“先手棋”，占领先机、赢得优势。近年来，随着全球能源革命深入推进，新能源汽车成为全球汽车产业转型升级、绿色发展的主要方向，也是我国汽车产业高质量发展的战略选择。2003 年，比亚迪开始研发新能源汽车。长沙比亚迪等各大基地建设，正是其抓住新能源发展“风口”、主动转型、深耕布局的结果。长沙比亚迪自 2009 年成立以来，锚定新能源汽车产业，日拱一卒、爬坡过坎，逐步成为比亚迪全球重要的新能源汽车整车和零部件产业链战略型基地。依托包括长沙比亚迪在内的各大基地，2022 年比亚迪总营收超 4 200 亿元，同比增长 96.2%；净利润超 166 亿元，同比增长

445.86%。其他国产新能源汽车品牌也“各显神通”，实力不容小觑。在新能源汽车的“蓝海”，中国车企换道进发，在全球市场迅速占据领先优势。

抢抓全球新能源汽车发展机遇，为比亚迪赢得了先机；持续的科技创新，为其登高攀新提供了源源不断的活力。

“技术为王、创新为本”，这8个大字在长沙比亚迪的宣传墙上反复出现。“多年来，比亚迪一直坚持自主创新，凭借刀片电池、DM-i超级混动、e平台3.0、CTB电池车身一体化、‘易四方’‘云辇’等颠覆性创新，掌握了新能源汽车产业链的核心技术。”公司相关负责人介绍，长沙比亚迪是集团重要的技术创新策源地之一，相继成立的比亚迪汽车工程研究院长沙分院、商用车研究院等，不断探索科技成果孵化、转化，加速推动行业技术变革，助力比亚迪不断向价值链中高端迈进。

唯创新者进，唯创新者强，唯创新者胜。比亚迪投入大量的研发经费：在最近12年里，有11年的研发投入超过当年的净利润；2022年研发投入超200亿元，同比增长90.31%。目前，比亚迪已在全球累计申请专利约4万项、授权专利约2.8万项。回溯汽车产业在中国的发展，正因为有比亚迪这样一批敢于第一个“吃螃蟹”，并且坚持创新驱动、久久为功的企业，才积攒了新能源汽车一路“狂飙”的底气。

“一企带一链，一链成一片”，完善的产业链布局是长沙比亚迪快速发展的重要推动力。落户雨花经济开发区14年来，长沙比亚迪从单一汽车产业做起，逐步完成乘用车、电子、电池、零部件等全产业布局。在比亚迪的带动下，先惠智能装备（长沙）有限公司、湖南晓光汽车模具有限公司等一批新能源汽车配套企业也落户于此。产业链上的企业协同发展、全面发力，共同在新能源汽车赛道上加速飞驰。“2023年1至7月，园区实现规模以上工业总产值602.8亿元，特别是新能源汽车及零部件产业迎来爆发期，实现产值562.88亿元，同比增长94.7%。”雨花经济开发区负责人介绍说。

产业集群是现代产业发展的重要组织形式，能够实现规模效应、集聚效应，降低生产和交易成本。除了长沙比亚迪，湖南还汇集了北京汽车股份有限公司株洲分公司、中车时代电动汽车股份有限公司等新能源汽车整车生产企业，形成了新能源客车、乘用车、专用车同步发展的格局。2022年，湖南新能源产业总营收超4 000亿元，新能源汽车、先进储能材料及动力电池、新型能源及电力装备3大领域贡献均超1 000亿元。

以新能源汽车规模化生产，带动全产业纵向成链、横向成群，湖南已形成具有较强竞争力的新能源汽车产业“链核”，将为包括长沙比亚迪在内的新能源汽车企业高质量发展，注入强劲动力。

（资料来源：《求是》，2023年第7期）

（四）深入实施人才强国战略

培养造就大批德才兼备的高素质人才，是国家和民族长远发展大计。功以才成，业由才广。坚持党管人才原则，坚持尊重劳动、尊重知识、尊重人才、尊重创造，实施更加积极、更加开放、更加有效的人才政策，引导广大人才爱党报国、敬业奉献、服务人民。完善人才战略布局，坚持各方面人才一起抓，建设规模宏大、结构合理、素质优良的人才队伍。加快建设世界重要人才中心和创新高地，促进人才区域合理布局和协调发展，着力形成人才国际竞争的比较优势。加快建设国家战略人才力量，努力培养造就更多大师、战略科学家、一流科技领军人才和创新团队、青年科技人才、卓越工程师、大国工匠、高技能人才。加强人才国际交流，用好用活各类人才。深化人才发展体制机制改革，真心爱才、悉心育才、倾心引才、精心用才，求贤若渴，不拘一格，把各方面优秀人才集聚到党和人民事业中来。

青年科技人才精力旺盛、思维活跃、知识更新快，是最具创新活力的群体，需要重点培育和支持。党的十八大以来，我国青年科技人才规模快速增长，已成为我国科技创新的生力军。

——中国科学院院士，国家自然科学基金委员会党组书记、主任窦贤康

五、发展全过程人民民主，保障人民当家做主

我国是工人阶级领导的、以工农联盟为基础的人民民主专政的社会主义国家，国家一切权力属于人民。人民民主是社会主义的生命，是全面建设社会主义现代化国家的应有之义。全过程人民民主是社会主义民主政治的本质属性，是最广泛、最真实、最管用的民主。必须坚定不移走中国特色社会主义政治发展道路，坚持党的领导、人民当家做主、依法治国有机统一，坚持人民主体地位，充分体现人民意志、保障人民权益、激发人民创造活力。

我们要健全人民当家做主制度体系，扩大人民有序政治参与，保证人民依法实行民主选举、民主协商、民主决策、民主管理、民主监督，发挥人民群众积极性、主动性、创造性，巩固和发展生动活泼、安定团结的政治局面。

（一）加强人民当家做主制度保障

坚持和完善我国根本政治制度、基本政治制度、重要政治制度，拓展民主渠道，丰富民主形式，确保人民依法通过各种途径和形式管理国家事务，管理经济和文化事业，管理社会事务。支持和保证人民通过人民代表大会行使国家权力，保证各级人大都由民主选举产生、对人民负责、受人民监督。支持和保证人大及其常委会依法行使立法权、监督权、决定权、任免权，健全人大对行政机关、监察机关、审判机关、检察机关监督制度，维护国家法治统一、尊严、权威。加强人大代表工作能力建设，密切人大代表同人民群众的联系。健全吸纳民意、汇集民智工作机制，建设好基层立法联系点。深化工会、共青团、妇

联等群团组织改革和建设，有效发挥桥梁纽带作用。坚持走中国人权发展道路，积极参与全球人权治理，推动人权事业全面发展。

（二）全面发展协商民主

协商民主是实践全过程人民民主的重要形式。完善协商民主体系，统筹推进政党协商、人大协商、政府协商、政协协商、人民团体协商、基层协商及社会组织协商，健全各种制度化协商平台，推进协商民主广泛多层制度化发展。坚持和完善中国共产党领导的多党合作和政治协商制度，坚持党的领导、统一战线、协商民主有机结合，坚持发扬民主和增进团结相互贯通、建言资政和凝聚共识双向发力，发挥人民政协作为专门协商机构作用，加强制度化、规范化、程序化等功能建设，加大深度协商互动、意见充分表达、广泛凝聚共识水平，完善人民政协民主监督和委员联系界别群众制度机制。

（三）积极发展基层民主

基层民主是全过程人民民主的重要体现。健全基层党组织领导的基层群众自治机制，加强基层组织建设，完善基层直接民主制度体系和工作体系，增强城乡社区群众自我管理、自我服务、自我教育、自我监督的实效。完善办事公开制度，拓宽基层各类群体有序参与基层治理渠道，保障人民依法管理基层公共事务和公益事业。全心全意依靠工人阶级，健全以职工代表大会为基本形式的企事业单位民主管理制度，维护职工合法权益。

（四）巩固和发展最广泛的爱国统一战线

人心是最大的政治，统一战线是凝聚人心、汇聚力量的强大法宝。完善大统战工作格局，坚持大团结大联合，动员全体中华儿女围绕实现中华民族伟大复兴中国梦一起来想、一起来干。发挥我国社会主义新型政党制度优势，坚持长期共存、互相监督、肝胆相照、荣辱与共，加强同民主党派和无党派人士的团结合作，支持民主党派加强自身建设、更好履行职能。以铸牢中华民族共同体意识为主线，坚定不移走中国特色解决民族问题的正确道路，坚持和完善民族区域自治制度，加强和改进党的民族工作，全面推进民族团结进步事业。坚持我国宗教中国化方向，积极引导宗教与社会主义社会相适应。加强党外知识分子思想政治工作，做好新的社会阶层人士工作，强化共同奋斗的政治引领。全面构建亲清政商关系，促进非公有制经济健康发展和非公有制经济人士健康成长。加强和改进侨务工作，形成共同致力民族复兴的强大力量。

六、坚持全面依法治国，推进法治中国建设

全面依法治国是国家治理的一场深刻革命，关系党执政兴国，关系人民幸福安康，关系党和国家长治久安。必须更好发挥法治固根本、稳预期、利长远的保障作用，在法治轨道上全面建设社会主义现代化国家。

我们要坚持走中国特色社会主义法治道路，建设中国特色社会主义法治体系、建设社会主义法治国家，围绕保障和促进社会公平正义，坚持依法治国、依法执政、依法行政共同推进，坚持法治国家、法治政府、法治社会一体建设，全面推进科学立法、严格执法、公正司法、全民守法，全面推进国家各方面工作法治化。

（一）完善以宪法为核心的中国特色社会主义法律体系

坚持依法治国首先要坚持依宪治国，坚持依法执政首先要坚持依宪执政，坚持宪法确定的中国共产党领导地位不动摇，坚持宪法确定的人民民主专政的国体和人民代表大会制度的政体不动摇。加强宪法实施和监督，健全保证宪法全面实施的制度体系，更好发挥宪法在治国理政中的重要作用，维护宪法权威。加强重点领域、新兴领域、涉外领域立法，统筹推进国内法治和涉外法治，以良法促进发展、保障善治。推进科学立法、民主立法、依法立法，统筹“立改废释纂”，增强立法系统性、整体性、协同性、时效性。完善和加强备案审查制度。坚持科学决策、民主决策、依法决策，全面落实重大决策程序制度。

党的十八大以来，习近平总书记就宪法和宪法实施发表一系列重要讲话和文章，做出一系列重要指示，丰富和发展了中国特色社会主义宪法理论，为谱写新时代中国宪法实践新篇章提供了根本遵循和行动指南。要深刻认识坚持中国共产党领导是我国宪法最显著的特征、最根本的要求，深刻领悟“两个确立”的决定性意义，做到“两个维护”，保证党的领导全面、系统、整体地落实到党和国家事业各方面全过程。

——中央政治局常委，十四届全国人大常委会委员长赵乐际

（二）扎实推进依法行政

法治政府建设是全面依法治国的重点任务和主体工程。转变政府职能，优化政府职责体系和组织结构，推进机构、职能、权限、程序、责任法定化，提高行政效率和公信力。深化事业单位改革。深化行政执法体制改革，全面推进严格规范公正文明执法，加大关系群众切

身利益的重点领域执法力度，完善行政执法程序，健全行政裁量基准。强化行政执法监督机制和能力建设，严格落实行政执法责任制和责任追究制度。完善基层综合执法体制机制。

（三）严格公正司法

公正司法是维护社会公平正义的最后一道防线。深化司法体制综合配套改革，全面准确落实司法责任制，加快建设公正高效权威的社会主义司法制度，努力让人民群众在每一个司法案件中感受到公平正义。规范司法权力运行，健全公安机关、检察机关、审判机关、司法行政机关各司其职、相互配合、相互制约的体制机制。强化对司法活动的制约监督，促进司法公正。加强检察机关法律监督工作。完善公益诉讼制度。

（四）加快建设法治社会

法治社会是构筑法治国家的基础。弘扬社会主义法治精神，传承中华优秀传统法律文化，引导全体人民做社会主义法治的忠实崇尚者、自觉遵守者、坚定捍卫者。建设覆盖城乡的现代公共法律服务体系，深入开展法治宣传教育，增强全民法治观念。推进多层次、多领域依法治理，提升社会治理法治化水平。发挥领导干部示范带头作用，努力使尊法学法守法用法在全社会蔚然成风。

七、推进文化自信自强，铸就社会主义文化新辉煌

全面建设社会主义现代化国家，必须坚持中国特色社会主义文化发展道路，增强文化自信，围绕举旗帜、聚民心、育新人、兴文化、展形象建设社会主义文化强国，发展面向现代化、面向世界、面向未来的，民族的科学的大众的社会主义文化，激发全民族文化创新创造活力，增强实现中华民族伟大复兴的精神力量。

文化强国

我们要坚持马克思主义在意识形态领域指导地位的根本制度，坚持为人民服务、为社会主义服务，坚持百花齐放、百家争鸣，坚持创造性转化、创新性发展，以社会主义核心价值观为引领，发展社会主义先进文化，弘扬革命文化，传承中华优秀传统文化，满足人民日益增长的精神文化需求，巩固全党全国各族人民团结奋斗的共同思想基础，不断提升国家文化软实力和中华文化影响力。

（一）建设具有强大凝聚力和引领力的社会主义意识形态

意识形态工作是为国家立心、为民族立魂的工作。牢牢掌握党对意识形态工作领导权，

全面落实意识形态工作责任制，巩固壮大奋进新时代的主流思想舆论。健全用党的创新理论武装全党、教育人民、指导实践工作体系。深入实施马克思主义理论研究和建设工程，加快构建中国特色哲学社会科学学科体系、学术体系、话语体系，培育壮大哲学社会科学人才队伍。加强全媒体传播体系建设，塑造主流舆论新格局。健全网络综合治理体系，推动形成良好网络生态。

（二）广泛践行社会主义核心价值观

社会主义核心价值观是凝聚人心、汇聚民力的强大力量。弘扬以伟大建党精神为源头的中国共产党人精神谱系，用好红色资源，深入开展社会主义核心价值观宣传教育，深化爱国主义、集体主义、社会主义教育，着力培养担当民族复兴大任的时代新人。推动理想信念教育常态化、制度化，持续抓好党史、新中国史、改革开放史、社会主义发展史宣传教育，引导人民知史爱党、知史爱国，不断坚定中国特色社会主义共同理想。用社会主义核心价值观铸魂育人，完善思想政治工作体系，推进大中小学思想政治教育一体化建设。坚持依法治国和以德治国相结合，把社会主义核心价值观融入法治建设、融入社会发展、融入日常生活。

（三）提高全社会文明程度

实施公民道德建设工程，弘扬中华传统美德，加强家庭家教家风建设，加强和改进未成年人思想道德建设，推动明大德、守公德、严私德，提高人民道德水准和文明素养。统筹推动文明培育、文明实践、文明创建，推进城乡精神文明建设融合发展，在全社会弘扬劳动精神、奋斗精神、奉献精神、创造精神、勤俭节约精神，培育时代新风新貌。加强国家科普能力建设，深化全民阅读活动。完善志愿服务制度和工作体系。弘扬诚信文化，健全诚信建设长效机制。发挥党和国家功勋荣誉表彰的精神引领、典型示范作用，推动全社会见贤思齐、崇尚英雄、争做先锋。

（四）繁荣发展文化事业和文化产业

坚持以人民为中心的创作导向，推出更多增强人民精神力量的优秀作品，培育造就大批德艺双馨的文学艺术家和规模宏大的文化文艺人才队伍。坚持把社会效益放在首位、社会效益和经济效益相统一，深化文化体制改革，完善文化经济政策。实施国家文化数字化战略，健全现代公共文化服务体系，创新实施文化惠民工程。健全现代文化产业体系和市场体系，实施重大文化产业项目带动战略。加大文物和文化遗产保护力度，加强城乡建设中历史文化保护传承，建好用好国家文化公园。坚持以文塑旅、以旅彰文，推进文化和旅游深度融合发展。广泛开展全民健身活动，加强青少年体育工作，促进群众体育和竞技体育全面发展，加快建设体育强国。

思政园地——中国智慧

文化馆如何在全民艺术普及中转型升级

文化馆是面向社会公众开放，承担全民艺术普及和优秀传统文化传承功能、开展社会教育的公共文化服务机构，是现代公共文化服务体系的重要组成部分。可在过去很长一段时间里，文化馆的服务主要围绕“一老一小”展开，不少文化馆成为“老年大学”“少儿艺术培训学校”的代名词。

服务对象单一、服务方式陈旧，制约了文化馆发挥公共文化服务的功能。面对人民群众日益增长的精神文化需求，文化馆的服务亟待从“一老一小”向“全民、全域、全时、全龄”拓展。

搭建全民共享的数字艺术大厦

中共中央办公厅、国务院办公厅印发的《关于推进实施国家文化数字化战略的意见》提出，到“十四五”末，公共文化数字化建设跃上新台阶。文化馆作为公共文化体系的重要组成部分，更应全面融入国家文化数字化战略。文化馆要注重完善数字化服务设施设备，整合利用公共数字文化资源，形成线上线下相结合的数字文化服务新模式。

文化馆提供数字化服务，首先要实现文化资源的数字化：一是基于标准化技术的文化资源数字化，二是基于数字化技术的文化资源素材化。各级文化馆应以馆办网站为核心，主动对接不同的数字文化平台，搭建起符合文化馆自身发展需求、满足群众文化享受的数字艺术大厦。

由于馆舍、场地等的限制，很多文化馆服务对象十分有限。文化馆要转型升级，须提供数字化的服务方式，让更多群众将所需要的文化产品及服务带回家，使服务效能实现最大化。目前，由“国家公共文化云+地方文化云/数字文化馆平台”构成的公共文化云互联互通平台，为文化馆的数字化服务提供了基础支撑。仅仅有这些还不够，接下来，要继续探索适应文化馆大众化数字场景的支撑系统、装备设备、技术应用和呈现方式，这是文化馆实现数字化服务迭代升级的关键。

“开门办馆”形成推进全民美育的合力

做大做强全民艺术普及品牌，使各级文化馆成为城乡居民的终身美育学校，是推动文化馆转型升级的应有之义。

各级文化馆可以通过场馆共建、资源共享等馆际合作手段，增加公共文化服务供给，更好地履行全民美育职能。文化馆进行场馆共建，可以在改造提升老旧场馆和新空间建设中，打造数字化的全民艺术知识普及和欣赏空间；进行资源共享，如各大场馆共同举办活动，可以凝聚各馆优势，形成支持全民美育的多方合力。

文教融合也是文化馆发挥全民美育功能的重要途径。文化馆可以依托场馆阵地和艺术人才资源优势，通过与馆外教育机构合作，将中华优秀传统文化有效融入学校教育及社会教育，推动校馆合作育人。

用新的服务形式消除服务盲点

文化馆在满足人民群众基本公共文化需求的同时，还要突破陈旧观念的束缚，创新服务形式，提升群众的文化体验感。

在服务理念上，文化馆应不断与时俱进，注重人文化。一方面，发展沉浸式体验项目，把空间设计和群众文艺创作、思政文化活动有机结合起来，创新服务模式；另一方面，更加注重聆听群众需求，推出个性化文化服务。例如，安徽省合肥市包河区文化馆，在提供免费的拉丁舞、民谣吉他、瑜伽、古筝、朗诵等艺术培训课程的同时，还开展包括阅读、自习、观展、艺术沙龙等基础服务的“星光夜市”……这些特色化、差异化服务，提升了群众的文化参与度与体验感。

中青年是社会的中坚力量，但一直是文化馆服务的盲点。向年轻人靠拢，是近些年公共文化机构，尤其是文化馆转型升级的一项重要内容，也成为当下文化馆人积极寻求服务突破的方向之一。文化馆既可以重新布局馆内空间，将年轻人喜爱的活动板块及时嵌入，也可以紧跟时代潮流，不断增加新型服务形式。例如，面对“常住人口平均年龄34岁”的城市特点，广东省东莞市文化馆不断推出具有青春色彩的服务，将“潮”文化与传统文化、制造业发展、城市文化生活深度结合，大大拓展了文化馆服务的广度和深度。

在乡村文化活动中“到位”而不“越位”

基层文化馆（站）是公共文化服务的神经末梢。目前，我国已累计建成县级文化馆3 000多个、乡镇综合文化站3万多个、村级文化服务中心近60万个。在乡村振兴大背景下，如何发挥好基层文化馆（站）的作用，既关乎乡村文化振兴和乡村美育建设，也关乎文化馆的转型升级。

各级各地文化馆要积极承担起基层尤其乡村文化队伍培训的重任，通过对县、乡、村三级文艺骨干人才的艺术技能培训，着力提升服务能力，进一步盘活乡村文化资源，激活基层文化馆（站）的活力。近两年，全国公共文化发展中心联合中国文化馆协会，除了培养乡村文化骨干，还实施“乡村网红”培育计划，发掘培育了一大批优秀“乡村网红”志愿者，丰富了基层文化馆（站）文化志愿服务内容，这为乡村文化馆转型升级积累了经验。

文化馆还要在乡村文化活动中发挥好“酵母”作用。县、乡、村文化馆（站）要团结带领乡村文化能人、文化志愿者，立足农村实际，组织开展反映农村真实生活、农民真正喜欢的文化活动，提升农村的文化造血能力，激发农民的文化自信，提高农民美育水平。在这个过程中，文化馆及其工作人员一定要“到位”而不“越位”，切实尊重农民的主体地位，不给农村群众增加负担，不让好事变成糟心事。例如，开展文化活动要避开农忙时节，不追求奢华舞美活动，不唱“高调”，活动内容要符合农村群众的审美，能够激发群众的情感共鸣。

在文旅融合中延伸“服务手臂”

文化事业与旅游业客观上存在着较高契合性。随着文旅融合时代的到来，许多博物馆、美术馆已经成为各地新的热门旅游打卡地。文化馆可以借鉴博物馆、美术馆的经验，让自己融入文旅融合大局。例如，文化馆可以提升自身空间层次，引导游客前来参加艺术欣赏、学习、体验活动，努力成为旅游打卡地。为此，文化馆要从自身实际情况入手，针对不同游客的特点，提供具有参与性、欣赏性、学习性特征的常态化项目，成为游客学习艺术、欣赏艺术、品味艺术的美育基地。

文化馆拥有丰富的文化资源，有的文化馆还承担非遗保护职能（在一些地方，非遗保护中心设在文化馆）。文化馆可以充分发挥自身优势，开发文创产品，成立自己的研发设计团队，或调动社会力量参与，提升文创产品的设计效率，争取成为文创产品的交流展示中心。

此外，文化馆还可以延伸"服务手臂"，让公共文化服务进景区。例如，加强文化馆服务项目内容与旅游景区休闲空间的有效对接，将文化馆（站）"搬"到景区，"搬"进民宿，形成休闲的文化馆（站）体系。

总之，在文旅融合大背景下，文化馆一方面要努力成为全民艺术普及、全域文旅资源整合的中心，不断扩大本地特色文化的资源池；另一方面，以文化馆为核心的公共文化服务场所要积极与旅游休闲场所实现功能融合，通过空间融合、活动融合、宣传融合等方式，更好满足新形势下人们对于文化和旅游服务的新需求。

（资料来源：《光明日报》，2023 年 12 月 6 日，有改动）

（五）增强中华文明传播力影响力

坚守中华文化立场，提炼展示中华文明的精神标识和文化精髓，加快构建中国话语和中国叙事体系，讲好中国故事、传播好中国声音，展现可信、可爱、可敬的中国形象。加强国际传播能力建设，全面提升国际传播效能，形成同我国综合国力和国际地位相匹配的国际话语权。深化文明交流互鉴，推动中华文化更好走向世界。

八、增进民生福祉，提高人民生活品质

江山就是人民，人民就是江山。中国共产党领导人民打江山、守江山，守的是人民的心。治国有常，利民为本。为民造福是立党为公、执政为民的本质要求。必须坚持在发展

中保障和改善民生，鼓励共同奋斗创造美好生活，不断实现人民对美好生活的向往。

我们要实现好、维护好、发展好最广大人民根本利益，紧紧抓住人民最关心、最直接、最现实的利益问题，坚持尽力而为、量力而行，深入群众、深入基层，采取更多惠民生、暖民心举措，着力解决好人民群众“急难愁盼”问题，健全基本公共服务体系，提高公共服务水平，增强均衡性和可及性，扎实推进共同富裕。

（一）完善分配制度

分配制度是促进共同富裕的基础性制度。坚持按劳分配为主体、多种分配方式并存，构建初次分配、再分配、第三次分配协调配套的制度体系。努力提高居民收入在国民收入分配中的比重，提高劳动报酬在初次分配中的比重。坚持多劳多得，鼓励勤劳致富，促进机会公平，增加低收入者收入，扩大中等收入群体。完善按要素分配政策制度，探索多种渠道增加中低收入群众要素收入，多渠道增加城乡居民财产性收入。加大税收、社会保障、转移支付等的调节力度。完善个人所得税制度，规范收入分配秩序，规范财富积累机制，保护合法收入，调节过高收入，取缔非法收入。引导、支持有意愿、有能力的企业、社会组织和个人积极参与公益慈善事业。

（二）实施就业优先战略

就业是最基本的民生。强化就业优先政策，健全就业促进机制，促进高质量充分就业。健全就业公共服务体系，完善重点群体就业支持体系，加强困难群体就业兜底帮扶。统筹城乡就业政策体系，破除妨碍劳动力、人才流动的体制和政策弊端，消除影响平等就业的不合理限制和就业歧视，使人人都有通过勤奋劳动实现自身发展的机会。健全终身职业技能培训制度，推动解决结构性就业矛盾。完善促进创业带动就业的保障制度，支持和规范发展新就业形态。健全劳动法律法规，完善劳动关系协商协调机制，完善劳动者权益保障制度，加强灵活就业和新就业形态劳动者权益保障。

（三）健全社会保障体系

社会保障体系是人民生活的安全网和社会运行的稳定器。健全覆盖全民、统筹城乡、公平统一、安全规范、可持续的多层次社会保障体系。完善基本养老保险全国统筹制度，发展多层次、多支柱养老保险体系。实施渐进式延迟法定退休年龄。扩大社会保险覆盖面，健全基本养老、基本医疗保险筹资和待遇调整机制，推动基本医疗保险、失业保险、工伤保险省级统筹。促进多层次医疗保障有序衔接，完善大病保险和医疗救助制度，落实异地就医结算，建立长期护理保险制度，积极发展商业医疗保险。加快完善全国统一的社会保险公共服务平台。健全社保基金保值增值和安全监管体系。健全分层分类的社会救助体系。坚持男女平等基本国策，保障妇女儿童合法权益。完善残疾人社会保障制度和关爱服务体系，促进残疾人事业全面发展。坚持房子是用来住的、不是用来炒的定位，加快建立多主体供给、多渠道保障、租购并举的住房制度。

聚力民生实事　增进百姓福祉

过上美好生活，是人们的共同期盼；增进民生福祉，是发展的根本目的。

就业、医疗、养老、住房……一桩桩、一件件，都是和百姓生活息息相关的大事、实事。

党的二十大做出增进民生福祉、提高人民生活品质的重大部署。2023 年以来，各地各部门坚持以人民为中心的发展思想，落实落细中央各项政策，以一系列务实之举，聚焦民生关切，满足人民之需。

真招实招夯实民生之本

在北京城市学院图书馆内，一场由北京市顺义区人力社保局联合参与的招聘会吸引了众多毕业生驻足。“招聘会现场不仅有许多专业对口的优质岗位资源，还提供就业政策指导咨询，给了我很大的帮助。”北京城市学院学前教育专业大四学生刘希说。

就业是最基本的民生。2023 年需要在城镇就业的新成长劳动力 1 662 万人，高校毕业生规模将达 1 158 万人，均创近年新高。一年来，各地各部门认真贯彻落实党中央决策部署，着力促进青年特别是高校毕业生、农村劳动力特别是脱贫人口、就业困难人员等重点群体就业——

高频次举办面向毕业生等青年的线上线下专场招聘活动，做到周周有招聘、时时有岗位；推行 15 分钟就业服务圈，建设“家门口”就业服务站，提供招聘求职、政策咨询、职业指导、创业辅导等在线服务；就业援助制度不断健全，城乡困难群众就业得到充分保障；“技能中国行动”深入实施，补贴性职业技能培训规模超过 1 300 万人次……

一项项彰显温度和关怀的实招、硬招，让民生之本得以不断夯实。

来自人力资源和社会保障部的最新数据显示，2023 年 1 至 10 月，全国城镇新增就业 1 109 万人，完成全年目标任务的 92%。高校毕业生等青年就业局势基本稳定，农村劳动力外出务工规模继续增加，脱贫人口务工规模达 3 298 万人。

10 月份，全国城镇调查失业率 5.0%，比上年同期回落 0.5 个百分点，就业形势持续好转。

“稳定和扩大就业，既是保障和改善民生的关键所在，也是巩固经济恢复发展基础的重要支撑。”人力资源和社会保障部有关负责人说，“我们以强化就业优先为导向，以促进供需匹配为关键，以夯实基层服务为基础，以推进数据赋能为支撑，以加强监测预警为底线，加快构建部门协同、系统联动、服务精准、管理科学的高质量充分就业工作体系，全力促进就业形势持续好转。”

关键改革兜稳民生底线

“多亏有职业伤害险的赔付，我才省了一大笔医疗费。”30 岁的外卖骑手王先生在接单途中意外摔伤导致骨折，医疗费共计6万多元。好在他享有平台意外险和职业伤害险双重保障，事发后通过申请理赔，最终赔偿覆盖了所有费用。

一年多来，北京、上海、广东等地的7家平台企业开展新就业形态就业人员职业伤害保障试点，不少外卖骑手、网约车司机等新就业形态劳动者有了更多保障。截至9月，累计有668万人纳入职业伤害保障范围，已有3.2万人次获得职业伤害保障待遇共计4.9亿元。

这只是社会保障不断改革发展的一个缩影。2023年以来，我国社会保障覆盖面进一步拓宽，多层次社会保障体系加快健全。企业职工基本养老保险全国统筹扎实推进，个人养老金制度平稳实施，社保基金管理和委托投资稳步推进……1至10月，全国一般公共预算支出中，社会保障和就业支出同比增长8.7%。

不断加大的民生领域财政投入，确保了“民生保障网”越织越密——截至2023年9月底，全国基本养老、失业、工伤保险参保人数分别为10.6亿人、2.4亿人、3.0亿人；社保卡持卡人数13.77亿人，覆盖97.4%的人口，8.51亿人领用电子社保卡；1至9月，各地共为2 088万低保对象、特困人员、返贫致贫人口、重度残疾人等缴费困难人员代缴城乡居民养老保险费。

与此同时，我国不断健全医保体系，减轻群众看病就医负担。加快医保谈判节奏，推动一大批独家品种的抗癌药、罕见病用药以适宜价格纳入医保；推动集中带量采购，第九批国家组织药品集采平均降价58%，第四批国家组织高值医用耗材集采平均降价70%左右……目前，全国医保码用户已超10亿人，31个省（自治区、直辖市）和新疆生产建设兵团均已支持医保码就医购药，接入定点医药机构超过80万家。

点滴关怀补齐民生短板

“改造后的社区环境焕然一新，路面变得平整，停车更加有序，还增设了儿童游乐设施、健身休闲空间。”家住江西九江柴桑区公园社区的游女士说，居住环境变好了，大家的心气儿更足了。

“家里原来一直没有固定的洗浴和坐便设施，今年镇里给换上了崭新的淋浴房和坐便器，很方便也很暖心。”78岁的刘满荣是江苏省靖江市西来镇桐村村的五保户，贴心的适老化改造不仅改善了老人的生活质量，也提升了老人的幸福指数。

“孩子的托班刚改为普惠制，每月托费开支一项节省了将近2 000元，减轻了我们工薪家庭负担。”北京市民张先生说。

民生无小事，枝叶总关情。

聚焦人民群众急难愁盼，一年来，各地各部门着力补短板、增保障，以一系列务实之举惠民生、暖民心、强信心——

前三季度，全国新开工改造城镇老旧小区5.13万个，惠及居民851万户；上海、浙江、江西等地加快补齐社区服务设施短板、全力改善人居环境，通过完整社区建设，给老百姓带来了“家门口的幸福”；北京加快普惠托育服务体系建设，新增6 000个2至3岁幼儿园托位；四川成都人社部门综合运用大数据、人工智能技术，实现了特殊人群无感认证服务，高龄老人、重残退休人员等特殊群体养老待遇领取更加便利……

保障和改善民生没有终点，只有连续不断的新起点。

迈上新征程，坚持在发展中保障和改善民生，把事关百姓切身利益的事情抓实抓好，以实实在在的工作成效回应民生关切，就一定能汇聚起14亿多人民心往一处想、劲往一处使的磅礴力量，书写共同奋斗创造美好生活的新篇章。

（资料来源：《光明日报》，2023年12月12日，有改动）

（四）推进健康中国建设

人民健康是民族昌盛和国家强盛的重要标志。把保障人民健康放在优先发展的战略位置，完善人民健康促进政策。优化人口发展战略，建立生育支持政策体系，降低生育、养育、教育成本。实施积极应对人口老龄化国家战略，发展养老事业和养老产业，优化孤寡老人服务，推动实现全体老年人享有基本养老服务。深化医药卫生体制改革，促进医保、医疗、医药协同发展和治理。促进优质医疗资源扩容和区域均衡布局，坚持预防为主，加强重大慢性病健康管理，提高基层防病治病和健康管理能力。深化以公益性为导向的公立医院改革，规范民营医院发展。发展壮大医疗卫生队伍，把工作重点放在农村和社区。重视心理健康和精神卫生。促进中医药传承创新发展。创新医防协同、医防融合机制，健全公共卫生体系，提高重大疫情早发现能力，加强重大疫情防控救治体系和应急能力建设，有效遏制重大传染性疾病传播。深入开展健康中国行动和爱国卫生运动，倡导文明健康生活方式。

九、推动绿色发展，促进人与自然和谐共生

大自然是人类赖以生存发展的基本条件。尊重自然、顺应自然、保护自然，是全面建设社会主义现代化国家的内在要求。必须牢固树立和践行绿水青山就是金山银山的理念，站在人与自然和谐共生的高度谋划发展。

我们要推进美丽中国建设，坚持山水林田湖草沙一体化保护和系统治理，统筹产业结构调整、污染治理、生态保护、应对气候变化，协同推进降碳、减污、扩绿、增长，推进生态优先、节约集约、绿色低碳发展。

（一）加快发展方式绿色转型

推动经济社会发展绿色化、低碳化是实现高质量发展的关键环节。加快推动产业结构、能源结构、交通运输结构等调整优化。实施全面节约战略，推进各类资源节约集约利用，

加快构建废弃物循环利用体系。完善支持绿色发展的财税、金融、投资、价格政策和标准体系，发展绿色低碳产业，健全资源环境要素市场化配置体系，加快节能降碳先进技术研发和推广应用，倡导绿色消费，推动形成绿色低碳的生产方式和生活方式。

（二）深入推进环境污染防治

坚持精准治污、科学治污、依法治污，持续深入打好蓝天、碧水、净土保卫战。加强污染物协同控制，基本消除重污染天气。统筹水资源、水环境、水生态治理，推动重要江河湖库生态保护治理，基本消除城市黑臭水体。加强土壤污染源头防控，开展新污染物治理。提升环境基础设施建设水平，推进城乡人居环境整治。全面实行排污许可制，健全现代环境治理体系。严密防控环境风险。深入推进中央生态环境保护督察。

（三）提升生态系统多样性、稳定性、持续性

以国家重点生态功能区、生态保护红线、自然保护地等为重点，加快实施重要生态系统保护和修复重大工程。推进以国家公园为主体的自然保护地体系建设。实施生物多样性保护重大工程。科学开展大规模国土绿化行动。深化集体林权制度改革。推行草原森林河流湖泊湿地休养生息，实施好长江 10 年禁渔，健全耕地休耕轮作制度。建立生态产品价值实现机制，完善生态保护补偿制度。加强生物安全管理，防治外来物种侵害。

思政园地——中国楷模

坚守，为了更美的乌梁素海

冬日，乌梁素海。岸边大片黄色芦苇随风飘摇，绿头鸭、赤麻鸭等水鸟，或翱翔于空中，或游弋于苇荡。

常有一位皮肤黝黑的汉子手持望远镜与单反相机观察鸟儿。他就是马海明，爱鸟护鸟是他多年不变的坚持。

位于内蒙古自治区巴彦淖尔市乌拉特前旗境内的乌梁素海，是黄河流域最大的湖泊湿地。56 岁的马海明在乌梁素海畔长大。

1986 年，马海明进入当时的乌梁素海渔场二分场从事渔业工作。20 世纪 90 年代，乌梁素海因湖区排污量不断增加，水质不断下降，甚至一度恶化到劣 V 类。“小时候的风景没有了，离湖边老远就能闻到异味，鸟也越来越少。”马海明很痛心。

1998 年，乌梁素海湿地水禽自然保护区成立，马海明积极参与到护鸟行动中来。“那时候，主要是跟渔民宣传不打鸟、不捕鱼，还要巡查湖面等。”他说。2008 年，他所在的乌梁素海渔场改制成为乌梁素海实业发展有限公司。

2014 年，马海明如愿进入乌梁素海湿地水禽自然保护区管理站工作，被聘为站长。巡护第一个月，他就参与抓获了偷窃水鸟蛋的盗猎者。如今，经过马海明和同事们多年努力，当地的偷盗猎现象几近绝迹。

救助受伤鸟类也是保护区的工作之一。2016 年冬天，马海明救助了 8 只受伤灰雁，其中 4 只经治疗恢复后飞走。来年开春后，这 4 只灰雁飞回保护站，并繁殖了 17 只幼鸟。“前年保护区建成了水鸟救助站，冬天也有室内保温室。条件好了，救助的鸟儿也多了。”马海明说，不知不觉间，保护区总计救助的水鸟已达上万只。

与此同时，经过当地多年的保护和修复，乌梁素海流域水生态环境稳中向好。水质变好了，回到乌梁素海的水鸟也越来越多，现有鸟类 260 多种。“湖边有处温泉，现在有好几万只赤麻鸭来过冬了。”马海明说道。

如今，卸任站长回到乌梁素海实业发展有限公司担任工会主席的马海明，依旧干着鸟类保护的“老本行”，对接保护区管理站的工作。他还紧跟潮流，将每次巡护拍摄的水鸟照片与视频上传到短视频平台。

“我生在乌梁素海、长在乌梁素海。我爱这里的每一片水域、每一只水鸟。希望我们的共同守护能让更多水鸟来到乌梁素海。”马海明说，为了一个更美的乌梁素海，就是这么多年坚守的意义。

（资料来源：《人民日报》，2023 年 11 月 20 日，有改动）

（四）积极稳妥推进碳达峰、碳中和

实现碳达峰、碳中和，是一场广泛而深刻的经济社会系统性变革。立足我国能源资源禀赋，坚持先立后破，有计划分步骤实施碳达峰行动。完善能源消耗总量和强度调控，重点控制化石能源消费，逐步转向碳排放总量和强度“双控”制度。推动能源清洁低碳高效利用，推进工业、建筑、交通等领域清洁低碳转型。深入推进能源革命，加强煤炭清洁高效利用，加大油气资源勘探开发和增储上产力度，加快规划建设新型能源体系，统筹水电开发和生态保护，积极安全有序发展核电，加强能源产供储销体系建设，确保能源安全。完善碳排放统计核算制度，健全碳排放权市场交易制度。提升生态系统碳汇能力。积极参与应对气候变化全球治理。

坚持绿色发展。面对气候变化、自然灾害等日益严峻的挑战，我们要坚持人与自然和谐共生，加快推动发展方式绿色低碳转型，协同推进降碳、减污、扩绿、增长，落实好《生物循环绿色经济曼谷目标》，厚植亚太增长的绿色底色。

中国坚持走生态优先、绿色发展之路，积极稳妥推进碳达峰碳中和，加快发展方式绿色转型。我们提出亚太经合组织绿色农业、可持续城市、能源低碳转型、海洋污染防治等合作倡议，推动共建清洁美丽的亚太。

（习近平主席在亚太经合组织第三十次领导人非正式会议上的讲话，2023年11月17日）

十、推进国家安全体系和能力现代化，坚决维护国家安全和社会稳定

国家安全是民族复兴的根基，社会稳定是国家强盛的前提。必须坚定不移贯彻总体国家安全观，把维护国家安全贯穿党和国家工作各方面全过程，确保国家安全和社会稳定。

我们要坚持以人民安全为宗旨、以政治安全为根本、以经济安全为基础、以军事科技文化社会安全为保障、以促进国际安全为依托，统筹外部安全和内部安全、国土安全和国民安全、传统安全和非传统安全、自身安全和共同安全，统筹维护和塑造国家安全，夯实国家安全和社会稳定基层基础，完善参与全球安全治理机制，建设更高水平的平安中国，以新安全格局保障新发展格局。

（一）健全国家安全体系

坚持党中央对国家安全工作的集中统一领导，完善高效权威的国家安全领导体制。强化国家安全工作协调机制，完善国家安全法治体系、战略体系、政策体系、风险监测预警体系、国家应急管理体系，完善重点领域安全保障体系和重要专项协调指挥体系，强化经济、重大基础设施、金融、网络、数据、生物、资源、核、太空、海洋等安全保障体系建设。健全反制裁、反干涉、反“长臂管辖”机制。完善国家安全力量布局，构建全域联动、立体高效的国家安全防护体系。

（二）增强维护国家安全能力

坚定维护国家政权安全、制度安全、意识形态安全，加强重点领域安全能力建设，确保粮食、能源资源、重要产业链、供应链安全，加强海外安全保障能力建设，维护我国公民、法人在海外合法权益，维护海洋权益，坚定捍卫国家主权、安全、发展利益。提高防范化解重大风险能力，严密防范系统性安全风险，严厉打击敌对势力渗透、破坏、颠覆、分裂活动。全面加强国家安全教育，提高各级领导干部统筹发展和安全能力，增强全民国家安全意识和素养，筑牢国家安全人民防线。

（三）提高公共安全治理水平

坚持安全第一、预防为主，建立大安全、大应急框架，完善公共安全体系，推动公共安全治理模式向事前预防转型。推进安全生产风险专项整治，加强重点行业、重点领域安全监管。提高防灾减灾救灾和重大突发公共事件处置保障能力，加强国家区域应急力量建设。强化食品药品安全监管，健全生物安全监管预警防控体系。加强个人信息保护。

（四）完善社会治理体系

健全共建共治共享的社会治理制度，提升社会治理效能。在社会基层坚持和发展新时代“枫桥经验”，完善正确处理新形势下人民内部矛盾机制，加强和改进人民信访工作，畅通和规范群众诉求表达、利益协调、权益保障通道，完善网格化管理、精细化服务、信息化支撑的基层治理平台，健全城乡社区治理体系，及时把矛盾纠纷化解在基层、化解在萌芽状态。加快推进市域社会治理现代化，提高市域社会治理能力。强化社会治安整体防控，推进扫黑除恶常态化，依法严惩群众反映强烈的各类违法犯罪活动。发展壮大群防群治力量，营造见义勇为社会氛围，建设人人有责、人人尽责、人人享有的社会治理共同体。

思政园地——中国智慧

浙江余杭：“枫桥经验”的数字化故事

20 世纪 60 年代，浙江省诸暨市枫桥镇的干部群众在工作中创造了“依靠群众就地化解矛盾”的“枫桥经验”，成为全国政法综治战线的一面旗帜。

60 多年过去了，“枫桥经验”历久弥新，伴随着社会的进步和发展，“枫桥经验”有了更多的内涵，矛盾千变万化，方法层出不穷，但依靠群众、就地化解矛盾的本质没有改变。

距离枫桥镇 70 多公里的浙江省杭州市余杭区，在坚持和发展新时代“枫桥经验”的过程中，通过数字化，让数据成为发现矛盾、解决矛盾的好手段。走进余杭区数智治理中心，工作人员紧张地忙碌着，大屏上“余智护杭”应用全景展示着全区的情况，包括地图、摄像头点位、房屋数量、人口等。当有矛盾纠纷发生时，区数智中心作为“大脑”，将非警务类警情自动分配至属地镇街的指挥室“小脑”，然后指挥室联动警情处置中队“手脚”，抵达现场处置矛盾纠纷。利用数字化手段发现和解决矛盾，余杭区有很多故事。

数智治理——警网协同快处置

王先生平时经常在余杭街道的一家养生店调理身体。2023 年 9 月的一天，刚刚调理完的王先生突感身体不适，他怀疑是店里使用的中药有问题，就报了警。

2 分钟后，正在余杭街道综合信息指挥室值守的小曹接到了区数智中心分流来的警情通报，小曹马上将警情下派到余杭街道警情处置三中队，正在路上巡逻的三中队马上赶赴现场。从报警到三中队到达现场，用时 9 分钟。

三中队队员到达现场后，通过警网协同指挥调度平台手机端上报当事人信息和基本情况。经过调解，最终王先生和店里和解，队员又通过手机端将结果反馈至余杭街道指挥室。

随后，小曹的同事小杨对报警人王先生进行回访，询问现场处置情况以及是否有未解决的事情，得到满意的答复后，平台上点击“办结”，此次警情产生的矛盾纠纷顺利化解。

“我们一班一共有 4 个人值班，我来负责协调指挥，其他同事接警、回访等。”小曹介绍着日常的工作。对于警情的处置，小曹表示：“我们就是按照‘1310’模式——1 分钟签收、3 分钟响应、10 分钟到场，所以我的工作就是协调就近的中队，能在 10 分钟内赶到。”

截至目前，余杭区已经建成 7 支 260 余人的警情处置队伍。2022 年，各镇街联动警情 51 395 起，镇街现场到达处置 49 403 起，到达率 96.12%，这为避免矛盾升级，快速化解矛盾打下了坚实的基础。

当一些矛盾纠纷无法现场调解，“处置中队会将当事双方带到街道的矛盾调解中心，申请更专业的调解力量介入。”余杭街道综合信息指挥室负责人朱铝达介绍，这个过程会全程记录在警网协同指挥调度平台上。

余杭街道将他们的警情处置中队命名为“禹合大队”，在中队现场处置的过程中，还会留给当事双方一张卡片，上面印有街道 24 小时值班热线，并且写着“有呼必应 快速解决”。

“我们这里 24 小时值班，电话前一直有人，有问题打电话，我们一定会第一时间帮助解决。”小曹说。

“余智护杭”——遇事就找网格员

就在 2022 年，“中国传统制茶技艺及其相关习俗”项目正式入选联合国教科文组织新一批人类非物质文化遗产代表作名录，径山茶宴就在其中。种茶成为余杭区径山镇小古城村的致富之路。

然而“余智护杭”应用却将采茶时节的小古城村研判为矛盾风险点。因为每到春季采茶时，茶厂和村民会因为噪声闹点矛盾。采茶一般是在夜里，因为露水采茶会提升茶叶的品质。但是现在机械化采茶必然会带来许多噪声，影响周边村民的休息，村民时不时就会报警。

年年都有此类警情，“余智护杭”应用就会预判风险，提醒小古城村的网格员多加关注。

所以，每到采茶时节，李杨建作为小古城村的网格员，一边安抚村民，一边和茶厂商量。“最终是让茶厂尽量早或者尽量晚来采茶，尽量早就比如晚上 10 点、11 点，尽量晚比如凌晨5点，不要在凌晨1点前后采。”如果茶厂确实有困难，李杨建就担负起桥梁纽带的作用，去和村民解释，取得理解。

穿着制服，手拿对讲机的李杨建讲起做网格员的故事侃侃而谈。然而在2018年他刚做网格员时，却是另一番光景。

“刚做网格员时，我连村组的微信群都进不去。”李杨建说，毕竟一个生人，村民心里还是有隔阂的。但李杨建下决心改变，他跑遍自己网格内的村组，不断和村民交心，主动询问需不需要帮助。“说白了，就是沉下去。”

慢慢地，村民们对这位主动上门的网格员有了更多了解，李杨建也顺利地加入了微信群。在微信群里，村民们会有很多交流，李杨建是个有心人，看到村民抱怨路灯坏了，他就去现场检查，然后向村里汇报；有村民反映路面有塌陷，他就通过“余智护杭”平台上报，经过区数智治理中心的交办，相关部门就会派施工人员去维修路面……

村民们对李杨建越来越信任，家长里短都会和他交流。许多家庭矛盾、邻里矛盾，李杨建会更早地知道，早点介入、努力化解，矛盾就能被化解在萌芽状态。

像李杨建这样的网格员就是“余智护杭”的前端。李杨建拿着手机展示着他每个月需要排查的任务：走访企业去排查生产安全，去出租屋排查消防安全，去野外观察地质水文等。每到一地，都要在“余智护杭”上打卡签到，遇到问题，要及时上报，区数智治理中心会及时处理。

例如，每年采茶时，会有大量的外地人来径山镇打工。李杨建要对他负责的茶厂所雇佣的工人进行流动人员登记，然后通过“余智护杭”应用上报，数智治理中心依靠坚实的数据，可以方便管理，也能够搞好服务。

AI警官——推出治理新方式

AI现在是一个大热门，是未来技术发展的方向。将AI技术运用到自己的工作中，余杭区中泰派出所的金建荣警官走在了前列。

“我刚刚调来这边的时候，人头不熟。而我们派出所所辖6个社区，居住人员来自24个省份。现在的城市社区，大家门一关，接触少，许多事情沟通成本很高，”金建荣讲述着AI警官研发的起因，“为了方便，我就成立微信群，这样有助于大家沟通交流。”

微信群成立了，但是问题却更多了。据金建荣介绍，在微信群里每天会有大量的问题：“身份证丢了怎么办？流浪狗能不能管？”金建荣根本忙不过来，问题得不到解答，群里的社区居民就有一定的负面情绪。

很快，金建荣发现，居民问题虽多，但都具有共性，可以设计一套话语统一来解答。一次偶然机会，金建荣了解到AI技术，他就动起了心思。

金建荣找到本地的一家科技公司，请他们帮忙设计AI警官，他和同事经过反复研究，确立了248套回复内容，嵌入AI警官。

“警官，你好。流动人口居住登记哪里办理？”AI警官第一时间捕捉到关键信息后，及时回复：“在浙里办或警察叔叔App，搜索‘流动人口居住登记’进行办理。如果需要电话咨询，可以拨打户籍中心电话×××转人工，工作时间为……”

群里有呼，AI警官必回。前一段时间一位居民在群里反映自己家人可能遭遇电信诈骗，AI 警官第一时间回应：“请拨打派出所值班电话×××，我们会第一时间处理，谢谢！”同时，AI 警官将警情推送给金建荣，他和同事马上行动，最终成功阻止了这起诈骗。

如今 AI 警官不仅仅是沟通器，更是宣传队。“我们在探索利用 AI 警官进行更多的普法宣传、政策宣传等，定期推送，帮助社区居民增强法律意识。”金建荣憧憬着未来。

AI 警官通过技术来有效预防矛盾的产生和升级，是基层社会治理的一个重要创新。余杭区闲林街道西溪源村也在不断探索使用数字化手段推动村民共建共治共享。

西溪源村有一个“乡村微脑”，一个大屏可以将全村的情况一览无余，甚至还可以直接指挥无人机，进行全村巡逻。

在“乡村微脑”上，每个农户都有一个分数，还有排名。“这是我们村设立的‘100+X’人员管理考评体系。”西溪源村村干部郑立介绍。

100 是基础分，X 为贡献分，不同身份的人有不同的内容。比如农户的基础分有 3 项：平安创建、庭院整治与垃圾分类、乡风文明。贡献分则可以通过参与村内志愿服务、评选最美人物、积极建言献策等方式获得。

之前的西溪源村因为流动人口多以及一些历史遗留问题，社会治理十分棘手。郑立和村两委探索了这种评比考核制度，带动大家一起参与其中，推动共建共治共享，“效果很好，警情明显下降，大家的面貌也焕然一新。”

郑立展示了一张村里的福利图，包括水电、宽带补助等各项福利政策。为了激励村民，许多福利与“100+X”挂钩，年终评比为优的农户，补助的额度也会高一些。

郑立表示：“推进共同富裕，这些福利都是村集体应该做的，我们把福利与考核放在一起，村民在做好自身的同时，还可以获得奖励。村民积极性高了，治理也就更加顺畅，这样才能持续推动乡村振兴。”

（资料来源：《人民日报》（海外版），2023 年 10 月 16 日，有改动）

十一、实现建军 100 年奋斗目标，开创国防和军队现代化新局面

如期实现建军 100 年奋斗目标，加快把人民军队建成世界一流军队，是全面建设社会主义现代化国家的战略要求。必须贯彻新时代党的强军思想，贯彻新时代军事战略方针，坚持党对人民军队的绝对领导，坚持政治建军、改革强军、科技强军、人才强军、依法治军，坚持边斗争、边备战、边建设，坚持机械化、信息化、智能化融合发展，加快军事理论现代化、军队组织形态现代化、军事人员现代化、武器装备现代化，提高捍卫国家主权、安全、发展利益战略能力，有效履行新时代人民军队使命任务。

全面加强人民军队党的建设，确保枪杆子永远听党指挥。健全贯彻军委主席负责制体制机制。深化党的创新理论武装，开展“学习强军思想、建功强军事业”教育实践活动。加强军史学习教育，繁荣发展强军文化，强化战斗精神培育。建强人民军队党的组织体系，推进政治整训常态化、制度化，持之以恒正风肃纪反腐。

全面加强练兵备战，提高人民军队打赢能力。研究掌握信息化、智能化战争特点规律，创新军事战略指导，发展人民战争战略战术。打造强大战略威慑力量体系，增加新域、新质作战力量比重，加快无人智能作战力量发展，统筹网络信息体系建设运用。优化联合作战指挥体系，推进侦察预警、联合打击、战场支撑、综合保障体系和能力建设。深入推进实战化军事训练，深化联合训练、对抗训练、科技练兵。加强军事力量常态化、多样化运用，坚定灵活开展军事斗争，塑造安全态势，遏控危机冲突，打赢局部战争。

全面加强军事治理，巩固拓展国防和军队改革成果，完善军事力量结构编成，体系优化军事政策制度。加强国防和军队建设重大任务战建备统筹，加快建设现代化后勤，实施国防科技和武器装备重大工程，加速科技向战斗力转化。深化军队院校改革，建强新型军事人才培养体系，创新军事人力资源管理。加强依法治军机制建设和战略规划，完善中国特色军事法治体系。改进战略管理，提高军事系统运行效能和国防资源使用效益。

巩固提高一体化国家战略体系和能力。加强军地战略规划统筹、政策制度衔接、资源要素共享。优化国防科技工业体系和布局，加强国防科技工业能力建设。深化全民国防教育。加强国防动员和后备力量建设，推进现代边海空防建设。加强军人军属荣誉激励和权益保障，做好退役军人服务保障工作。巩固发展军政军民团结。

人民军队始终是党和人民完全可以信赖的英雄军队，有信心、有能力维护国家主权、统一和领土完整，有信心、有能力为实现中华民族伟大复兴提供战略支撑，有信心、有能力为世界和平与发展做出更大贡献！

十二、坚持和完善“一国两制”，推进祖国统一

“一国两制”是中国特色社会主义的伟大创举，是香港、澳门回归后保持长期繁荣稳定的最佳制度安排，必须长期坚持。

全面准确、坚定不移贯彻“一国两制”“港人治港”“澳人治澳”、高度自治的方针，坚持依法治港、治澳，维护宪法和基本法确定的特别行政区宪制秩序。坚持和完善“一国两制”制度体系，落实中央全面管治权，落实“爱国者治港”“爱国者治澳”原则，落实特别行政区维护国家安全的法律制度和执行机制。坚持中央全面管治权和保障特别行政区高度自治权相统一，坚持行政主导，支持行政长官和特别行政区政府依法施政，提升全面治理能力和管治水平，完善特别行政区司法制度和法律体系，保持香港、澳门资本主义制度和生活方式长期不变，促进香港、澳门长期繁荣稳定。

支持香港、澳门发展经济、改善民生、破解经济社会发展中的深层次矛盾和问题。发挥香港、澳门优势和特点，巩固提升香港、澳门在国际金融、贸易、航运航空、创新科技、文化旅游等领域的地位，深化香港、澳门同各国各地区更加开放、更加密切的交往合作。推进粤港澳大湾区建设，支持香港、澳门更好融入国家发展大局，为实现中华民族伟大复兴更好发挥作用。

发展壮大爱国、爱港、爱澳力量，增强港澳同胞的爱国精神，形成更广泛的国内外支持“一国两制”的统一战线。坚决打击反中、乱港、乱澳势力，坚决防范和遏制外部势力干预港澳事务。

解决台湾问题、实现祖国完全统一，是党矢志不渝的历史任务，是全体中华儿女的共同愿望，是实现中华民族伟大复兴的必然要求。坚持贯彻新时代党解决台湾问题的总体方略，牢牢把握两岸关系主导权和主动权，坚定不移推进祖国统一大业。

“和平统一、一国两制”方针是实现两岸统一的最佳方式，对两岸同胞和中华民族最有利。我们坚持一个中国原则和“九二共识”，在此基础上，推进同台湾各党派、各界别、各阶层人士就两岸关系和国家统一开展广泛深入协商，共同推动两岸关系和平发展、推进祖国和平统一进程。我们坚持团结广大台湾同胞，坚定支持岛内爱国统一力量，共同把握历史大势，坚守民族大义，坚定反“独”促统。伟大祖国永远是所有爱国统一力量的坚强后盾！

两岸同胞血脉相连，是血浓于水的一家人。我们始终尊重、关爱、造福台湾同胞，继续致力于促进两岸经济文化交流合作，深化两岸各领域融合发展，完善增进台湾同胞福祉的制度和政策，推动两岸共同弘扬中华文化，促进两岸同胞心灵契合。

台湾是中国的台湾。解决台湾问题是中国人自己的事，要由中国人来决定。我们坚持以最大诚意、尽最大努力争取和平统一的前景，但决不承诺放弃使用武力，保留采取一切必要措施的选项，这针对的是外部势力干涉和极少数“台独”分裂分子及其分裂活动，绝非针对广大台湾同胞。国家统一、民族复兴的历史车轮滚滚向前，祖国完全统一一定要实现，也一定能够实现！

实现中华民族伟大复兴是全体中华儿女的共同夙愿。两岸青年生逢其时，施展才干的舞台无比广阔，实现梦想的前景无比光明。我们欢迎台湾青年来大陆追梦、筑梦、圆梦。希望两岸青年把握历史大势，坚守民族大义，维护国家统一，勇担时代重任，坚定走两岸关系和平发展正确道路，把两岸关系发展的前途命运牢牢掌握在两岸中国人手中。

（习近平总书记致第六届海峡两岸青年发展论坛的贺信，2023 年 9 月 15 日）

十三、促进世界和平与发展，推动构建人类命运共同体

当前，世界之变、时代之变、历史之变正以前所未有的方式展开。一方面，和平、发展、合作、共赢的历史潮流不可阻挡，人心所向、大势所趋决定了人类前途终归光明。另一方面，恃强凌弱、巧取豪夺、零和博弈等霸权、霸道、霸凌行径危害深重，和平赤字、发展赤字、安全赤字、治理赤字加重，人类社会面临前所未有的挑战。世界又一次站在历史的十字路口，何去何从取决于各国人民的抉择。

中国始终坚持维护世界和平、促进共同发展的外交政策宗旨，致力于推动构建人类命运共同体。

中国坚定奉行独立自主的和平外交政策，始终根据事情本身的是非曲直决定自己的立场和政策，维护国际关系基本准则，维护国际公平正义。中国尊重各国主权和领土完整，坚持国家不分大小、强弱、贫富一律平等，尊重各国人民自主选择的发展道路和社会制度，坚决反对一切形式的霸权主义和强权政治，反对冷战思维，反对干涉别国内政，反对搞双重标准。中国奉行防御性的国防政策，中国的发展是世界和平力量的增长，无论发展到什么程度，中国永远不称霸、永远不搞扩张。

中国坚持在和平共处五项原则基础上同各国发展友好合作，推动构建新型国际关系，深化拓展平等、开放、合作的全球伙伴关系，致力于扩大同各国利益的汇合点。促进大国协调和良性互动，推动构建和平共处、总体稳定、均衡发展的大国关系格局。坚持亲诚惠容和与邻为善、以邻为伴周边外交方针，深化同周边国家友好互信和利益融合。秉持真实亲诚理念和正确义利观加强同发展中国家团结合作，维护发展中国家共同利益。中国共产党愿在独立自主、完全平等、互相尊重、互不干涉内部事务原则基础上加强同各国政党和政治组织交流合作，积极推进人大、政协、军队、地方、民间等各方面对外交往。

我们要深化交流互鉴，以包容的胸怀构建和而不同的精神家园。文明是多样的，世界是多彩的。青年充满了活力，应该也能够以平等、包容、友爱的视角看待和而不同，用欣赏、互学、互鉴的态度对待多种文化。我们要以这次大运会为契机，弘扬全人类共同价值，谱写推动构建人类命运共同体新篇章。

（习近平主席在成都第三十一届世界大学生夏季运动会开幕式欢迎宴会上的致辞，2023 年 7 月 28 日）

中国坚持对外开放的基本国策，坚定奉行互利共赢的开放战略，不断以中国新发展为世界提供新机遇，推动建设开放型世界经济，更好惠及各国人民。中国坚持经济全球化正确方向，推动贸易和投资自由化、便利化，推进双边、区域和多边合作，促进国际宏观经济政策协调，共同营造有利于发展的国际环境，共同培育全球发展新动能，反对保护主义，反对“筑墙设垒”“脱钩断链”，反对单边制裁、极限施压。中国愿加大对全球发展合作的资源投入，致力于缩小南北差距，坚定支持和帮助广大发展中国家加快发展。

中国积极参与全球治理体系改革和建设，践行共商共建共享的全球治理观，坚持真正的多边主义，推进国际关系民主化，推动全球治理朝着更加公正、合理的方向发展。坚定维护以联合国为核心的国际体系、以国际法为基础的国际秩序、以联合国宪章宗旨和原则为基础的国际关系基本准则，反对一切形式的单边主义，反对搞针对特定国家的阵营化和排他性小圈子。推动世界贸易组织、亚太经合组织等多边机制更好发挥作用，扩大金砖国家、上海合作组织等合作机制影响力，增强新兴市场国家和发展中国家在全球事务中的代表性和发言权。中国坚持积极参与全球安全规则制定，加强国际安全合作，积极参与联合国维和行动，为维护世界和平和地区稳定发挥建设性作用。

构建人类命运共同体是世界各国人民前途所在。万物并育而不相害，道并行而不相悖。只有各国行天下之大道，和睦相处、合作共赢，繁荣才能持久，安全才有保障。中国提出了全球发展倡议、全球安全倡议，愿同国际社会一道努力落实。中国坚持对话协商，推动建设一个持久和平的世界；坚持共建共享，推动建设一个普遍安全的世界；坚持合作共赢，推动建设一个共同繁荣的世界；坚持交流互鉴，推动建设一个开放包容的世界；坚持绿色低碳，推动建设一个清洁美丽的世界。

我们真诚呼吁，世界各国弘扬和平、发展、公平、正义、民主、自由的全人类共同价值，促进各国人民相知相亲，尊重世界文明多样性，以文明交流超越文明隔阂、文明互鉴超越文明冲突、文明共存超越文明优越，共同应对各种全球性挑战。

我们所处的是一个充满挑战的时代，也是一个充满希望的时代。中国人民愿同世界人民携手开创人类更加美好的未来！

十四、坚定不移全面从严治党，深入推进新时代党的建设新的伟大工程

全面建设社会主义现代化国家、全面推进中华民族伟大复兴，关键在党。我们党作为世界上最大的马克思主义执政党，要始终赢得人民拥护、巩固长期执政地位，必须时刻保持解决大党独有难题的清醒和坚定。经过十八大以来全面从严治党，我们解决了党内许多突出问题，但党面临的执政考验、改革开放考验、市场经济考验、外部环境考验将长期存在，精神懈怠危险、能力不足危险、脱离群众危险、消极腐败危险将长期存在。全党必须牢记，全面从严治党永远在路上，党的自我革命永远在路上，决不能有松劲歇脚、疲劳厌战的情绪，必须持之以恒推进全面从严治党，深入推进新时代党的建设新的伟大工程，以

党的自我革命引领社会革命。

我们要落实新时代党的建设总要求，健全全面从严治党体系，全面推进党的自我净化、自我完善、自我革新、自我提高，使我们党坚守初心使命，始终成为中国特色社会主义事业的坚强领导核心。

（一）坚持和加强党中央集中统一领导

党的领导是全面的、系统的、整体的，必须全面、系统、整体加以落实。健全总揽全局、协调各方的党的领导制度体系，完善党中央重大决策部署落实机制，确保全党在政治立场、政治方向、政治原则、政治道路上同党中央保持高度一致，确保党的团结统一。完善党中央决策议事协调机构，加强党中央对重大工作的集中统一领导。加强党的政治建设，严明政治纪律和政治规矩，落实各级党委（党组）主体责任，提高各级党组织和党员干部政治判断力、政治领悟力、政治执行力。坚持科学执政、民主执政、依法执政，贯彻民主集中制，创新和改进领导方式，提高党把方向、谋大局、定政策、促改革能力，调动各方面积极性。增强党内政治生活政治性、时代性、原则性、战斗性，用好批评和自我批评武器，持续净化党内政治生态。

（二）坚持不懈用新时代中国特色社会主义思想凝心铸魂

用党的创新理论武装全党是党的思想建设的根本任务。全面加强党的思想建设，坚持用新时代中国特色社会主义思想统一思想、统一意志、统一行动，组织实施党的创新理论学习教育计划，建设马克思主义学习型政党。加强理想信念教育，引导全党牢记党的宗旨，解决好世界观、人生观、价值观这个总开关问题，自觉做共产主义远大理想和中国特色社会主义共同理想的坚定信仰者和忠实实践者。坚持学思用贯通、知信行统一，把新时代中国特色社会主义思想转化为坚定理想、锤炼党性和指导实践、推动工作的强大力量。坚持理论武装同常态化、长效化开展党史学习教育相结合，引导党员、干部不断学史明理、学史增信、学史崇德、学史力行，传承红色基因，赓续红色血脉。以县处级以上领导干部为重点在全党深入开展主题教育。

思政园地——中国楷模

宝塔消防救援站：传承红色基因　永做人民卫士

走进陕西省延安市宝塔区宝塔消防救援站（简称“宝塔站”），“弘扬延安精神，永做红军传人”的队训引人瞩目。建队50年来，队训早已融入一批批队员的血脉，成为他们的价值坐标。

以驻地为故乡、视百姓为亲人，这支“火焰蓝”队伍始终用赤诚和忠勇守护着

3 556 平方公里土地和 75 万老区人民的生命财产安全，践行着“救民于水火，助民于危难，给人民以力量”的铮铮誓言。

用延安精神指方向

宝塔站历史悠久，脱胎于延安时期党领导下的陕甘宁边区政府保安处。作为一支在窑洞里诞生的消防救援队伍，宝塔站始终坚持用延安精神铸魂育人。

在张思德纪念广场，队员们集体诵读《为人民服务》；在南泥湾，他们追忆自力更生、艰苦奋斗的峥嵘岁月……

“每当有新消防员入队，队干部都会带他们参观革命旧址，诵读誓词、重温队史，这已成为宝塔站雷打不动的入队第一课，”宝塔站一级消防长张保愿说，“从湖北宜昌来延安工作已近 30 年，是延安精神教育了我、滋养了我、成就了我。”

在延安精神的感召下，一批批队员赴汤蹈火、不畏艰险，早已成为当地群众心目中鏖战洪魔的“守护者”、舍生忘死的“冲锋队”、争分夺秒的“排险员”。

2013 年 7 月，持续 26 天的强降雨导致延安宝塔山、凤凰山发生多处山体滑坡、窑洞坍塌，情况十分危急。接到警情后，宝塔站五人一队、三人一组，携带救援装备，在暴雨和泥浆中七上宝塔山、五上凤凰山，连续奋战 26 个昼夜，共疏散群众千余人，营救被困人员 62 人。

“灾情就是命令，时间就是生命，越是艰难险阻，我们越要发挥‘尖刀’和‘铁拳’的作用，用我们的专业救援帮助广大群众渡过难关。”曾参与救援的宝塔站三级消防长木洪刚说。

自建立以来，宝塔站已累计接警出动 1.25 万余次，抢救被困人员 3 200 余人，保护财产价值 197.4 亿元。

生死关头不退缩，危急时刻敢亮剑，一个个“现场”见证着宝塔站消防员的英雄本色。

“有消防员在，我们心里就踏实了”

作为老区人民的“守护者”，宝塔站在 50 年的历程中，不断践行着“火场打不赢，一切等于零，武艺练不精，不是合格兵”的口号，把精武强能作为履职尽责的第一要务。

宝塔区共有革命旧址 158 处，年接待群众 6 300 万人次。宝塔站站长孙帅征介绍，宝塔站提出“像保护眼睛一样保卫红色旧址”的口号，对辖区每一处革命旧址实地寻访、登记造册，探索建立“一址一策一演练”精准化响应机制，确保辖区所有革命旧址的安全性。

宝塔区现有高层建筑 454 栋，一旦发生火灾，燃烧荷载大、供水扑救难。针对火灾扑救难点，宝塔站立足实战、苦心钻研，研究制作了“高层水带铺设保护器”“消防水带晾晒收卷装置”等一批创新型器材装备，有效解决了高层建筑火灾扑救供水难题。

为了适应新时代灭火救援需要，宝塔站还总结编写了《灭火救援供水》理论教材，创新提出全水系泡沫作战方法，大大提高了火灾扑救效率，为同类地区灭火救援提供了“宝塔经验”。

行走在宝塔区的革命旧址、大街小巷，每当提起消防队员，广大群众总是感慨：“有消防员在，我们心里就踏实了。”

“你们这群好后生，就像张思德一样”

自建立之初，宝塔站就以全心全意为人民服务的张思德为榜样，与驻地人民鱼水情深、血脉相融。

2009年8月，宝塔站指战员像往常一样，又一次来到“八一”敬老院义务劳动，原三五九旅老红军毛光荣拉住指战员的手动情地说：“你们这群好后生，就像张思德一样实在，要好好当兵，要对得起老百姓！”

在老红军的鼓励和启发下，宝塔站成立了以党员骨干为主的张思德消防服务队，助老帮困、扶贫救灾，虽然队员换了一批又一批，但全心全意为人民服务的宗旨始终熠熠生辉。

2021年夏天，一次消防知识宣传活动让宝塔站的消防员和宝塔区柳林镇山狼岔村的王世梓大爷结下深厚友谊。得知王世梓的老伴常年患病，孩子们都在外打拼，消防员们一有空就上门帮扶，大到住院看病、小到修理灯泡，无微不至。

“这是贺牛牛，这是严杰，这是裴指导员……”来的次数多，王世梓对消防员们的名字如数家珍。虎年除夕，消防员们带着年货到王世梓家中慰问，随后将其邀请到消防队过年，老人感慨之余提笔写下“为人民服务、替祖国争光”几个大字。

宝塔站政治指导员裴文博说：“我们将继续矢志不渝传承延安精神，让‘火焰蓝’的旗帜在圣地迎风招展，让鲜红的党旗在老区高高飘扬！”

在习近平总书记向国家综合性消防救援队伍授旗致训词5周年之际，中央宣传部向全社会宣传发布宝塔消防救援站先进事迹，授予他们“时代楷模”称号。

（资料来源：新华网，2023年11月29日，有改动）

（三）完善党的自我革命制度规范体系

坚持制度治党、依规治党，以党章为根本，以民主集中制为核心，完善党内法规制度体系，增强党内法规权威性和执行力，形成坚持真理、修正错误，发现问题、纠正偏差的机制。健全党统一领导、全面覆盖、权威高效的监督体系，完善权力监督制约机制，以党内监督为主导，促进各类监督贯通协调，让权力在阳光下运行。推进政治监督具体化、精准化、常态化，增强对“一把手”和领导班子监督实效。发挥政治巡视利剑作用，加强巡视整改和成果运用。落实全面从严治党政治责任，用好问责利器。

（四）建设堪当民族复兴重任的高素质干部队伍

全面建设社会主义现代化国家，必须有一支政治过硬、适应新时代要求、具备领导现代化建设能力的干部队伍。坚持党管干部原则，坚持德才兼备、以德为先、五湖四海、任人唯贤，把新时代好干部标准落到实处。树立选人、用人正确导向，选拔忠诚、干净、担当的高素质专业化干部，选优配强各级领导班子。坚持把政治标准放在首位，做深、做实干部政治素质考察，突出把好政治关、廉洁关。加强实践锻炼、专业训练，注重在重大斗争中磨砺干部，增强干部推动高质量发展本领、服务群众本领、防范化解风险本领。加强干部斗争精神和斗争本领养成，着力增强防风险、迎挑战、抗打压能力，带头担当作为，做到平常时候看得出来、关键时刻站得出来、危难关头豁得出来。完善干部考核评价体系，引导干部树立和践行正确政绩观，推动干部能上能下、能进能出，形成能者上、优者奖、庸者下、劣者汰的良好局面。抓好后继有人这个根本大计，健全培养选拔优秀年轻干部常态化工作机制，把到基层和艰苦地区锻炼成长作为年轻干部培养的重要途径。重视女干部培养选拔工作，发挥女干部重要作用。重视培养和用好少数民族干部，统筹做好党外干部工作。做好离退休干部工作。加强和改进公务员工作，优化机构编制资源配置。坚持严管和厚爱相结合，加强对干部全方位管理和经常性监督，落实“三个区分开来”，激励干部敢于担当、积极作为。关心、关爱基层干部特别是条件艰苦地区干部。

（五）增强党组织政治功能和组织功能

严密的组织体系是党的优势所在、力量所在。各级党组织要履行党章赋予的各项职责，把党的路线方针政策和党中央决策部署贯彻落实好，把各领域广大群众组织凝聚好。坚持大抓基层的鲜明导向，抓党建促乡村振兴，加强城市社区党建工作，推进以党建引领基层治理，持续整顿软弱涣散基层党组织，把基层党组织建设成为有效实现党的领导的坚强战斗堡垒。全面提高机关党建质量，推进事业单位党建工作。推进国有企业、金融企业在完善公司治理中加强党的领导，加强混合所有制企业、非公有制企业党建工作，理顺行业协会、学会、商会党建工作管理体制。加强新经济组织、新社会组织、新就业群体党的建设。注重从青年和产业工人、农民、知识分子中发展党员，加强和改进党员特别是流动党员教育管理。落实党内民主制度，保障党员权利，激励党员发挥先锋模范作用。严肃稳妥处置不合格党员，保持党员队伍先进性和纯洁性。

（六）坚持以严的基调强化正风肃纪

党风问题关系执政党的生死存亡。弘扬党的光荣传统和优良作风，促进党员干部特别是领导干部带头深入调查研究，扑下身子干实事、谋实招、求实效。锲而不舍落实中央八项规定精神，抓住“关键少数”以上率下，持续深化纠治“四风”，重点纠治形式主义、官僚主义，坚决破除特权思想和特权行为。把握作风建设地区性、行业性、阶段性特点，抓住普遍发生、反复出现的问题深化整治，推进作风建设常态化、长效化。全面加强党的纪律建设，督促领导干部特别是高级干部严于律己、严负其责、严管所辖，对违反党纪的问题，发现一起坚决查处一起。坚持党性、党风、党纪一起抓，从思想上固本培元，提高党性觉悟，增强拒腐防变能力，涵养富贵不能淫、贫贱不能移、威武不能屈的浩然正气。

（七）坚决打赢反腐败斗争攻坚战持久战

腐败是危害党的生命力和战斗力的最大毒瘤，反腐败是最彻底的自我革命。只要存在腐败问题产生的土壤和条件，反腐败斗争就一刻不能停，必须永远吹冲锋号。坚持不敢腐、不能腐、不想腐一体推进，同时发力、同向发力、综合发力。以零容忍态度反腐惩恶，更加有力遏制增量，更加有效清除存量，坚决查处政治问题和经济问题交织的腐败，坚决防止领导干部成为利益集团和权势团体的代言人、代理人，坚决治理政商勾连破坏政治生态和经济发展环境问题，决不姑息。深化整治权力集中、资金密集、资源富集领域的腐败，坚决惩治群众身边的“蝇贪”，严肃查处领导干部配偶、子女及其配偶等亲属和身边工作人员利用影响力谋私贪腐问题，坚持受贿行贿一起查，惩治新型腐败和隐性腐败。深化反腐败国际合作，一体构建追逃防逃追赃机制。深化标本兼治，推进反腐败国家立法，加强新时代廉洁文化建设，教育引导广大党员、干部增强不想腐的自觉，清清白白做人、干干净净做事，使严厉惩治、规范权力、教育引导紧密结合、协调联动，不断取得更多制度性成果和更大治理效能。

新闻角

经中共中央批准，中央纪委国家监委对国务院国资委原副部长级干部骆玉林严重违纪违法问题进行了立案审查调查。

经查，骆玉林丧失理想信念，背弃初心使命，对党不忠诚不老实，表里不一，搞两面派，做两面人；违反中央八项规定精神，违规接受私营企业主安排的宴请和旅游活动；违反组织原则，隐瞒不报个人有关事项，在干部选拔任用中为他人谋取利益并收受财物；私欲膨胀，唯利是图，长期违规收受礼品礼金，违规从事营利活动，向多名私营企业主放贷获取大额回报，大搞权色、钱色交易；生活腐化堕落，家风不正，治家不严，对家人失管失教；毫无纪法底线，公器私用，以权谋私，与不法商人勾肩搭背沆瀣一气，大搞权钱交易，利用职务便利为他人在企业经营、项目承揽等方面谋利，并非法收受巨额财物。

骆玉林严重违反党的政治纪律、组织纪律、廉洁纪律和生活纪律，构成严重职务违法并涉嫌受贿犯罪，且在党的十八大后不收敛、不收手，性质严重，影响恶劣，应予严肃处理。依据《中国共产党纪律处分条例》《中华人民共和国监察法》《中华人民共和国公职人员政务处分法》等有关规定，经中央纪委常委会会议研究并报中共中央批准，决定给予骆玉林开除党籍处分；按规定取消其享受的待遇；收缴其违纪违法所得；将其涉嫌犯罪问题移送检察机关依法审查起诉，所涉财物一并移送。

（资料来源：中央纪委国家监委，2023 年 11 月 16 日）

时代呼唤着我们，人民期待着我们，唯有矢志不渝、笃行不怠，方能不负时代、不负人民。全党必须牢记，坚持党的全面领导是坚持和发展中国特色社会主义的必由之路，中国特色社会主义是实现中华民族伟大复兴的必由之路，团结奋斗是中国人民创造历史伟业的必由之路，贯彻新发展理念是新时代我国发展壮大的必由之路，全面从严治党是党永葆生机活力、走好新的赶考之路的必由之路。这是我们在长期实践中得出的至关紧要的规律性认识，必须倍加珍惜、始终坚持，咬定青山不放松，引领和保障中国特色社会主义巍巍巨轮乘风破浪、行稳致远。

团结就是力量，团结才能胜利。全面建设社会主义现代化国家，必须充分发挥亿万人民的创造伟力。全党要坚持全心全意为人民服务的根本宗旨，树牢群众观点，贯彻群众路线，尊重人民首创精神，坚持一切为了人民、一切依靠人民，从群众中来、到群众中去，始终保持同人民群众的血肉联系，始终接受人民批评和监督，始终同人民同呼吸、共命运、心连心，不断巩固全国各族人民大团结，加强海内外中华儿女大团结，形成同心共圆中国梦的强大合力。

青年强，则国家强。当代中国青年生逢其时，施展才干的舞台无比广阔，实现梦想的前景无比光明。全党要把青年工作作为战略性工作来抓，用党的科学理论武装青年，用党的初心使命感召青年，做青年朋友的知心人、青年工作的热心人、青年群众的引路人。广大青年要坚定不移听党话、跟党走，怀抱梦想又脚踏实地，敢想敢为又善作善成，立志做有理想、敢担当、能吃苦、肯奋斗的新时代好青年，让青春在全面建设社会主义现代化国家的火热实践中绽放绚丽之花。

党用伟大奋斗创造了百年伟业，也一定能用新的伟大奋斗创造新的伟业。全党全军全国各族人民要紧密团结在党中央周围，牢记空谈误国、实干兴邦，坚定信心、同心同德，埋头苦干、奋勇前进，为全面建设社会主义现代化国家、全面推进中华民族伟大复兴而团结奋斗！

全面学习、全面把握、全面落实党的二十大精神

“学习宣传贯彻党的二十大精神是当前和今后一个时期全党全国的首要政治任务。”

“中央政治局要带头抓好全党全国学习宣传贯彻党的二十大精神，推动党的二十大精神广泛深入为广大干部群众所了解和掌握。”

2022 年 10 月 25 日，党的二十大刚刚闭幕不久，二十届中央政治局以学习贯彻党的二十大精神为题举行第一次集体学习，为全党学习贯彻党的二十大精神做出示范。习近平总书记主持学习并发表重要讲话，从“在全面学习上下功夫”“在全面把握上下功夫”“在全面落实上下功夫”3 个方面，对全党学习宣传贯彻党的二十大精神做出部署。

习近平总书记这篇重要讲话，既对学习宣传贯彻党的二十大精神提出了明确要求，又指明了学习宣传贯彻党的二十大精神的根本方法，具有很强的政治性、思想性、指导性和现实针对性。要把深刻学习领悟这篇重要讲话精神，同学习好、贯彻好习近平总书记党的二十大以来的一系列重要讲话精神结合起来，同学习好、贯彻好习近平新时代中国特色社会主义思想，把握好这一重要思想的世界观和方法论，坚持好、运用好贯穿其中的立场观点方法结合起来，坚定不移把党的二十大提出的目标任务落到实处，以奋发有为的精神努力开创党和国家事业发展新局面。

进一步把思想和行动统一到党的二十大精神上来

“每当党中央做出重大决策部署，我们就号召全党同志加强学习，以统一全党思想和行动，汇聚起攻坚克难、团结奋进的强大力量。这是党的一条成功经验。”

在党的百年奋斗历程中，面对新形势新任务，我们党总是号召全党同志加强学习；而每次这样的学习热潮，都能推动党和人民事业实现大发展大进步。早在延安时期，毛泽东同志就指出："如果不学习，就不能领导工作，不能改善工作与建设大党。"党的十八大以来，习近平总书记反复号召全党同志加强对党中央重大决策部署的学习，要求"全党来一个大学习"。实践充分证明，全党学习的过程就是思想统一的过程、行动看齐的过程、力量凝聚的过程、事业推进的过程。

党的二十大是在全党全国各族人民迈上全面建设社会主义现代化国家新征程、向第二个百年奋斗目标进军的关键时刻召开的一次十分重要的大会，在政治上、理论上、实践上取得了一系列重大成果。深入学习宣传贯彻党的二十大精神，对于动员全党全国各族人民更加紧密地团结在以习近平同志为核心的党中央周围，高举中国特色社会主义伟大旗帜，坚定道路自信、理论自信、制度自信、文化自信，为全面建设社会主义现代化国家、全面推进中华民族伟大复兴而团结奋斗，具有重大现实意义和深远历史意义。

党的二十大以来，习近平总书记对学习宣传贯彻党的二十大精神高度重视，在党中央全会、中央政治局常委会会议、中央政治局会议等多个场合发表一系列重要讲话、做出一系列重要部署，提出一系列明确要求。

——2022年10月17日，在参加党的二十大广西代表团讨论时，习近平总书记就学习贯彻党的二十大精神提出"五个牢牢把握"，强调要牢牢把握过去5年工作和新时代10年伟大变革的重大意义，牢牢把握新时代中国特色社会主义思想的世界观和方法论，牢牢把握以中国式现代化推进中华民族伟大复兴的使命任务，牢牢把握以伟大自我革命引领伟大社会革命的重要要求，牢牢把握团结奋斗的时代要求。

——2022年10月23日，在党的二十届一中全会上，习近平总书记就"全面贯彻党的二十大精神，为实现党的二十大确定的目标任务而团结奋斗"提出6项明确要求，强调要深刻认识我国发展面临的形势，始终保持战略清醒；继续推进党的理论创新，不断提高马克思主义理论水平；深刻把握中国式现代化的中国特色和本质要求，牢牢掌握我国发展主动权；扎实贯彻全面建设社会主义现代化国家各项部署，着力实现高质量发展；全面落实以人民为中心的发展思想，扎实推进共同富裕；深入推进新时代党的建设新的伟大工程，着力推动全面从严治党取得新成效。

——2022年10月25日，习近平总书记主持召开中央政治局会议，研究部署学习宣传贯彻党的二十大精神。会议强调要引导广大干部群众原原本本学习研读党的二十大报告和党章，认真领悟党的二十大提出的新思想新论断、做出的新部署新要求，把党的二十大的部署和要求落实到经济社会发展各领域各方面。

——2022年10月27日，在瞻仰延安革命纪念地时，习近平总书记明确要求，要弘扬伟大建党精神，弘扬延安精神，坚定历史自信，增强历史主动，发扬斗争精神，为实现党的二十大提出的目标任务而团结奋斗。

——2022年12月15日，习近平总书记出席中央经济工作会议并发表重要讲话，为全面建设社会主义现代化国家开好局起好步定向领航。会议要求，各地区各部门和各级领导干部要把思想和行动统一到党的二十大精神和党中央关于经济工作的决策部署上来，以奋发有为的精神状态和“时时放心不下”的责任意识做好经济工作。

——2022年12月26日至27日，在中央政治局民主生活会上，习近平总书记明确要求，中央政治局的同志要在全面学习、全面把握、全面落实党的二十大精神上带好头、做表率，不辱使命、不负众望，切实把思想和行动统一到党的二十大所做出的各项决策部署上来。

——2023年1月9日，在二十届中央纪委二次全会上，习近平总书记明确要求，要以有力政治监督保障党的二十大决策部署落实见效。

习近平总书记这一系列重要讲话、一系列重要部署，深刻阐明了学习宣传贯彻党的二十大精神的重大意义和任务要求，为全党深入学习宣传贯彻党的二十大精神提供了根本遵循。

党的二十大闭幕以来，全党上下迅速掀起学习宣传贯彻党的二十大精神的热潮。各级党组织认真落实《中共中央关于认真学习宣传贯彻党的二十大精神的决定》，把学习宣传贯彻大会精神作为首要政治任务，引导广大党员干部把思想和行动统一到党的二十大精神上来，把智慧和力量凝聚到党的二十大提出的目标任务上来。广大干部群众一致表示，要更加紧密地团结在以习近平同志为核心的党中央周围，深刻领悟“两个确立”的决定性意义，增强“四个意识”、坚定“四个自信”、做到“两个维护”，自信自强、守正创新，踔厉奋发、勇毅前行，为全面建设社会主义现代化国家、全面推进中华民族伟大复兴而不懈奋斗。

在全面学习上下功夫

“只有全面、系统、深入学习，才能完整、准确、全面领会党的二十大精神，对是什么、干什么、怎么干了然于胸，为贯彻落实打下坚实基础。”

学习理论最有效的办法是读原著、学原文、悟原理，原原本本学、逐字逐句学、联系实际学。在这篇重要讲话中，习近平总书记鲜明指出，学习贯彻党的二十大精神要在全面学习上下功夫，首先要读原文、悟原理。

——读原文。党的二十大报告深刻阐释了新时代坚持和发展中国特色社会主义的一系列重大理论和实践问题，描绘了全面建设社会主义现代化国家、全面推进中华民族伟大复兴的宏伟蓝图，为新时代新征程党和国家事业发展、实现第二个百年奋斗目标指明了前进方向、确立了行动指南，是党和人民智慧的结晶，是党团结带领全国各族人民夺取中国特色社会主义新胜利的政治宣言和行动纲领，是马克思主义的纲领性文献。《中国共产党章程（修正案）》体现了党的十九大以来党的理论创新、实践创新、制度创新成果，体现了党的二十大报告确定的重要思想、重要观点、重大战略、重大举措，对坚持和加强党的全面领导、坚定不移推进全面从严治党、坚持和完善党的建设、推进党的自我革命提出了明确要求。习近平总书记强调，领导干部要原原本本学习党的二十大报告，同时要把学习报告同学习大会系列讲话和相关文件结合起来，同学习党的十八大报告、十九大报告精神结合起来，联系着学。

——悟原理。党的十八大以来，在以习近平同志为核心的党中央坚强领导下，在习近平新时代中国特色社会主义思想科学指引下，党和国家事业取得历史性成就、发生历史性变革。正如习近平总书记深刻指出的："新时代以来，党的理论创新和实践创新是十分生动的，我们的学习也应该是生动的。"总书记强调，学习不能仅停留在记住一些概念和提法，要紧密联系党的十八大以来党和国家事业取得的历史性成就、发生的历史性变革，联系这些年来我们走过的极不寻常、极不平凡的历程，联系我们深化改革开放、推动高质量发展、有效应对重大风险挑战的具体实践，联系国际环境深刻变化，深刻领悟党的二十大关于党和国家事业发展大政方针和战略部署的历史逻辑、理论逻辑、实践逻辑。

在全面把握上下功夫

"只有坚持历史和现实、理论和实践、国际和国内相结合的办法，从整体到局部、再从局部到整体进行反复揣摩，才能全面掌握党的二十大精神，避免知其一而不知其二，知其然而不知其所以然。"

党的二十大精神内容十分丰富，既有政治上的高瞻远瞩和理论上的深邃思考，也有目标上的科学设定和工作上的战略部署，这些是相互联系、有机统一的。在这篇重要讲话中，习近平总书记明确要求，学习贯彻党的二十大精神，要在全面把握上下功夫，并着重从四个方面进行了深刻阐释。

一是全面把握习近平新时代中国特色社会主义思想的世界观、方法论和贯穿其中的立场观点方法。科学的世界观和方法论是我们研究问题、解决问题的"总钥匙"。党的二十大报告是在习近平新时代中国特色社会主义思想指导下起草的，深刻阐明了把马克思主义基本原理同中国具体实际相结合、同中华优秀传统文化相结合的基本内涵和实践意义，指明了推进党的理论创新的根本途径，揭示了中国化时代化马克思主义理论之树常青的奥妙所在；报告系统阐释了习近平新时代中国特色社会主义思想的世界观、方法论和贯穿其中的立场观点方法，强调以必须坚持人民至上、坚持自信自立、坚持守正创新、坚持问题导向、坚持系统观念、坚持胸怀天下来继续推进实践基础上的理论创新，深刻揭示了习近平新时代中国特色社会主义思想的理论品格和鲜明特质，是继续推进理论创新必须始终坚持的基本点。在这篇重要讲话中，习近平总书记进一步强调："只有深刻领会'两个结合''六个必须坚持'，才能深刻理解党的二十大精神，在面对各种矛盾问题和重大风险挑战时始终做到方向明确、头脑清醒、应对有方、行动有力。"

二是全面把握新时代10年伟大变革的深刻内涵和重大意义。新时代10年的伟大变革，在党史、新中国史、改革开放史、社会主义发展史、中华民族发展史上具有里程碑意义。党的二十大报告从创立了习近平新时代中国特色社会主义思想、全面加强党的领导等16个方面系统总结了新时代10年的伟大变革。实践充分证明，我们走的道路是正确的，我们创立的思想和做出的决策是科学的，我们的工作是有成效的。在这篇重要讲话中，习近平总书记从两个方面就全面把握新时代10年伟大变革的深刻内涵和重大意义提出明确要求：一是深刻感悟这些伟大变革对党、对中国人民、对社会主义现代化建设、对科学社会主义在21世纪中国的发展的深远影响，深刻领会在新时代新征程上必须坚持新时代党的创新理论和战略布局、战略举措不动摇，坚定战略自信；二是深化对中国共产党领导和我国社会主义制度优势的认识，充分认识中国特色社会主义的蓬勃生机和光明前景，坚持道不变、志不改，继续把中国特色社会主义事业推向前进。

三是全面把握中国式现代化的中国特色、本质要求和必须牢牢把握的重大原则。党的二十大报告对中国式现代化做出深刻阐释，包括中国特色、本质要求和必须牢牢把握的重大原则。这是我们党深刻总结我国和世界其他国家现代化建设的历史经验，对我国这样一个东方大国如何加快实现现代化在认识上不断深入、战略上不断完善、实践上不断丰富而形成的思想理论结晶。在这篇重要讲话中，习近平总书记鲜明强调："对中国式现代化的理论阐述，要全面学习掌握，不能只及一点不及其余。"一是要深刻理解中国式现代化理论和全面建设社会主义现代化国家战略布局的关系，认识到前者是后者的理论支撑，从而深刻理解全面建设社会主义现代化国家战略布局的科学性和必然性；二是要深刻理解中国式现代化理论是基于中国国情、中国现实的重大理论创新，体现了我国现代化发展方向，是对全球现代化理论的重大创新。"只有这样，我们才能全面把握中国式现代化的理论体系和实践要求，也才能更加坚决地防范照搬照抄西方现代化模式的思维方式。"

四是全面把握党的二十大做出的各项战略部署。党的二十大报告在党的十九大报告做出的分两步走全面建成社会主义现代化强国战略安排的基础上，进一步对 2035 年和 21 世纪中叶的发展目标做出宏观展望，从 12 个方面对各领域各方面工作做出部署。在这篇重要讲话中，习近平总书记鲜明强调："这是根据'五位一体'总体布局、'四个全面'战略布局确定的，是一个有机整体，必须全面学习领会和全面贯彻落实。"如何全面学习领会和全面贯彻落实？总书记明确要求："必须紧密联系我国发展面临的新的战略机遇、新的战略任务、新的战略阶段、新的战略要求、新的战略环境，深刻认识实现全面建设社会主义现代化国家各项目标任务的艰巨性和复杂性，增强贯彻落实的自觉性和坚定性。"

在全面落实上下功夫

"贯彻落实党的二十大精神要有计划、有部署，在把握总目标、总方向、总要求的前提下，对各项目标和任务进行细化，有针对性地拿出落实的具体方案，制定明确的时间表、施工图，扎扎实实向前推进。"

空谈误国、实干兴邦，一分部署、九分落实。不注重抓落实，不认真抓好落实，再好的规划和部署都会沦为空中楼阁。在这篇重要讲话中，习近平总书记明确要求，学习贯彻党的二十大精神，要在全面落实上下功夫，强调"政治局的同志要带头真抓实干，就分管的领域或主政的地方学习贯彻党的二十大精神工作做出部署，抓紧行动起来"。

制定贯彻落实方案。党的二十大所做出的决策部署涵盖改革发展稳定、内政外交国防、治党治国治军各方面，党中央已对贯彻落实做出统一部署。习近平总书记强调，全国人大、国务院、全国政协、中央军委等各有关方面和有关部门要制定贯彻落实方案，提出明确要求，既要抓进度，更要重质量。

分清轻重缓急。党的二十大确定的目标任务有近期的，有中期的，也有长期的，要分清轻重缓急，既要全面推进，又要突出重点；既要狠抓当前，又要着眼长远，多办打基础、利长远的事，防止搞形式主义、官僚主义。习近平总书记提出三方面具体要求：一是保持工作连续性，过去已经定下来的规划、计划、工作安排，要进行认真研究，符合党的二十大精神的就继续执行，缺项的要抓紧研究制定；二是各地区各部门要结合自身实际，把党中央提出的战略部署转化为本地区本部门的工作任务；三是要牢固树立全国一盘棋思想，谋划和推动本地区本部门工作要以贯彻党中央决策部署为前提，创造性开展工作，做到既为一域增光、又为全局添彩。

做到“两个维护”。维护党中央集中统一领导，是一个成熟的马克思主义执政党的重大建党原则。治理我们这样的大党大国，如果没有党中央权威和集中统一领导，如果没有全党全国思想统一、步调一致，什么事也办不成。习近平总书记强调，中央政治局的同志尤其要带头维护党中央权威和集中统一领导，带头贯彻党中央决策部署，带头顾全大局，在履行自身职责、抓好分管工作的同时，注意兼顾上下左右，加强协同配合。

发扬斗争精神。敢于斗争、敢于胜利，是党和人民不可战胜的强大精神力量。在起草党的二十大报告之初，习近平总书记就强调：“报告要充分体现敢于斗争、敢于胜利的精神，引导全党增强斗争本领，激励全社会坚定信心，着力夯实防风险、迎挑战、抗打压的实力。”在这篇重要讲话中，总书记进一步强调：“要发扬斗争精神，勇于面对各种风险挑战，勇于克服各种困难，坚定不移把党中央决策部署落到实处。”

在这篇重要讲话中，习近平总书记还就贯彻落实《中共中央关于认真学习宣传贯彻党的二十大精神的决定》提出针对性要求：有关部门要细化工作方案，推动党的二十大精神进机关、进企事业单位、进城乡社区、进校园、进军营、进各类新经济组织和新社会组织、进网站；各级党校（行政学院）把学习贯彻党的二十大精神作为干部培训的主要内容；各地区各部门抓紧组织干部集中轮训；各级领导干部亲力亲为，既要做实干家，又要做宣传家，带头宣讲；宣传思想工作部门精心组织、统筹安排，抓好宣传思想教育工作，加强对外宣介工作，引导国际社会全面了解党和国家的大政方针和发展战略。

当代中国，江山壮丽，人民豪迈，前程远大。在以习近平同志为核心的党中央坚强领导下，在习近平新时代中国特色社会主义思想科学指引下，全党全国各族人民全面学习、全面把握、全面落实党的二十大精神，团结一心、艰苦奋斗，一定能谱写新时代中国特色社会主义更加绚丽的华章！

（资料来源：《求是》，2023 年第 2 期，有改动）

思政阅读，学习强国

- 习近平：《为实现党的二十大确定的目标任务而团结奋斗》，《求是》，2023 年第 1 期。
- 习近平：《在二十届中央政治局第一次集体学习时的讲话》，《求是》，2023 年第 2 期。
- 杨存社：《发扬斗争精神　掌握斗争本领》，《红旗文稿》，2023 年第 3 期。
- 向守俊：《牢记“三个务必”，担当时代重任》，《光明日报》，2023 年 1 月 10 日。
- 马明伟：《用“心”读懂党的二十大精神》，《学习时报》，2023 年 2 月 27 日。

1. 党的二十大召开的重大历史意义和政治意义是什么？
2. 党的二十大的基本精神和主要内容有哪些？

实践活动 “为全面推进中华民族伟大复兴贡献青春力量”演讲比赛

活动目的：

通过本次活动，学生应学习领会党中央的战略目标和深远考量，充分认识在拥有大好发展机遇的当下，每一名学生都应承担使命，坚定历史自信，增强历史主动，守正创新、勇毅前行，为全面推进中华民族伟大复兴贡献青春力量。

活动方式：

演讲比赛。

活动要求：

全班学生以全面贯彻党的二十大精神为主题撰写演讲稿，然后进行演讲比赛，比赛结束后由教师进行点评。

参考文献

[1] 中国共产党第二十次全国代表大会在京开幕［N］. 人民日报，2022-10-17（1）.

[2] 习近平. 高举中国特色社会主义伟大旗帜为全面建设社会主义现代化国家而团结奋斗——在中国共产党第二十次全国代表大会上的报告［M］. 北京：人民出版社，2022.

[3] 习近平. 坚持人民至上［J］. 求是，2022（20）.

[4] 中国共产党章程（中国共产党第二十次全国代表大会部分修改，2022 年 10 月 22 日通过）［J］. 求是，2022（21）.

专题二

深刻领悟“两个确立”坚定不移听党话、跟党走

党确立习近平同志党中央的核心、全党的核心地位，确立习近平新时代中国特色社会主义思想的指导地位，反映了全党全军全国各族人民共同心愿，对新时代党和国家事业发展、对推进中华民族伟大复兴历史进程具有决定性意义。

如何正确理解中国式现代化？总书记明确指出，中国式现代化，打破了“现代化=西方化”的迷思，展现了现代化的另一幅图景，拓展了发展中国家走向现代化的路径选择，为人类对更好社会制度的探索提供了中国方案。

立足新时代新征程，中国青年的奋斗目标和前行方向归结到一点，就是坚定不移听党话、跟党走，努力成长为堪当民族复兴重任的时代新人。一代人有一代人的长征，一代人有一代人的担当。新时代中国青年对先辈最好的告慰、对历史最大的负责，就是坚定走好新时代的长征路。

坚持党的领导必须全面地、有效地贯彻落实到工会工作全过程和各方面。要坚定维护党中央权威和集中统一领导，始终在思想上政治上行动上同党中央保持高度一致。要坚持不懈用新时代中国特色社会主义思想凝心铸魂，持续推动理论武装走深走实，不断增强学习践行党的创新理论的思想自觉和行动自觉。要牢记“国之大者”，找准工会工作与党的中心任务的结合点、切入点、着力点，推动党中央决策部署在工会系统落实落地。要加强思想政治引领，做好职工思想政治工作，教育引导广大职工坚定不移听党话、跟党走，确保工人阶级始终是我们党最坚实最可靠的阶级基础。

（习近平总书记在同中华全国总工会新一届领导班子成员集体谈话时的讲话，2023 年 10 月 23 日）

一、新时代10年的伟大变革及其历史意义

党的十八大召开至今，我们经历了对党和人民事业具有重大现实意义和深远历史意义的三件大事：一是迎来中国共产党成立100周年；二是中国特色社会主义进入新时代；三是完成脱贫攻坚、全面建成小康社会的历史任务，实现第一个百年奋斗目标。这是中国共产党和中国人民团结奋斗赢得的历史性胜利，是彪炳中华民族发展史册的历史性胜利，也是对世界具有深远影响的历史性胜利。

10年前，我们面对的形势是，改革开放和社会主义现代化建设取得巨大成就，党的建设新的伟大工程取得显著成效，为我们继续前进奠定了坚实基础、创造了良好条件、提供了重要保障，同时一系列长期积累及新出现的突出矛盾和问题亟待解决。党内存在不少对坚持党的领导认识模糊、行动乏力问题，存在不少落实党的领导弱化、虚化、淡化问题，有些党员、干部政治信仰发生动摇，一些地方和部门形式主义、官僚主义、享乐主义和奢靡之风屡禁不止，特权思想和特权现象较为严重，一些贪腐问题触目惊心；经济结构性体制性矛盾突出，发展不平衡、不协调、不可持续，传统发展模式难以为继，一些深层次体制机制问题和利益固化藩篱日益显现；一些人对中国特色社会主义政治制度自信不足，有法不依、执法不严等问题严重存在；拜金主义、享乐主义、极端个人主义和历史虚无主义等错误思潮不时出现，网络舆论乱象丛生，严重影响人们思想和社会舆论环境；民生保障存在不少薄弱环节；资源环境约束趋紧、环境污染等问题突出；维护国家安全制度不完善、应对各种重大风险能力不强，国防和军队现代化存在不少短板弱项；香港、澳门落实“一国两制”的体制机制不健全；国家安全受到严峻挑战；等等。当时，党内和社会上不少人对党和国家前途忧心忡忡。面对这些影响党长期执政、国家长治久安、人民幸福安康的突出矛盾和问题，党中央审时度势、果敢抉择，锐意进取、攻坚克难，团结带领全党全军全国各族人民撸起袖子加油干、风雨无阻向前行，义无反顾进行具有许多新的历史特点的伟大斗争。

新时代的伟大变革

当前，中国人民正在中国共产党带领下以中国式现代化全面推进中华民族伟大复兴。中国式现代化主要特征是人口规模巨大、全体人民共同富裕、物质文明和精神文明相协调、人与自然和谐共生、走和平发展道路。中国式现代化创造了人类文明新形态，展现出现代化的新图景。

（习近平主席在2023年金砖国家工商论坛闭幕式上的致辞，2023年8月22日）

10 年来，我们坚持马克思列宁主义、毛泽东思想、邓小平理论、“三个代表”重要思想、科学发展观，全面贯彻习近平新时代中国特色社会主义思想，全面贯彻党的基本路线、基本方略，采取一系列战略性举措，推进一系列变革性实践，实现一系列突破性进展，取得一系列标志性成果，经受住了来自政治、经济、意识形态、自然界等方面的风险挑战考验，党和国家事业取得历史性成就、发生历史性变革，推动我国迈上全面建设社会主义现代化国家新征程。

——我们创立了新时代中国特色社会主义思想，明确坚持和发展中国特色社会主义的基本方略，提出一系列治国理政新理念、新思想、新战略，实现了马克思主义中国化时代化新的飞跃，坚持不懈用这一创新理论武装头脑、指导实践、推动工作，为新时代党和国家事业发展提供了根本遵循。

——我们全面加强党的领导，明确中国特色社会主义最本质的特征是中国共产党领导，中国特色社会主义制度的最大优势是中国共产党领导，中国共产党是最高政治领导力量，坚持党中央集中统一领导是最高政治原则，系统完善党的领导制度体系，全党增强“四个意识”，自觉在思想上、政治上、行动上同党中央保持高度一致，不断提高政治判断力、政治领悟力、政治执行力，确保党中央权威和集中统一领导，确保党发挥总揽全局、协调各方的领导核心作用，我们这个拥有 9 600 多万名党员的马克思主义政党更加团结统一。

——我们对新时代党和国家事业发展做出科学完整的战略部署，提出实现中华民族伟大复兴的中国梦，以中国式现代化推进中华民族伟大复兴，统揽伟大斗争、伟大工程、伟大事业、伟大梦想，明确“五位一体”总体布局和“四个全面”战略布局，确定稳中求进工作总基调，统筹发展和安全，明确我国社会主要矛盾是人民日益增长的美好生活需要和不平衡不充分的发展之间的矛盾，并紧紧围绕这个社会主要矛盾推进各项工作，不断丰富和发展人类文明新形态。

——我们经过接续奋斗，实现了小康这个中华民族的千年梦想，我国发展站在了更高历史起点上。我们坚持精准扶贫、尽锐出战，打赢了人类历史上规模最大的脱贫攻坚战，全国 832 个贫困县全部摘帽，近 1 亿农村贫困人口实现脱贫，960 多万贫困人口实现易地搬迁，历史性地解决了绝对贫困问题，为全球减贫事业做出了重大贡献。

——我们提出并贯彻新发展理念，着力推进高质量发展，推动构建新发展格局，实施供给侧结构性改革，制定一系列具有全局性意义的区域重大战略，我国经济实力实现历史性跃升。国内生产总值从 54 万亿元增长到 114 万亿元，我国经济总量占世界经济总量的比重达 18.5%，提高 7.2 个百分点，稳居世界第二位；人均国内生产总值从 39 800 元增加到 81 000 元。谷物总产量稳居世界首位，14 亿多人的粮食安全、能源安全得到有效保障。城镇化率提高 11.6 个百分点，达到 64.7%。制造业规模、外汇储备稳居世界第一。建成世界最大的高速铁路网、高速公路网，机场港口、水利、能源、信息等基础设施建设取得重大成就。我们加快推进科技自立自强，全社会研发经费支出从 10 000 亿元增加到 28 000 亿元，居世界第二位，研发人员总量居世界首位。基础研究和原始创新不断加强，一些关键核心技术实现突破，战略性新兴产业发展壮大，载人航天、探月探火、深海深地探测、超级计算机、卫星导航、量子信息、核电技术、新能源技术、大飞机制造、生物医药等取得重大成果，进入创新型国家行列。

高质量发展是中国全面建设现代化国家的首要任务。我们致力于贯彻新发展理念，构建新发展格局。过去10年，中国对世界经济增长的年平均贡献率超过30%。2023年以来，中国经济保持回升向好态势。中国具有社会主义市场经济的体制优势、超大规模市场的需求优势、产业体系配套完整的供给优势、大量高素质劳动者和企业家的人才优势。中国经济韧性强、潜力大、活力足，长期向好的基本面不会改变，中国经济大船将乘风破浪持续前行。

（习近平主席在2023年金砖国家工商论坛闭幕式上的致辞，2023年8月22日）

——我们以巨大的政治勇气全面深化改革，打响改革攻坚战，加强改革顶层设计，敢于突进深水区，敢于啃硬骨头，敢于涉险滩，敢于面对新矛盾新挑战，冲破思想观念束缚，突破利益固化藩篱，坚决破除各方面体制机制弊端，各领域基础性制度框架基本建立，许多领域实现历史性变革、系统性重塑、整体性重构，新一轮党和国家机构改革全面完成，中国特色社会主义制度更加成熟更加定型，国家治理体系和治理能力现代化水平明显提高。

——我们实行更加积极主动的开放战略，构建面向全球的高标准自由贸易区网络，加快推进自由贸易试验区、海南自由贸易港建设，共建“一带一路”成为深受欢迎的国际公共产品和国际合作平台。我国成为140多个国家和地区的主要贸易伙伴，货物贸易总额居世界第一，吸引外资和对外投资居世界前列，形成更大范围、更宽领域、更深层次对外开放格局。

新闻角

2023年1至11月，中欧班列累计开行16 145列，发送货物174.9万标箱，同比分别增长7%、19%，综合重箱率100%，其中运量已超2022年总运量。截至2023年12月初，中欧班列已通达欧洲25个国家217个城市。

国铁集团货运部负责人介绍，国铁集团加强国内国际协调合作，持续推动中欧班列高质量发展。一是加快中欧班列通道建设，兰新铁路精河至阿拉山口段增建二线工程2023年11月30日开通运营，年运输能力由1 500万吨提升至6 000万吨，运输时间压缩40分钟。二是持续实施扩编增吨措施，中欧班列编组辆数和牵引质量不断增加，班列运输能力提升10%。三是加强口岸运输组织，与海关、边检部门强化协调联动，提升中欧班列通关效能。

该负责人说，国铁集团将坚持以市场需求为导向，提升中欧班列运输能力和服务品质，持续打造国际物流品牌，推动中欧班列朝着更高质量、更好效益、更加安全方向发展。

（资料来源：《人民日报》（海外版），2023 年 12 月 6 日）

——我们坚持走中国特色社会主义政治发展道路，全面发展全过程人民民主，社会主义民主政治制度化、规范化、程序化全面推进，社会主义协商民主广泛开展，人民当家做主更为扎实，基层民主活力增强，爱国统一战线巩固拓展，民族团结进步呈现新气象，党的宗教工作基本方针得到全面贯彻，人权得到更好保障。社会主义法治国家建设深入推进，全面依法治国总体格局基本形成，中国特色社会主义法治体系加快建设，司法体制改革取得重大进展，社会公平正义保障更为坚实，法治中国建设开创新局面。

——我们确立和坚持马克思主义在意识形态领域指导地位的根本制度，新时代党的创新理论深入人心，社会主义核心价值观广泛传播，中华优秀传统文化得到创造性转化、创新性发展，文化事业日益繁荣，网络生态持续向好，意识形态领域形势发生全局性、根本性转变。我们隆重庆祝中国人民解放军建军 90 周年、改革开放 40 周年，隆重纪念中国人民抗日战争暨世界反法西斯战争胜利 70 周年、中国人民志愿军抗美援朝出国作战 70 周年，成功举办北京冬奥会、冬残奥会，青年一代更加积极向上，全党全国各族人民文化自信明显增强、精神面貌更加奋发昂扬。

——我们深入贯彻以人民为中心的发展思想，在幼有所育、学有所教、劳有所得、病有所医、老有所养、住有所居、弱有所扶上持续用力，人民生活全方位改善。人均预期寿命增长到 78.2 岁。居民人均可支配收入从 16 500 元增加到 35 100 元。城镇新增就业年均 1 300 万人以上。建成世界上规模最大的教育体系、社会保障体系、医疗卫生体系，教育普及水平实现历史性跨越，基本养老保险覆盖 10.4 亿人，基本医疗保险参保率稳定在 95%。及时调整生育政策。改造棚户区住房 4 200 多万套，改造农村危房 2 400 多万户，城乡居民住房条件明显改善。互联网上网人数达 10.3 亿人。人民群众获得感、幸福感、安全感更加充实、更有保障、更可持续，共同富裕取得新成效。

树牢造福人民的政绩观，坚持以人民为中心的发展思想，坚持高质量发展，不搞贪大求洋、盲目蛮干、哗众取宠；坚持出实招求实效，不搞华而不实、投机取巧、数据造假；坚持打基础利长远，不搞急功近利、竭泽而渔、劳民伤财。

（习近平总书记在江苏考察时的讲话，2023 年 7 月 5 日至 7 日）

——我们坚持绿水青山就是金山银山的理念，坚持山水林田湖草沙一体化保护和系统治理，全方位、全地域、全过程加强生态环境保护，生态文明制度体系更加健全，污染防治攻坚向纵深推进，绿色、循环、低碳发展迈出坚实步伐，生态环境保护发生历史性、转折性、全局性变化，我们的祖国天更蓝、山更绿、水更清。

——我们贯彻总体国家安全观，国家安全领导体制和法治体系、战略体系、政策体系不断完善，在原则问题上寸步不让，以坚定的意志品质维护国家主权、安全、发展利益，国家安全得到全面加强。共建共治共享的社会治理制度进一步健全，民族分裂势力、宗教极端势力、暴力恐怖势力得到有效遏制，扫黑除恶专项斗争取得阶段性成果，有力应对一系列重大自然灾害，平安中国建设迈向更高水平。

——我们确立党在新时代的强军目标，贯彻新时代党的强军思想，贯彻新时代军事战略方针，坚持党对人民军队的绝对领导，召开古田全军政治工作会议，以整风精神推进政治整训，牢固树立战斗力这个唯一的根本的标准，坚决把全军工作重心归正到备战打仗上来，统筹加强各方向各领域军事斗争，大抓实战化军事训练，大刀阔斧深化国防和军队改革，重构人民军队领导指挥体制、现代军事力量体系、军事政策制度，加快国防和军队现代化建设，裁减现役员额30万胜利完成，人民军队体制一新、结构一新、格局一新、面貌一新，现代化水平和实战能力显著提升，中国特色强军之路越走越宽广。

世界百年未有之大变局加速演进，新一轮科技革命和军事革命迅猛发展，我军建设正处在实现建军100年奋斗目标的关键时期。要认清全面加强军事治理的重要意义，强化使命担当，发扬改革创新精神，加大军事治理工作力度，以军事治理新加强助推强军事业新发展。

（习近平总书记在二十届中央政治局第七次集体学习时的讲话，2023年7月24日）

——我们全面准确推进“一国两制”实践，坚持“一国两制”“港人治港”“澳人治澳”、高度自治的方针，推动香港进入由乱到治走向由治及兴的新阶段，香港、澳门保持长期稳定发展良好态势。我们提出新时代解决台湾问题的总体方略，促进两岸交流合作，坚决反对“台独”分裂行径，坚决反对外部势力干涉，牢牢把握两岸关系主导权和主动权。

——我们全面推进中国特色大国外交，推动构建人类命运共同体，坚定维护国际公平正义，倡导践行真正的多边主义，旗帜鲜明反对一切霸权主义和强权政治，毫不动摇反对任何单边主义、保护主义、霸凌行径。我们完善外交总体布局，积极建设覆盖全球的伙伴关系网络，推动构建新型国际关系。我们展现负责任大国担当，积极参与全球治理体系改革和建设，全面开展抗击新冠肺炎疫情国际合作，赢得广泛国际赞誉，我国国际影响力、感召力、塑造力显著提升。

——我们深入推进全面从严治党，坚持打铁必须自身硬，从制定和落实中央八项规定开局破题，提出和落实新时代党的建设总要求，以党的政治建设统领党的建设各项工作，坚持思想建党和制度治党同向发力，严肃党内政治生活，持续开展党内集中教育，提出和坚持新时代党的组织路线，突出政治标准选贤任能，加强政治巡视，形成比较完善的党内法规体系，推动全党坚定理想信念、严密组织体系、严明纪律规矩。我们持之以恒正风肃纪，以钉钉子精神纠治“四风”，反对特权思想和特权现象，坚决整治群众身边的不正之风和腐败问题，刹住了一些长期没有刹住的歪风，纠治了一些多年未除的顽瘴痼疾。我们开展了史无前例的反腐败斗争，以“得罪千百人、不负十四亿”的使命担当祛疴治乱，不敢腐、不能腐、不想腐一体推进，“打虎”“拍蝇”“猎狐”多管齐下，反腐败斗争取得压倒性胜利并全面巩固，消除了党、国家、军队内部存在的严重隐患，确保党和人民赋予的权力始终用来为人民谋幸福。经过不懈努力，党找到了自我革命这一跳出治乱兴衰历史周期律的第二个答案，自我净化、自我完善、自我革新、自我提高能力显著增强，管党治党宽松软状况得到根本扭转，风清气正的党内政治生态不断形成和发展，确保党永远不变质、不变色、不变味。

新时代 10 年的伟大变革，在党史、新中国史、改革开放史、社会主义发展史、中华民族发展史上具有里程碑意义。走过百年奋斗历程的中国共产党在革命性锻造中更加坚强有力，党的政治领导力、思想引领力、群众组织力、社会号召力显著增强，党同人民群众始终保持血肉联系，中国共产党在世界形势深刻变化的历史进程中始终走在时代前列，在应对国内外各种风险和考验的历史进程中始终成为全国人民的主心骨，在坚持和发展中国特色社会主义的历史进程中始终成为坚强领导核心。中国人民的前进动力更加强大、奋斗精神更加昂扬、必胜信念更加坚定，焕发出更为强烈的历史自觉和主动精神，中国共产党和中国人民正信心百倍地推进中华民族从站起来、富起来到强起来的伟大飞跃。改革开放和社会主义现代化建设深入推进，书写了经济快速发展和社会长期稳定两大奇迹新篇章，我国发展具备了更为坚实的物质基础、更为完善的制度保证，实现中华民族伟大复兴进入了不可逆转的历史进程。科学社会主义在 21 世纪的中国焕发出新的蓬勃生机，中国式现代化为人类实现现代化提供了新的选择，中国共产党和中国人民为解决人类面临的共同问题提供更多、更好的中国智慧、中国方案、中国力量，为人类和平与发展崇高事业做出新的更大的贡献！

二、深刻领悟“两个确立”的决定性意义

党确立习近平同志党中央的核心、全党的核心地位，确立习近平新时代中国特色社会主义思想的指导地位，反映了全党全军全国各族人民共同心愿，对新时代党和国家事业发展、对推进中华民族伟大复兴历史进程具有决定性意义。当前，全面学习、全面把握、全面落实党的二十大精神，一步一个脚印把党的二十大做出的重大决策部署付诸行动、见之于成效，必须深刻领悟“两个确立”的决定性意义。

“两个确立”的决定性意义

（一）新时代 10 年伟大变革的决定性因素

党的十八大以来，以习近平同志为核心的党中央团结带领全党全国各族人民攻克了许多长期没有解决的难题，办成了许多事关长远的大事要事，推动党和国家事业取得历史性成就、发生历史性变革。党的二十大通过的《中国共产党第二十次全国代表大会关于十九届中央委员会报告的决议》（以下简称《决议》）提出：“新时代 10 年的伟大变革，是在以习近平同志为核心的党中央坚强领导下、在习近平新时代中国特色社会主义思想指引下全党全国各族人民团结奋斗取得的。”“两个确立”是党在新时代取得的重大政治成果，是推动党和国家事业取得历史性成就、发生历史性变革的决定性因素。

细数这 10 年，我们党紧紧依靠人民，稳经济、促发展，战贫困、建小康，控疫情、抗大灾，应变局、化危机，攻克了一个个看似不可攻克的难关险阻，创造了一个个令人刮目相看的人间奇迹，党和国家事业取得历史性成就、发生历史性变革，推动我国迈上全面建设社会主义现代化国家新征程。一个又一个人间奇迹的创造，根本在于有习近平总书记作为党中央的核心、全党的核心掌舵领航，在于有习近平新时代中国特色社会主义思想科学指引。

新时代 10 年是经受住一个又一个严峻挑战的 10 年。习近平总书记指出：“10 年来，我们遭遇的风险挑战风高浪急，有时甚至是惊涛骇浪，各种风险挑战接踵而至，其复杂性严峻性前所未有。我们坚定信心、迎难而上，一仗接着一仗打。”党的十八大以来，在以习近平同志为核心的党中央坚强领导下、在习近平新时代中国特色社会主义思想科学指引下，我们经受住了来自政治、经济、意识形态、自然界等方面的风险挑战考验。比如，经过坚决斗争，管党治党宽松软状况得到根本扭转，反腐败斗争取得压倒性胜利并全面巩固，消除了党、国家、军队内部存在的严重隐患；面对风高浪急的国际环境和艰巨繁重的国内改革发展稳定任务，我国经济发展平衡性、协调性、可持续性明显增强，我国经济迈上更高质量、更有效率、更加公平、更可持续、更为安全的发展之路；着力解决意识形态领域党的领导弱化问题，意识形态领域形势发生全局性、根本性转变；有力应对地震、洪水、干旱、山火等一系列重大自然灾害；开展抗击疫情人民战争、总体战、阻击战，统筹疫情防控和经济社会发展取得重大积极成果；等等。这一仗接一仗的胜利，无一不是在习近平总书记亲自领导、亲自部署、亲自指挥下取得的，无一不是在习近平新时代中国特色社会主义思想指引下统一思想、凝聚力量取得的。

（二）汇聚推动新时代党和国家事业发展的磅礴力量

历史告诉我们，民心是最大的政治，决定事业兴衰成败。之所以说“两个确立”是新时代 10 年伟大变革的决定性因素，归根到底是因为“两个确立”反映了全党全军全国各族人民共同心愿，由此汇聚起推动新时代党和国家事业发展、推进中华民族伟大复兴历史进程的磅礴力量。

一个国家、一个政党，领导核心至关重要。在革命早期，党的事业屡遭挫折甚至面临失败危险，重要原因就在于没有形成一个成熟的党中央。遵义会议事实上确立了毛泽东同志在党中央和红军的领导地位，开始确立以毛泽东同志为主要代表的马克思主义正确路线在党中央的领导地位，开始形成以毛泽东同志为核心的党的第一代中央领导集体。从此，中国革命事业转危为安，不断从胜利走向胜利。邓小平同志指出："任何一个领导集体都要有一个核心，没有核心的领导是靠不住的。"改革开放以来的实践告诉我们，坚持党中央集中统一领导，坚持党的民主集中制，必须要有党中央的核心、全党的核心，否则就会出现党的领导弱化、虚化、淡化、边缘化等问题。党的十八大以来，中国特色社会主义进入新时代。习近平总书记以马克思主义政治家、思想家、战略家的非凡理论勇气、卓越政治智慧、强烈使命担当，应时代之变迁、立时代之潮流、发时代之先声，做出一系列重大科学判断，成为指引全党全国各族人民前进方向的领路人。在党的十八届六中全会文件征求意见过程中，地方和部门以及军队都希望这次全会明确习近平总书记为党中央的核心、全党的核心。在党的十八届六中全会上，中央委员会同志一致赞成正式提出"以习近平同志为核心的党中央"，一致认为党的十八大以来的实践充分证明，习近平总书记作为党中央的核心、全党的核心是众望所归，当之无愧、名副其实；一致表示明确习近平总书记的核心地位，反映了全党的共同意志，反映了全党全军全国各族人民的共同心愿。党的十九大把习近平总书记党中央的核心、全党的核心地位写入党章。确立习近平总书记党中央的核心、全党的核心地位，是历史和人民的共同选择、郑重选择、必然选择，是党和国家之幸、人民之幸、中华民族之幸。

人民群众的实践是改造世界的根本力量，但如果没有正确的指导思想，实践活动就可能迷失方向。当今世界正经历百年未有之大变局，我国正处于实现中华民族伟大复兴的关键时期，坚持和发展中国特色社会主义理论和实践提出了大量亟待解决的新问题。以习近平同志为主要代表的中国共产党人，坚持把马克思主义基本原理同中国具体实际相结合、同中华优秀传统文化相结合，紧密结合新的时代条件和实践要求，科学回答新时代坚持和发展什么样的中国特色社会主义、怎样坚持和发展中国特色社会主义，建设什么样的社会主义现代化强国、怎样建设社会主义现代化强国，建设什么样的长期执政的马克思主义政党、怎样建设长期执政的马克思主义政党等重大时代课题，创立了习近平新时代中国特色社会主义思想。党的十八大以来的实践证明，习近平新时代中国特色社会主义思想是当代中国马克思主义、21 世纪马克思主义，是中华文化和中国精神的时代精华，是党和人民实践经验和集体智慧的结晶，是全党全国人民为实现中华民族伟大复兴而奋斗的行动指南，必须长期坚持并不断发展。因此，党的十九大把习近平新时代中国特色社会主义思想写入党章并确立为党的行动指南。实践已经证明并将继续证明，有习近平新时代中国特色社会主义思想的科学指引，新时代党和国家事业就能不断发展，中华民族伟大复兴历史进程就能全面推进。

（三）为推进中华民族伟大复兴历史进程指引方向

党的二十大是在全党全国各族人民迈上全面建设社会主义现代化国家新征程、向第二个百年奋斗目标进军的关键时刻召开的一次十分重要的大会。《决议》指出："新时代新征程上把中国特色社会主义事业推向前进，最紧要的是深刻领悟'两个确立'的决定性意义，增强‘四个意识’、坚定‘四个自信’、做到‘两个维护’，自觉在思想上政治上行动上同以习近平同志为核心的党中央保持高度一致。”新时代新征程，坚持和发展中国特色社会主义，全面建设社会主义现代化国家，必须更加自觉地抓好这一最紧要的任务。

思政点滴

“两个维护”是指坚决维护习近平总书记党中央的核心、全党的核心地位，坚决维护党中央权威和集中统一领导。

全面建设社会主义现代化国家，是一项伟大而艰巨的事业，前途光明，任重道远。当前，世界百年未有之大变局加速演进，世纪疫情影响深远，世界进入新的动荡变革期。我国发展进入战略机遇和风险挑战并存、不确定难预料因素增多的时期，各种“黑天鹅”“灰犀牛”事件随时可能发生。如同大海航行要有敢于和善于迎风破浪前进的舵手，要有全天候的罗盘指南一样，面对新征程上难以避免的风高浪急甚至惊涛骇浪，我们更要深刻领悟“两个确立”的决定性意义，坚决做到“两个维护”。

新时代新征程要坚决维护习近平总书记党中央的核心、全党的核心地位。广大党员干部要不断增强维护习近平总书记党中央的核心、全党的核心地位的思想自觉、政治自觉、行动自觉，真正做到情感上衷心爱戴核心、思想上高度认同核心、政治上坚决维护核心、组织上自觉服从核心、行动上紧紧跟随核心。要坚持和加强党中央集中统一领导，完善党中央重大决策部署落实机制，确保全党在政治立场、政治方向、政治原则、政治道路上同以习近平同志为核心的党中央保持高度一致，在党的旗帜下团结成“一块坚硬的钢铁”，步调一致向前进。

新时代新征程要全面贯彻习近平新时代中国特色社会主义思想。要坚持以习近平新时代中国特色社会主义思想指导我国社会主义现代化建设和党的建设新的伟大工程。要坚持不懈用习近平新时代中国特色社会主义思想凝心铸魂，坚持学思用贯通、知信行统一，把握好习近平新时代中国特色社会主义思想的世界观和方法论，坚持好、运用好贯穿其中的立场观点方法，切实将其转化为坚定理想、锤炼党性和指导实践、推动工作的强大力量。

“两个确立”是党在新时代取得的最重大的政治成果、最重要的历史经验，是实现新时代新征程各项目标任务的根本保证。领导干部要从马克思主义理论渊源中，从党百年奋斗历程中，从新时代取得的历史性成就和历史性变革中，深刻把握“两个确立”的理论逻辑、历史逻辑、实践逻辑。要把坚定拥护“两个确立”、坚决做到“两个维护”作为最高政治原则和根本政治责任，落实到实际工作中、体现到一言一行上，坚定不移维护党中央权威和集中统一领导，进一步学懂弄通做实习近平新时代中国特色社会主义思想，不断提高政治判断力、政治领悟力、政治执行力，大力发扬担当和斗争精神，为全面建设社会主义现代化国家做出新的更大贡献。

——中共中央政治局委员、中央党校（国家行政学院）校长（院长）陈希

三、把“两个确立”转化为“两个维护”的自觉行动

坚决维护习近平总书记党中央的核心、全党的核心地位，决定道路方向，决定事业成败，决定党的兴衰，决定国家和民族的前途命运。新的征程上，我们要进一步统一思想、统一意志、统一行动，深入领会“两个确立”的决定性意义，始终同以习近平同志为核心的党中央保持高度一致，忠诚核心、拥戴核心、维护核心、捍卫核心，更加坚定自觉地用习近平新时代中国特色社会主义思想武装头脑、指导实践、推动工作，不断夺取新时代中国特色社会主义新的伟大胜利。

（一）思想上高度认同核心

思想是行动的先导。有思想上的高度认同，才有政治上的绝对忠诚、行动上的坚决维护。我们要不断加深对“两个确立”决定性意义的认识，切实把“两个确立”转化为坚决做到“两个维护”的思想自觉。我们要紧密联系党的十八大以来党和国家事业砥砺奋进的理论和实践，深入体悟习近平总书记作为马克思主义政治家、思想家、战略家的非凡理论勇气、卓越政治智慧、强烈使命担当，深入体悟习近平总书记“我将无我，不负人民”的赤子情怀，深刻认识习近平总书记是经过历史检验、实践考验、斗争历练的当之无愧的党的核心，是赢得全党全国各族人民衷心拥护爱戴的人民领袖，是实现中华民族伟大复兴的领路人。我们要进一步学懂弄通做实习近平新时代中国特色社会主义思想，坚持全面系统学、及时跟进学、深入思考学、联系实际学，深刻领会这一思想的核心要义、精神实质、丰富内涵、实践要求，深刻理解这一思想贯穿的马克思主义立场观点方法，深刻把握这一思想对共产党执政规律、社会主义建设规律、人类社会发展规律认识的深化，切实把思想和行动统一到习近平新时代中国特色社会主义思想上来，更加自觉地用这一思想武装头脑、指导实践、推动工作。

奋进新征程
建功新时代

（二）政治上坚决忠于核心

要切实把“两个确立”转化为坚决做到“两个维护”的政治自觉。“两个维护”是全党在革命性锻造中形成的共同意志，是必须始终坚守的最高政治原则和根本政治规矩。我们要旗帜鲜明讲政治，坚持以党的政治建设为统领，把坚持党的政治领导、做到“两个维护”放在首位，在政治上坚决忠诚核心。忠诚核心不是抽象的而是具体的，不是有条件的而是无条件的，必须一心一意、一以贯之，必须表里如一、知行合一。要自觉加强党性修养、加强政治历练，善于把握政治大局、政治逻辑，把准政治方向，夯实政治根基，涵养政治生态，严肃党内政治生活，严明政治纪律和政治规矩，防范政治风险，永葆政治本色，提高政治能力，做政治上的明白人，始终在政治立场、政治方向、政治原则、政治道路上同以习近平同志为核心的党中央保持高度一致。只要我们在政治上坚决忠诚核心，紧密团结在以习近平同志为核心的党中央周围，就能把我们党团结凝聚成“一块坚硬的钢铁”，心往一处想、劲往一处使，团结一致向前进。

（三）行动上始终维护核心

做到“两个维护”，要在实际行动上见真章、求实效。要切实把“两个确立”转化为坚决做到“两个维护”的行动自觉。踏上新征程，既有难得的历史机遇，也面临前所未有的风险挑战。我们要坚持以习近平新时代中国特色社会主义思想为指导，一切行动听从以习近平同志为核心的党中央指挥，自觉做到党中央提倡的坚决响应，党中央决定的坚决执行，党中央禁止的坚决不做，不讲条件、不打折扣、不搞变通。完善落实“两个维护”的制度，把“两个维护”体现到各项制度规定中。牢记中国共产党是什么、要干什么这个根本问题，更加紧密地团结在以习近平同志为核心的党中央周围，全面贯彻习近平新时代中国特色社会主义思想，埋头苦干、勇毅前行，为实现第二个百年奋斗目标、实现中华民族伟大复兴的中国梦而不懈奋斗。

四、中国式现代化是强国建设、民族复兴的康庄大道

一个国家选择什么样的现代化道路，是由其历史传统、社会制度、发展条件、外部环境等诸多因素决定的。国情不同，现代化途径也会不同。实践证明，一个国家走向现代化，既要遵循现代化一般规律，更要符合本国实际，具有本国特色。中国式现代化既有各国现代化的共同特征，更有基于自己国情的鲜明特色。党的二十大报告明确概括了中国式现代化 5 个方面的中国特色，深刻揭示了中国式现代化的科学内涵。这既是理论概括，也是实践要求，为全面建成社会主义现代化强国、实现中华民族伟大复兴指明了一条康庄大道。

康庄大道并不等于一马平川。要把中国式现代化 5 个方面的中国特色变为成功实践，把鲜明特色变成独特优势，需要付出艰巨努力。

（一）人口规模巨大的现代化

这是中国式现代化的显著特征。人口规模不同，现代化的任务就不同，其艰巨性、复杂性就不同，发展途径和推进方式也必然具有自己的特点。现在，全球进入现代化的国家也就 20 多个，总人口 10 亿左右。中国 14 亿多人口整体迈入现代化，规模超过现有发达国家人口的总和，将极大地改变现代化的世界版图。这是人类历史上规模最大的现代化，也是难度最大的现代化。

超大规模的人口，既能提供充足的人力资源和超大规模市场，也带来一系列难题和挑战。光是解决 14 亿多人的吃饭问题，就是一个不小的挑战。还有就业、分配、教育、医疗、住房、养老、托幼等问题，哪一项解决起来都不容易，哪一项涉及的人群都是天文数字。我们想问题、做决策、办事情，首先要考虑人口基数问题，考虑我国城乡区域发展水平差异大等实际，既不能好高骛远，也不能因循守旧，要保持历史耐心，坚持稳中求进、循序渐进、持续推进。

（二）全体人民共同富裕的现代化

这是中国式现代化的本质特征，也是区别于西方现代化的显著标志。西方现代化的最大弊端，就是以资本为中心而不是以人民为中心，追求资本利益最大化而不是服务绝大多数人的利益，导致贫富差距大、两极分化严重。一些发展中国家在现代化过程中曾接近发达国家的门槛，却掉进了“中等收入陷阱”，长期陷于停滞状态，甚至严重倒退，一个重要原因就是没有解决好两极分化、阶层固化等问题。

中国式现代化坚持发展为了人民、发展依靠人民、发展成果由人民共享，在推动全体人民共同富裕上取得重要进展，特别是党的十八大以来打赢脱贫攻坚战，使近 1 亿农村贫困人口脱贫。现在，我们已经形成促进全体人民共同富裕的一整套思想理念、制度安排、政策举措。要在推动高质量发展、做好做大“蛋糕”的同时，进一步分好“蛋糕”，着力解决好就业、分配、教育、医疗、住房、养老、托幼等民生问题，构建三次分配协调配套的制度体系，规范收入分配秩序，规范财富积累机制，依法引导和规范资本健康发展，逐步扩大中等收入群体、缩小收入分配差距，让现代化建设成果更多更公平惠及全体人民，坚决防止两极分化。实现共同富裕是一个长期任务，必须久久为功，咬定青山不放松，不断取得新进展。

思政园地——中国智慧

杭州临安：共享优质医疗资源　推动高水平共同富裕

2022 年 5 月，浙江省杭州市临安区聚焦山区群众看病“四难”问题，创新开展“天目医享・乡村医疗优质共享”改革，全力打造集体检、诊疗、配药及医保结算于一体的全闭环便利化基层医疗服务新模式。截至2023年6月，已覆盖165个偏远山区行政村，辐射山区群众20余万人，有效解决老人、特殊群体的就近看病配药难题。这一改革项目被列入国家发展改革委印发的共同富裕示范区第一批可复制推广的典型经验，荣获2022年度浙江省改革突破奖铜奖，入选2022年度健康浙江行动优秀案例目录、浙江省2022年度数字社会系统“最优理论”名单，入选杭州卫生健康2022年度“十大有影响力事件”。

打造“智慧移动医院”，落实医疗全覆盖

为进一步落实医疗服务全覆盖，临安统筹“区、镇、村”三级力量，组建固定诊疗服务团队，构建“包干到村、责任到人、服务到家”的组合型服务模式。配置移动诊疗服务车辆，建立常态化诊疗服务机制，为4家医共体牵头医院配置5辆综合诊疗车，为卫生院配置20辆随访服务车，组建151个由区级医院专科医生、卫生院全科医生、乡村医生组成的“1+1+1”服务团队，面向165个偏远行政村开展定时定点定团队的巡回诊疗服务，提供检查、诊疗、配药、医保结算“一条龙”医疗服务。截至2023年6月，已派出医务人员1.6万次，服务群众20.7万余人次。

搭建“云上医院”，推行“掌上”诊疗

依托数字平台，助力健康诊疗。临安开通“电视”问诊，打通互联网诊疗、云药房、华数电视三大系统，搭建区级医院、卫生院、老年人照料中心三级联动可视化诊疗平台。开展“云端”配药，构建巡回诊疗、线上诊疗开具处方、快递配送到家的配送闭环系统。与此同时，强化互联网诊疗，实行“掌上”诊疗，全区各级公立医疗机构407名医生入驻互联网诊疗平台，患者可通过“健康临安”App在线复诊、在线结算、在线配药。

建立3D数字档案，守护群众健康

以数智化手段守护群众健康。临安建立覆盖56万人的集健康指数、健康画像、健康报告于一体的3D数字健康档案，设置疾病风险预测模型，并提供用药智能提醒、特色定制等服务。聚焦“两慢病”，向患者端投放智能穿戴设备，在医生端上线“AI慢病助手”和“数字家医”系统，推行智慧化签约服务模式以及慢性病路径化管理。截至2023年6月，智能穿戴设备服务135.9万人次，“AI慢病助手“服务16.3万人次。

培育新型乡村医生，组建新型医疗队伍

为使群众享受更加优质的医疗服务，临安采取巡回诊疗组团、“学校+师承”、拓展乡村医生晋升通道等方式，多管齐下优化升级乡村医生队伍，培育一支涵盖全区三级医疗机构的整合型、专业型、群众信任依赖的新型签约医生队伍。数字赋能签约服务，搭建“数字家医”系统，出台“天目医享—签约服务”考核方案，推动签约医生常态化接触群众。

“让群众在家门口享受优质均衡医疗服务”“人人享有优质、均等、普惠的全生命周期卫生健康服务”，是临安“天目医享·乡村医疗优质共享”改革的重要目标。经过一年实践，改革成效显著。群众看病模式实现从“病人上门找医生看病”向“医生上门服务病人”转变；健康管理模式实现从“人管健康”向“数管健康”转变；资源配置方式实现从“单一诊疗”向“组团共诊”转变；签约管理体系实现从“签而有约”向“签而优约”转变，10类重点人群签约覆盖率增长10个百分点。

下一步，临安区将从促进改革制度成熟定型、强化乡村医生队伍建设、延伸拓建“医养护一体化”、构建高效“急救快响网”等方面着重发力，高质量打造“乡村医疗优质共享”品牌和标志性成果，促进医疗服务优质、均等、普惠，让广大山区群众进一步享受改革发展成果。

（资料来源：《人民日报》，2023年6月12日）

（三）物质文明和精神文明相协调的现代化

既要物质富足、也要精神富有，是中国式现代化的崇高追求。物质贫困不是社会主义，精神贫乏也不是社会主义。西方早期的现代化，一边是财富的积累，一边是信仰缺失、物欲横流。今天，西方国家日渐陷入困境，一个重要原因就是无法遏制资本贪婪的本性，无法解决物质主义膨胀、精神贫乏等痼疾。

中国式现代化既要物质财富极大丰富，也要精神财富极大丰富、在思想文化上自信自强。要坚持两手抓、两手硬，促进物质文明和精神文明相互协调、相互促进，让全体人民始终拥有团结奋斗的思想基础、开拓进取的主动精神、健康向上的价值追求。要顺应人民日益增长的精神文化需求，建设具有强大凝聚力和引领力的社会主义意识形态，加强理想信念教育和“四史”宣传教育，培育和弘扬社会主义核心价值观，发展社会主义先进文化，推出更多优秀文艺作品，不断丰富人民精神世界，提高全社会文明程度，促进人的全面发展。

（四）人与自然和谐共生的现代化

尊重自然、顺应自然、保护自然，促进人与自然和谐共生，是中国式现代化的鲜明特点。近代以来，西方国家的现代化大都经历了对自然资源肆意掠夺和生态环境恶性破坏的阶段，在创造巨大物质财富的同时，往往造成环境污染、资源枯竭等严重问题。我国人均能源资源禀赋严重不足，加快发展面临更多的能源资源和环境约束，这决定了我国不可能走西方现代化的老路。

中国式现代化坚持可持续发展，坚持节约优先、保护优先、自然恢复为主的方针，坚定不移走生产发展、生活富裕、生态良好的文明发展道路，为实现中华民族永续发展开辟了广阔前景。要牢固树立和践行绿水青山就是金山银山的理念，坚持山水林田湖草沙一体化保护和系统治理，推进生态优先、节约集约、绿色低碳发展，加快发展方式绿色转型，提升生态系统多样性、稳定性、持续性，积极稳妥推进碳达峰碳中和，以高品质的生态环境支撑高质量发展。

思政园地——中国风采

写在绿水青山间的答卷
——党的十八大以来生态环境保护成效综述

生态兴则文明兴。进入新时代，生态文明发展成为一道必答题。

这是一份写在绿水青山间的答卷，更是一份写在人民心里的答卷——

党的十八大以来，在以习近平同志为核心的党中央掌舵领航下，在习近平生态文明思想的科学指引下，全党全国人民坚持绿水青山就是金山银山的理念，全方位、全地域、全过程加强生态环境保护，创造了举世瞩目的生态奇迹和绿色发展奇迹。

天更蓝、山更绿、水更清：老百姓获得感、幸福感、安全感显著增强

盛夏时节，雅尼国家湿地公园。明媚阳光下，迂曲回环的尼洋河波光粼粼，河中的沙洲绿树蓬勃盎然。

“空气清新、环境优美，生活在这儿很幸福。”家住湿地旁的西藏林芝市巴宜区立定村村民央吉拉姆感叹，这里大变样了，再也不是多年前挖沙采石的荒草滩。

那时，植被少、沙化严重，每当刮起沙尘暴，眼睛都睁不开。直到2009年，林芝市开始实施湿地保护与修复工程，周边村民纷纷参与防沙造林，这里逐渐变了景致。

从荒草滩到鸟掠芳洲的公园，雅尼湿地的变迁是一个生动缩影，照见了新时代中国不断推进生态环境保护的坚实步伐。

曾几何时，雾霾频发、沙尘肆虐、河流黑臭……2012年，中国经济总量约占全球11.5%，单位GDP能耗却是世界平均水平的2.5倍。发展走到了必须转型的岔路口。

党的十八大以来，以习近平同志为核心的党中央把生态文明建设作为统筹推进“五位一体”总体布局和协调推进“四个全面”战略布局的重要内容，以前所未有的力度抓生态文明建设。党的十九大把污染防治攻坚战列为决胜全面建成小康社会的三大攻坚战之一。

贯彻落实党中央决策部署，各地各部门通过一系列切实举措，助力打好污染防治攻坚战。

全面整治“散乱污”企业及集群，加快淘汰落后产能；快速推进城市污水管网建设，不断提升污水处理能力；推进清洁取暖改造，减少散煤污染，发展可再生能源……我国生态环境质量明显改善。

曾被雾霾笼罩的天空逐渐被擦亮。2022年，全国地级及以上城市空气质量优良天数比例达86.5%，重污染天数比例首次降到1%以内。

水环境质量发生转折性变化。2022年，全国地表水优良水质断面比例升至87.9%。

越来越多的绿色在山川大地蔓延。我国森林面积和蓄积量实现双增长。一座座精致的街角公园让市民们在“生态留白”中享受美好生活。

发展方式的一场深刻变革：推动经济社会发展和生态环境保护协调统一

走进浙江安吉县余村，起伏的山、流动的水、绿色的竹，无数游客流连忘返。

20 多年前，因发展“石头经济”，余村的山变成“秃头光”，水成了“酱油汤”。痛定思痛的余村人关停矿山和水泥厂，发展“美丽经济”。

2005 年 8 月，时任浙江省委书记的习近平到余村考察，得知余村做法后评价“高明之举”，并首次明确提出“绿水青山就是金山银山”。

党的十八大以来，在这一理念的引领下，中国广袤大地发生了深刻变化。

宜宾，“万里长江第一城”。岷江和金沙江在此交汇，长江至此始称长江。

站在三江口向北眺望，5 公里内曾是宜宾沿江工业区，始建于 1943 年的宜宾天原化工厂距离长江岸线一度不足百米。

今天，长江岸边，昔日厂房变身长江公园。远处，新成立的三江新区日新月异，天原化工已将产业延伸到化工新材料和新能源电池材料，走上新的产业赛道。

不断探索与实践中，各地转变发展思路，逐渐走出一条经济发展与生态环境保护相协调的路，绿色、循环、低碳发展迈出坚实步伐。

为了更好保护环境，多地加快完善多元化生态补偿机制，让好生态成为共同守护的“有价之宝”。

党的十八大以来，我国经济发展与生态环境保护更加协调，绿色发展空间进一步拓展。

绿色昭示未来：努力建设人与自然和谐共生的现代化

前不久，龙江森工集团穆棱林业局有限公司保护区管理局工作人员在例行巡护中，通过野外红外相机，再次发现野生东北虎“完达山 1 号”在林区内活动的清晰影像。

绿水青山间，珍稀野生动植物生机勃勃。这背后，是我国加强生物多样性保护，不断推进人与自然和谐共生的不懈努力。

党的十八大以来，一系列根本性、开创性、长远性的绿色发展体制扎实推进——

三北防护林等重大生态工程深入推进。10 年来全国完成造林约 10.2 亿亩，绿色版图不断扩大。从 2009 年到 2019 年，我国荒漠化、沙化土地面积分别净减少 5 万平方公里、4.33 万平方公里。新疆作为我国荒漠化及沙化土地面积最大、防沙治沙难度极大的省区，首次实现荒漠化和沙化土地面积“双缩减”。

以国家公园为主体的自然保护地体系加快构建，国家植物园体系建设迈出重要步伐，共同推动形成较为完整的生物多样性保护体系。

第一批国家公园交出亮眼“成绩单”：三江源国家公园实现了长江、黄河、澜沧江源头的整体保护；大熊猫国家公园打通了 13 个大熊猫区域的种群生态廊道，保护了 70%以上的野生大熊猫；武夷山国家公园新发现雨神角蟾等多个新物种……我国正在建设世界最大的国家公园体系。

河长制、湖长制、林长制全面建立，一条条江河、一个个湖泊、一片片森林和草原有了专属守护者。

生态文明是人民群众共同参与、共同建设、共同享有的事业。从“光盘行动”、节水节纸，到垃圾分类、告别一次性用品，绿色低碳的生活方式成为社会新风尚。

作为一个拥有14亿多人口的大国，中国的生态文明建设也吸引着全世界的目光。中国积极推动《巴黎协定》的签署、生效、实施，宣布2030年前实现二氧化碳排放达到峰值、2060年前实现碳中和……在习近平生态文明思想指引下，中国保护生态环境的行动，得到国际社会的高度肯定。

新发展阶段对生态文明建设提出了更高要求。党的二十大报告提出，必须牢固树立和践行绿水青山就是金山银山的理念，站在人与自然和谐共生的高度谋划发展。

新征程上，在以习近平同志为核心的党中央坚强领导下，我们携手同心、不懈奋斗，一定能汇聚起更加磅礴的伟力，建设人与自然和谐共生的现代化。

（资料来源：《人民日报》，2023年7月18日，有改动）

（五）走和平发展道路的现代化

坚持和平发展，在坚定维护世界和平与发展中谋求自身发展，又以自身发展更好维护世界和平与发展，推动构建人类命运共同体，是中国式现代化的突出特征。西方国家的现代化，充满战争、贩奴、殖民、掠夺等血腥罪恶，给广大发展中国家带来深重苦难。中华民族经历了西方列强侵略、凌辱的悲惨历史，深知和平的宝贵，绝不可能重复西方国家的老路。

中国式现代化坚持独立自主、自力更生，依靠全体人民的辛勤劳动和创新创造发展壮大自己，通过激发内生动力与和平利用外部资源相结合的方式来实现国家发展，不以任何形式压迫其他民族、掠夺他国资源财富，而是为广大发展中国家提供力所能及的支持和帮助。我们要始终高举和平、发展、合作、共赢旗帜，奉行互利共赢的开放战略，不断以中国新发展为世界提供新机遇。积极参与全球治理体系改革和建设，践行真正的多边主义，弘扬全人类共同价值，推动落实全球发展倡议和全球安全倡议，努力为人类和平与发展做出更大贡献。

中华人民共和国成立特别是改革开放以来，我们用几十年时间走完西方发达国家几百年走过的工业化历程，创造了经济快速发展和社会长期稳定的奇迹，为中华民族伟大复兴开辟了广阔前景。实践证明，中国式现代化走得通、行得稳，是强国建设、民族复兴的唯一正确道路。

五、牢固树立和践行总体国家安全观

在习近平总书记提出总体国家安全观8周年之际，根据党中央部署，由中共中央宣传部、中央国家安全委员会办公室组织编写的《总体国家安全观学习纲要》（以下简称《纲要》）出版发行。这是党的思想理论建设的一件大事，为学习贯彻总体国家安全观提供了权威辅助读物，恰逢其时、正合所需。

（一）深刻领会总体国家安全观的重大意义和贡献

习近平总书记指出：“这是一个需要理论而且一定能够产生理论的时代，这是一个需要思想而且一定能够产生思想的时代。”中国特色社会主义进入新时代，我国国家安全形势发生了深刻复杂变化，总体国家安全观应运而生，为维护和塑造中国特色国家安全指明了前进方向，为建设一个持久和平、普遍安全的世界贡献了中国智慧和中国方案。

总体国家安全观锚定了新时代国家安全的历史方位。党的十八大以来，习近平总书记从人类发展大潮流、世界变化大格局、中国发展大历史的高度和视野，深刻指出世界百年未有之大变局进入加速演变期，中华民族伟大复兴进入关键时期。习近平总书记强调，“实现中华民族伟大复兴的中国梦，保证人民安居乐业，国家安全是头等大事”，“统筹发展和安全，增强忧患意识，做到居安思危，是我们党治国理政的一个重大原则”，为我们从党和国家工作全局上认识国家安全、定位国家安全、把握国家安全提供了根本指导。这一系列重大战略判断，指明了新时代国家安全所处的新的历史方位，是我们在新征程上准确识变、科学应变、主动求变的基本坐标和依据。

总体国家安全观明确了新时代国家安全的根本政治保证。我们党诞生于国家内忧外患、民族危难之时，对国家安全的重要性有着刻骨铭心的认识，始终把维护国家安全工作紧紧抓在手上。习近平总书记指出，坚持党对国家安全工作的绝对领导，是新时代国家安全工作的根本政治原则，是做好国家安全工作的根本保证。党的十八届三中全会决定成立中央国家安全委员会，目的就是更好适应我国国家安全面临的新形势、新任务，建立集中统一、高效权威的国家安全体制，加强对国家安全工作的领导。在习近平总书记亲自谋划、亲自部署、亲自推动下，中央国家安全委员会成立 8 年以来，围绕完善国家安全领导体制，不断强化顶层设计，完善国家安全法治体系、战略体系和政策体系，建立国家安全工作协调机制和应急管理机制，推动各级党委（党组）把国家安全责任制落到实处，形成“全国一盘棋”的强大合力，开创了新时代国家安全崭新局面。

总体国家安全观开辟了新时代国家安全的前进道路。方向决定前途，道路决定命运。中国特色国家安全道路，是中国特色社会主义道路在国家安全上的具体体现。党的十八大以来，习近平总书记反复强调坚持走中国特色国家安全道路。习近平总书记在主持审议《国家安全战略（2021—2025 年）》时明确指出，走中国特色国家安全道路，必须坚持党的绝对领导，完善集中统一、高效权威的国家安全工作领导体制，实现人民安全、政治安全、国家利益至上相统一；坚持捍卫国家主权和领土完整，维护边疆、边境、周边安定有序；坚持安全发展，推动高质量发展和高水平安全动态平衡；坚持总体战，统筹传统安全和非传统安全；坚持走和平发展道路，促进自身安全和共同安全相协调。这一重大论断，是对中国特色国家安全道路的系统性、原创性理论概括，明确了中国特色国家安全道路的重要特征，树立起指引新时代国家安全前进方向的航标。

总体国家安全观彰显了新时代国家安全的大国担当。当前，人类社会面临的治理赤字、信任赤字、发展赤字、和平赤字有增无减，传统安全和非传统安全问题复杂交织，安全问题的联动性、跨国性、多样性更加突出，建设持久和平、普遍安全的世界任重道远。总体国家安全观高举构建人类命运共同体旗帜，推动构建相互尊重、公平正义、合作共赢的新型国际关系，坚决反对霸权主义、强权政治，为引领国家间关系提供了新思想、新模式；树立共同、综合、合作、可持续的全球安全观，坚持通过和平方式解决问题和争端，同各国合力应对气候变化、恐怖主义、网络安全、公共卫生、难民等非传统安全挑战，为推动解决地区热点和全球性安全问题发挥了建设性作用；坚持共商共建共享，推动“一带一路”快速成长为开放包容的国际合作平台、各方普遍欢迎的全球公共产品，为促进世界共同发展、以可持续发展促进可持续安全提供了更多合作契机。2022 年 2 月以来爆发的俄罗斯和乌克兰冲突，再一次证明安全是不可分割的，实现长治久安需要照顾各方合理安全关切，搞集团对抗、谋求绝对安全只会带来不安全的后果。

思政园地——中国风采

为和平坚守 展大国担当

2023 年是中国赴刚果（金）维和任务 20 周年。中国第二十六批赴刚果（金）维和部队全体官兵被授予联合国“和平勋章”，这是联合国表彰维和人员的最高荣誉。

从 2003 年开始，一批又一批中国维和工兵分队和医疗分队来到刚果（金）执行维和任务。工兵分队累计修建道路 1 500 余公里，架设桥梁 40 余座；医疗分队共接诊患者超过 3.3 万人，收治住院约 4 000 人，手术约 5 000 台次，挽救了近 500 名急症患者的生命。为和平坚守，展大国担当。“中国蓝盔”勇担当、守和平、谋发展，用热血和汗水书写一个个无私奉献的故事，为维护世界和平贡献中国力量。

“感谢中国官兵修建了这么好的桥”

刚果（金）地处非洲中部，该国东部安全形势严峻，多支地方武装和外国反政府武装在当地活动，暴力活动和武装冲突频发。

“天下和”“天下安”“逢山开路，遇水架桥，守护和平，播撒希望”……走进中国驻刚果（金）维和工兵分队的营地大门，道路两旁矗立的一座座石雕引人注目。从 2003 年第一批中国维和工兵抵达任务区开始，每一批工兵分队都会在石雕上镌刻下自己守卫和平的铿锵誓言。

最新一组石雕上刻着“勇者无畏，高原劲旅”8 个字，这是第二十六批赴刚果（金）维和工兵分队——一支来自雪域高原西藏的部队的真实写照。队伍中，许多官兵毕业时主动申请入藏，得知有维和任务时，又主动申请来到刚果（金）。“党和国家培养我们这么多年，我们的信念就是：到边防去，到一线去，到艰苦的地方去！”工兵分队副指挥长熊丁达说。

自2022年9月部署到任务区以来，第二十六批维和工兵分队已完成32项工程任务、26项工程勘察，累计修筑道路52公里、搭建板房50间、构筑围墙2 100米。2023年5月，南基伍省卡莱亥地区遭受强降雨和洪水灾害，造成400多人死亡，上千座民居被冲毁。位于关键运输线路上的鲁济拉桥被洪水冲垮，切断了人道主义援助物资的运输线，给当地民众交通出行和抗洪救灾造成严重影响。工兵分队接到任务后，第一时间奔赴灾区一线，在河边安营扎寨，执行工程救援。7月，崭新的鲁济拉桥已经顺利完工。

“我每天得过河去地里干活，老桥被冲垮后，过河真是个大难题，”当地居民埃莱娜说，新桥建好后，一切都方便多了，“感谢中国官兵修建了这么好的桥！”

在新桥桥头，工兵分队竖立起两座石雕，分别刻有中英文的“友谊”与“和平”。这座桥梁见证了中国军人传递友谊、守护和平的胸怀与担当。桥梁竣工时，联合国秘书长刚果（金）问题特别代表兼联刚稳定团团长凯塔向工兵分队指挥长朗杰次仁表示，此项工程“为灾区救援提供了有力保障”，对当地群众至关重要。

谈起工作生活中遇到的困难，官兵们不愿多说。追问得紧了，也只是三两句一带而过。实际上，有的官兵在野外作业时被野蜂蜇休克，有的头一天发高烧第二天还坚持工作，有的在水里架桥一泡就是半天……“跟维和这件大事一比，我们自己的事都是小事。我们把桥架好了，路铺通了，当地民众常常用纯朴的微笑向我们致谢。那一瞬间，我感受到我们的付出很值得！”维和官兵张姚说。

“中国医生技术高超，疗效显著”

从中国半岛营区驾车穿过繁忙的布卡武市区，约1小时后可到达第二十六批赴刚果（金）维和医疗分队所在的中国二级医院。

前段时间，萨夫瓦特的左臂不慎脱臼，医疗分队队长苏正林为他做了复位。这次，萨夫瓦特来医院复查。“中国医生技术高超，疗效显著，”他抬起手臂，“现在，我的手活动自如了。”

拉米和穆罕默德两位军官来看中医。穆罕默德右手腕有旧伤，时不时疼痛发作，在医院做过几次针灸治疗后，病情得到极大缓解。接受了针灸、拔罐治疗后，拉米对中医的疗效赞不绝口：“中医在不同国家的维和人员中很受欢迎。在接受中医诊疗的过程中，我们对中国文化也有了更深入的了解，还结交了不少中国朋友。”

第二十六批赴刚果（金）维和医疗分队共有43名成员，其中有11名女性。2022年9月以来，医疗分队参与联合国组织的综合救治演练，承担多项大型医疗任务，为4 000余名维和人员提供医疗保障，共救治患急性腹膜炎、急性冠脉综合征、恶性疟疾以及车祸受伤、被野蜂蜇伤等的维和人员800多名。

护士长付璟已有28年军龄，提起远在国内的家人，她有些愧疚。2022年准备出发时，付璟的母亲因病需动手术，她也没能陪护。“对家人确实亏欠太多，但军人就是这样，舍小家顾大家。我父亲和我们姐妹3个都在西藏当兵，家人们非常支持我执行维和任务，这是无上光荣的事！”

“受战乱影响，开车在街上，到处能遇到手持步枪的各类武装人员；在工作岗位也经常能听到枪声。虽然局势纷乱，但当地民众遇到中国人，总是会竖起大拇指和我们热情地打招呼。许多当地人告诉我们，中国维和官兵是真正带来和平的人。”苏正林说。

“中国维和官兵为和平而来，也为发展而来”

“感谢中国维和部队对我们的帮助，每次他们都给孩子们带来很多欢乐，谢谢中国!”布卡武市国际SOS儿童村工作人员马维斯总是期待着中国维和官兵的到来。

布卡武市SOS儿童村建立于1989年，在这里生活着上百名因为战乱、疾病和饥饿失去父母或者被遗弃的孤儿。自2005年起，维和医疗分队就与儿童村结成对子，定期到村里慰问，许多孩子将来自中国的维和军人称为“爸爸”“妈妈”。

2022年“六一”国际儿童节前夕，医疗分队再次来到儿童村，不仅为孩子们带去礼物和糖果，陪他们打篮球、做游戏，还为他们做了先天性心脏病筛查。医疗分队的几名女队员还特意换上汉服，向孩子们介绍中国传统文化。

“孩子是未来的希望，不能让战乱剥夺他们健康快乐的童年。作为维和军人，我们要用心连接世界，以爱传递温暖，让孩子们健康快乐地成长。”付璟说。

一段段友谊佳话在中国维和官兵和当地民众之间书写。以前，中国半岛营区是一片荒地，中国维和官兵在这里盖起了营房和操场，带动了周边区域的发展。如今，坚持定期为驻地周边儿童和青年教授汉语、发放食物已成为工兵分队的一项日常工作。2023年儿童节时，驻地附近的西图佐小学的学生们收到了工兵分队送来的书包、足球、水彩笔等700余件学习用品和文体器材。

29岁的蒂埃里家住半岛营区附近，他跟着中国官兵学会了一口流利的汉语，如今已被一家中国企业聘用为翻译，每个月有七八百美元的收入。“中国军人善良、有礼貌、有爱心，帮助了许多当地人，”蒂埃里以前一直找不到工作，说起自己现在的生活，他很感慨，“特别感谢中国军人！是他们让我的人生有了新的可能，让我获得了这么好的工作机会。”

“中国维和官兵为和平而来，也为发展而来。”南基伍省省长卡西表示，中国维和官兵以实际行动助力刚果（金）的和平与发展，为当地人民生活保驾护航。朗杰次仁表示，维和官兵会继续完成各项维和任务，为刚果（金）社会稳定与繁荣做出更大贡献。

“他从雪山走来，五星红旗在心中飘扬。那高飞的白鸽，在非洲大地翱翔。他头顶着蓝盔，点燃和平的希望，只因为心中坚定的信仰。”这是维和工兵分队政工副指挥长韦步远为维和任务创作的歌曲《信仰》。营区的夜晚格外安静，只有清亮的歌声在夜空中回响:“英雄的梦在他乡，在那遥远的地方。坚定心中的信仰，让和平在远方闪光……”

（资料来源:《人民日报》，2023年8月20日，有改动）

总体国家安全观指引新时代国家安全取得历史性成就。党的十八大以来，在以习近平同志为核心的党中央坚强领导下，国家安全得到全面加强，实现了从分散到集中、从迟缓到高效、从被动到主动的历史性变革。国家安全体系基本形成，国家安全能力显著提升，人民防线更加巩固，全民国家安全意识显著增强。坚定维护政权安全、制度安全、意识形态安全，顶住和反击外部极端打压遏制，稳步推进兴边富民、稳边固边，妥善处置周边安全风险，反渗透反恐怖反分裂斗争卓有成效。把安全发展贯穿国家发展各领域全过程，防控经济金融风险取得重大进展，关键核心技术攻关取得重要进展，扫黑除恶专项斗争取得胜利，生态环境保护发生历史性、转折性、全局性变化，妥善应对重大自然灾害，统筹疫情防控和经济社会发展，网络、数据、人工智能、生物、太空、深海、极地等新型领域安全能力持续增强，有力应对海外利益风险挑战。国家主权、安全、发展利益得到全面维护，社会大局保持长期稳定，我国成为世界上最有安全感的国家之一。

在我们党和国家历史上，越是国家和民族处于重大关头，就越需要发挥思想理论的引领作用。总体国家安全观作为新时代坚持和发展中国特色社会主义的基本方略之一，具有重大理论意义、历史意义、时代意义和实践意义。《纲要》全面反映习近平新时代中国特色社会主义思想在国家安全方面的原创性贡献，系统阐释总体国家安全观的基本精神、基本内容、基本方法、基本要求，对牢固树立总体国家安全观在国家安全工作中的指导地位，发挥在认识上统一思想、凝聚共识，在行动上增强自信、激励实干的作用，意义重大。我们要增强学习《纲要》、宣传《纲要》、阐释《纲要》的自觉性和坚定性，切实将《纲要》的学习领会转化为践行总体国家安全观的内驱力。

（二）全面学习把握总体国家安全观的科学理论体系

习近平总书记是总体国家安全观的创立者。在领导全党全国各族人民进行具有许多新的历史特点的伟大斗争中，习近平总书记以“我将无我，不负人民”的领袖情怀，运用马克思主义的立场观点方法，汲取中华优秀传统战略文化的精髓，继承和发展了中国共产党捍卫国家主权、安全、发展利益的奋斗经验和集体智慧，提出一系列具有原创意义的新理念、新思想、新战略，为创立和发展总体国家安全观发挥了决定性作用、做出了决定性贡献。

总体国家安全观从坚持和发展中国特色社会主义的战略高度，系统回答了中国特色社会主义进入新时代，如何既解决好大国发展进程中面临的共性安全问题，同时又处理好中华民族伟大复兴关键阶段面临的特殊安全问题这个重大时代课题，是一个系统完整的科学理论体系，内涵丰富、博大精深，涉及治党、治国、治军等各个方面，标志着我们党对国家安全基本规律的认识达到了新高度。

总体国家安全观的关键是“总体”。强调大安全理念，涵盖政治、军事、国土、经济、金融、文化、社会、科技、网络、粮食、生态、资源、核、海外利益、太空、深海、极地、生物、人工智能、数据等诸多领域，而且将随着社会发展不断动态调整。强调做好国家安全工作的系统思维和方法，加强科学统筹，做到统筹发展和安全、统筹开放和安全、统筹传统安全和非传统安全、统筹自身安全和共同安全、统筹维护国家安全和塑造国家安全，着力解决国家安全工作不平衡、不充分的问题。强调国家安全要贯穿到党和国家工作全局各方面、各环节，绝非某一领域、单一部门的职责，必须把安全和发展置于同等重要地位、同步决策部署、同样积极落实。强调打总体战，形成汇聚党政军民学各战线、各方面、各层级的强大合力，全社会、全政府、全体系、全手段应对重大国家安全风险挑战。

新闻角

粮食安全是“国之大者”。党的十八大以来，以习近平同志为核心的党中央高度重视国家粮食安全，始终把解决好十几亿人口的吃饭问题作为治国理政的头等大事。2023 年 9 月，习近平总书记在黑龙江考察时强调：“黑龙江要当好国家粮食安全压舱石。”黑龙江是农业大省和粮食主产区，2022 年粮食产量 1 552.6 亿斤，占全国总产量的 11.3%，连续 13 年位居全国第一。我们要深入学习贯彻习近平总书记重要讲话精神，为黑龙江在新征程上抓好粮食生产工作、扛稳粮食安全重任贡献智慧和力量，努力让黑土地上的大国粮仓更加丰实。

习近平总书记强调：“提产能关键还是抓耕地和种子两个要害。”黑土地是“耕地中的大熊猫”，对保障我国粮食安全具有不可替代的重要作用。黑龙江有典型黑土区耕地面积 1.56 亿亩，占东北典型黑土区耕地面积的 56.1%。要加强黑土地保护利用，采取一系列“藏粮于地”硬措施，建立健全黑土地保护利用技术模式和长效机制，坚决防止耕地“非农化”“非粮化”。综合采取工程、农艺、农机、生物等措施，保护黑土地的优良生产能力，确保黑土地总量不减少、功能不退化、质量有提升、产能可持续。种子是农业的“芯片”，良种对于提升粮食产能具有关键作用。要深入实施种业振兴行动，大力推进现代种业提升工程，探索重大品种研发与推广后补助政策，全面实施生物育种重大项目，全力建设国家大豆种子基地和寒地作物种质资源库；加强与涉农高校和科研院所的合作，开展种源“卡脖子”技术攻关，进一步挖掘良种对粮食增产的潜力。

习近平总书记指出：“统筹推进科技农业、绿色农业、质量农业、品牌农业。”这为推动粮食产能迈上新台阶、不断提高农业发展质量和效益指明了方向。要大力推进农业关键核心技术攻关和科技成果转化，推广粮食作物高产高效栽培技术，深入推进主要农作物生产全程机械化，全面提升作业效率和质量标准。继续推广标准化绿色化生产，积极发展绿色有机食品种植，增加绿色优质农产品供给，实现农业可持续发展。加快构建农业高质量生产的标准体系，稳定和加强基层农产品质量安全检验检测体系，推动农业提质升级。加快农业品牌精品培育，精心打造“黑土优品”省级优质农业品牌，充分发挥优质农业品牌的辐射带动作用，推动农业高质量发展。

习近平总书记指出：“创新农业经营方式，发展规模化经营、社会化服务。”加快创新农业经营方式、积极发展农业社会化服务，有助于提高农业经营效益和效率。要深入实施新型农业经营主体培育工程，突出抓好农民合作社和家庭农场两类新型农业经营主体发展，扎实开展农民合作社质量提升整县推进试点。把农业生产托管作为推进农业社会化服务、发展服务带动型规模经营的重要方式，因地制宜发展单环节、多环节、全程生产托管等服务模式，有效满足多样化的服务需求。深化农村土地制度改革，以处理好农民和土地的关系为主线，扩大第二轮土地承包到期后再延长 30 年试点范围，健全农村产权交易体系，促进农村土地资源优化配置。进一步推进农垦改革发展，创新开展垦地合作“双百双千”行动，推广农垦现代农业生产方式和经营管理模式，带动地方农业生产经营能力提升。

（资料来源：《人民日报》，2023 年 11 月 29 日，有改动）

总体国家安全观的核心要义，集中体现为习近平总书记在主持十九届中央政治局第二十六次集体学习时的重要讲话中提出的“十个坚持”。即坚持党对国家安全工作的绝对领导，坚持中国特色国家安全道路，坚持以人民安全为宗旨，坚持统筹发展和安全，坚持把政治安全放在首要位置，坚持统筹推进各领域安全，坚持把防范化解国家安全风险摆在突出位置，坚持推进国际共同安全，坚持推进国家安全体系和能力现代化，坚持加强国家安全干部队伍建设。

《纲要》紧扣“总体”这个关键，以“十个坚持”为基础谋篇布局，全面系统梳理习近平总书记关于国家安全的一系列重要论述，从政治、经济、文化、社会、生态、军事、科技等各个领域全面展开，充分展现了总体国家安全观的科学体系、丰富内涵。《纲要》坚持忠实于习近平总书记的原著、原文、原理、原义，原汁原味呈现习近平总书记的重大理论观点、重大战略部署，抓住“经典”“金句”，彰显习近平总书记深邃的政治智慧、高超的斗争艺术、杰出的领导才能、平实的话语风格。

（三）深切体悟总体国家安全观的理论品格

总体国家安全观秉承马克思主义国家安全理论本色，坚守为人民谋安全的信念，承载为中华民族伟大复兴护航的使命，饱含对人类前途命运的睿智思考，展现了以习近平同志为主要代表的新时代中国共产党人的政治品格、价值追求、精神风范。

坚定的人民立场。国家安全最广泛、最深厚的基础是人民。总体国家安全观把人民立场作为根本立场，坚持人民至上、生命至上，强调国家安全为了人民、依靠人民，深刻回答了国家安全为了谁、依靠谁的重大问题。《纲要》紧紧围绕保障人民生命安全、解决人民群众最关心、最直接、最现实的安全问题，系统梳理了新时代人民安全理念和实践，鲜明体现出习近平总书记深厚真挚的人民情怀。

顽强的斗争精神。敢于斗争、敢于胜利，是党和人民不可战胜的强大精神力量。和平环境是斗争而来的，不是妥协而来的。总体国家安全观始终着眼实现中华民族伟大复兴的中国梦，把握新的伟大斗争的历史特点，强调敢于斗争、善于斗争，增强斗争本领，矢志战胜一切可以预见和难以预见的风险挑战。《纲要》系统梳理了新时代国家安全斗争的方向、原则、策略，鲜明体现出习近平总书记强烈的历史担当和卓绝的斗争艺术。

深沉的忧患意识。常怀远虑、居安思危是中国共产党人的鲜明特质。总体国家安全观直面风险挑战，强调立足最困难、最复杂的情况，做最坏的打算，力争最好的结果，关键时刻要有亮剑和出手的战略勇气。《纲要》系统梳理了新时代防范化解风险的原则、理念、方法等，鲜明体现出习近平总书记清醒的底线思维和历史主动精神。

卓越的战略思维。战略问题是一个政党、一个国家的根本性问题，战略上判断得准确，战略上谋划得科学，战略上赢得主动，党和人民事业就大有希望。以习近平同志为核心的党中央高瞻远瞩，做出了一系列关乎党和国家前途命运的重大战略决策部署，比如，决策成立中央国家安全委员会，领导和推动国防和军队改革，制定实施香港国安法，构建新安全格局，等等。总体国家安全观强调，不论国际形势如何变幻，要保持战略定力、战略信心、战略耐心，把战略的坚定性和策略的灵活性结合起来。《纲要》系统梳理了新时代国家安全战略思想和实践，反映了以解决突出问题实现战略突破、带动全局工作的成功经验做法，鲜明体现出习近平总书记高瞻远瞩的战略眼光、总揽全局的战略智慧。

勇于创新的精神。坚持创新驱动，是推动实现高水平安全的根本之策。当前，国家安全形势和国家安全斗争形态都发生了深刻变化，如果我们不识变、不应变、不求变，就可能陷入战略被动、错失战略机遇。总体国家安全观深刻总结党的十八大以来国家安全事业系统性、革命性创新实践，提出统筹发展和安全、维护和塑造国家安全、推动国家安全体系和能力现代化等重大创新理念。《纲要》系统梳理了新时代国家安全创新理念和实践，鲜明体现出习近平总书记非凡的理论勇气和敢为天下先的开拓精神。

宏阔的世界眼光。"世界潮流，浩浩荡荡，顺之者昌，逆之者亡。"正确处理中国和世界的关系，是事关党的事业成败的重大问题。总体国家安全观深刻洞察当今世界发展大势和时代发展潮流，强调中国始终不渝走和平发展道路，坚持维护自身安全和共同安全相统一，既努力实现自身目标，又力争为世界做出更大贡献。总体国家安全观充分阐明中国国家安全治理的价值理念、工作思路和机制路径，为那些既希望维护社会安全稳定，又希望保持自身独立性的国家提供了重要借鉴。《纲要》系统梳理了新时代中国和平发展道路，鲜明体现出习近平总书记作为大党大国领袖恢宏的世界胸怀和坚定的大国担当。

（四）完整准确全面学习贯彻总体国家安全观

在当代中国，坚持和发展总体国家安全观，就是真正坚持和发展马克思主义国家安全理论，就是真正坚持和拓展中国特色国家安全道路。《纲要》是用总体国家安全观这一重大原创理论武装全党、推动工作，指导新时代国家安全实践的最新教材。中共中央宣传部、中央国家安全委员会办公室发出通知，要求各级党委（党组）把《纲要》纳入学习计划，全面系统学、及时跟进学、深入思考学、联系实际学，切实把学习成效转化为坚决维护国家主权、安全、发展利益的生动实践。

1. 坚定不移强化理论武装

要结合贯彻落实党的十九届六中全会精神，深刻领会"两个确立"的决定性意义，增强"四个意识"、坚定"四个自信"、做到"两个维护"，深刻理解总体国家安全观的重大意义、核心要义、精神实质、丰富内涵、实践要求，在思想上、政治上、行动上同以习近平同志为核心的党中央保持高度一致。要突出"关键少数"，开展生动深刻、入脑入心的教育培训，让各级领导干部更加坚定推动发展和安全深度融合，更加自觉用总体国家安全观指导驾驭纷繁复杂国家安全形势、应对风险挑战。要坚持集中性宣传教育与经常性宣传教育相结合，创新内容、方式和载体，引导广大人民群众认真学习贯彻总体国家安全观，提高全民国家安全意识，筑牢维护国家安全的钢铁长城。

2. 坚定不移防范化解国家安全风险

要把防范化解影响我国现代化进程的各种风险摆在突出位置，做好较长时间应对外部环境变化的思想准备和工作准备。要完善风险防控制度机制，强化统筹协调，压实各方责任，做好要素保障，不断提高应对风险、迎接挑战、化险为夷的能力水平。要把困难估计得更充分一些，把风险思考得更深入一些，注重堵漏洞、强弱项，着力防范各类风险挑战内外联动、累积叠加。

3. 坚定不移落实党中央战略部署

党的十九届五中全会首次把统筹发展和安全纳入“十四五”时期我国经济社会发展的指导思想，并列专章做出战略部署。继2018年出台《党委（党组）国家安全责任制规定》之后，2021年党中央出台了《中国共产党领导国家安全工作条例》，系统回答了国家安全工作“谁来领导”“领导什么”“怎么领导”等重大问题，进一步从制度上强化了党对国家安全工作的绝对领导。2021年底，《国家安全战略（2021—2025年）》出台，对新形势下维护国家安全做出了战略部署。各级党委（党组）要把思想和行动统一到习近平总书记的系列重要指示上来，统一到党中央关于国家安全的大政方针和决策部署上来，聚焦重大部署、重要任务、重点工作，坚持守土有责、守土负责、守土尽责，一级抓一级、层层抓落实，确保党中央精神落到实处、见到实效。

六、加快推进国家安全体系和能力现代化

要全面贯彻党的二十大精神，深刻认识国家安全面临的复杂严峻形势，正确把握重大国家安全问题，加快推进国家安全体系和能力现代化，以新安全格局保障新发展格局，努力开创国家安全工作新局面。

中央国家安全委员会坚持发扬斗争精神，坚持并不断发展总体国家安全观，推动国家安全领导体制和法治体系、战略体系、政策体系不断完善，实现国家安全工作协调机制有效运转、地方党委国家安全系统全国基本覆盖，坚决捍卫了国家主权、安全、发展利益，国家安全得到全面加强。

当前我们所面临的国家安全问题的复杂程度、艰巨程度明显加大。国家安全战线要树立战略自信、坚定必胜信心，充分看到自身优势和有利条件。要坚持底线思维和极限思维，准备经受风高浪急甚至惊涛骇浪的重大考验。要加快推进国家安全体系和能力现代化，突出实战实用鲜明导向，更加注重协同高效、法治思维、科技赋能、基层基础，推动各方面建设有机衔接、联动集成。

要以新安全格局保障新发展格局，主动塑造于我有利的外部安全环境，更好维护开放安全，推动发展和安全深度融合。要推进维护和塑造国家安全手段方式变革，创新理论引领，完善力量布局，推进科技赋能。要完善应对国家安全风险综合体，实时监测、及时预警，打好组合拳。

国家安全工作要贯彻落实党的二十大决策部署，切实做好维护政治安全、提升网络数据人工智能安全治理水平、加快建设国家安全风险监测预警体系、推进国家安全法治建设、加强国家安全教育等方面工作。

七、深入贯彻党中央关于网络强国的重要思想

党的十八大以来，我国网络安全和信息化事业取得重大成就，党对网信工作的领导全面加强，网络空间主流思想舆论巩固壮大，网络综合治理体系基本建成，网络安全保障体系和能力持续提升，网信领域科技自立自强步伐加快，信息化驱动引领作用有效发挥，网络空间法治化程度不断提高，网络空间国际话语权和影响力明显增强，网络强国建设迈出新步伐。

党的十八大以来网信事业取得重大成就，最根本在于有习近平总书记领航掌舵，有习近平新时代中国特色社会主义思想科学指引。习近平总书记关于网络强国的重要思想，科学回答了网信事业发展的一系列重大理论和实践问题，把党对网信工作的规律性认识提升到全新高度，是新时代新征程引领网信事业高质量发展、建设网络强国的行动指南，我们要深入学习领会，更加深刻领悟“两个确立”的决定性意义，坚决做到“两个维护”，切实贯彻到网信工作全过程。

新时代新征程，网信事业的重要地位作用日益凸显。要以新时代中国特色社会主义思想为指导，全面贯彻落实党的二十大精神，深入贯彻党中央关于网络强国的重要思想，切实肩负起举旗帜聚民心、防风险保安全、强治理惠民生、增动能促发展、谋合作图共赢的使命任务，坚持党管互联网，坚持网信为民，坚持走中国特色治网之道，坚持统筹发展和安全，坚持正能量是总要求、管得住是硬道理、用得好是真本事，坚持筑牢国家网络安全屏障，坚持发挥信息化驱动引领作用，坚持依法管网、依法办网、依法上网，坚持推动构建网络空间命运共同体，坚持建设忠诚干净担当的网信工作队伍，大力推动网信事业高质量发展，以网络强国建设新成效为全面建设社会主义现代化国家、全面推进中华民族伟大复兴做出新贡献。

各级党委（党组）要加强组织领导、强化统筹协调，确保党中央关于网信工作决策部署落到实处；各级网信部门要忠于党和人民，勇于担当作为，善于开拓创新，敢于斗争亮剑，甘于拼搏奉献，为推动网信事业高质量发展提供坚强保证。

新闻角

2023 年世界互联网大会乌镇峰会 11 月 8 日至 10 日在浙江乌镇举行，主题为“建设包容、普惠、有韧性的数字世界——携手构建网络空间命运共同体”。

11 月 8 日上午，国家主席习近平向 2023 年世界互联网大会乌镇峰会开幕式发表视频致辞。

习近平指出，2015 年，他在第二届世界互联网大会开幕式上提出了全球互联网发展治理的“四项原则”“五点主张”，倡导构建网络空间命运共同体，这一理念得到国际社会广泛认同和积极响应。当今世界变乱交织，百年变局加速演进，如何解决发展赤字、破解安全困境、加强文明互鉴，是我们共同面临的时代课题。互联网日益成为推动发展的新动能、维护安全的新疆域、文明互鉴的新平台，构建网络空间命运共同体既是回答时代课题的必然选择，也是国际社会的共同呼声。我们要深化交流、务实合作，共同推动构建网络空间命运共同体迈向新阶段。

我们倡导发展优先，构建更加普惠繁荣的网络空间。深化数字领域国际交流合作，加速科技成果转化。加快信息化服务普及，缩小数字鸿沟，在互联网发展中保障和改善民生，让更多国家和人民共享互联网发展成果。

我们倡导安危与共，构建更加和平安全的网络空间。尊重网络主权，尊重各国的互联网发展道路和治理模式。遵守网络空间国际规则，不搞网络霸权。不搞网络空间阵营对抗和军备竞赛。深化网络安全务实合作，有力打击网络违法犯罪行为，加强数据安全和个人信息保护。妥善应对科技发展带来的规则冲突、社会风险、伦理挑战。中方愿同各方携手落实《全球人工智能治理倡议》，促进人工智能安全发展。

我们倡导文明互鉴，构建更加平等包容的网络空间。加强网上交流对话，促进各国人民相知相亲，推动不同文明包容共生，更好弘扬全人类共同价值。加强网络文明建设，促进优质网络文化产品生产传播，充分展示人类优秀文明成果，积极推动文明传承发展，共同建设网上精神家园。

习近平最后强调，信息革命时代潮流浩荡前行，网络空间承载着人类对美好未来的无限憧憬。让我们携起手来，构建网络空间命运共同体，让互联网更好造福世界各国人民，共同创造人类更加美好的未来！

（资料来源：《人民日报》，2023 年 11 月 9 日，有改动）

当代中国共产党人的庄严历史责任

中国共产党为什么能，中国特色社会主义为什么好，归根到底是马克思主义行，是中国化时代化的马克思主义行。党的十八大以来，以习近平同志为主要代表的中国共产党人，顺应时代要求，结合新的实际，科学回答了新时代坚持和发展什么样的中国特色社会主义、怎样坚持和发展中国特色社会主义，建设什么样的社会主义现代化强国、怎样建设社会主义现代化强国，建设什么样的长期执政的马克思主义政党、怎样建设长期执政的马克思主义政党等重大时代课题，创立了习近平新时代中国特色社会主义思想，以全新的视野深化了对共产党执政规律、社会主义建设规律、人类社会发展规律的认识，开辟了马克思主义中国化时代化新境界。

2023 年 6 月 30 日，在中国共产党即将迎来 102 周年诞辰之际，二十届中央政治局围绕“开辟马克思主义中国化时代化新境界”进行第六次集体学习，“这是中央政治局深化主题教育理论学习的一项重要安排”。习近平总书记主持学习并发表重要讲话，强调“‘两个结合’‘六个必须坚持’等推进党的理论创新的科学方法，为继续推进党的理论创新提供了根本遵循”，“要坚持好、运用好”。总书记从“始终坚守理论创新的魂和根”“及时科学解答时代新课题”“着力推进党的创新理论体系化学理化”“注重从人民群众的创造中汲取理论创新智慧”4 个方面，进一步就推进党的理论创新做出深刻论述、提出明确要求。

推进马克思主义中国化时代化是一个追求真理、揭示真理、笃行真理的过程。要把深入学习贯彻习近平总书记《开辟马克思主义中国化时代化新境界》这篇重要文章精神同学习贯彻党的二十大精神结合起来，同学习贯彻习近平文化思想结合起来，同学习贯彻总书记关于推进马克思主义中国化时代化的重要论述结合起来，同深入开展学习贯彻习近平新时代中国特色社会主义思想主题教育结合起来，坚持用马克思主义之“矢”去射新时代中国之“的”，继续推进“两个结合”，续写马克思主义中国化时代化新篇章。

马克思主义中国化时代化新的飞跃

延安，中国革命的圣地、新中国的摇篮。

2015 年 2 月，延安杨家岭中央大礼堂。正在陕西考察的习近平总书记来到这里，瞻仰党的七大会址。置身当年会场，感悟历史启迪，习近平总书记深有感触：“我们党之所以能够历经考验磨难无往而不胜，关键就在于不断进行实践创新和理论创新。”

2022 年 10 月，党的二十大闭幕不到一周，习近平总书记带领新一届中央政治局常委专程前往延安，瞻仰延安革命纪念地。总书记在历史的回响中思索：“延安革命旧址见证了我们党在延安时期领导中国革命、探索马克思主义中国化时代化的光辉历程，是一本永远读不完的书，每次来都温故而知新，受到深刻教育和启示。”

马克思主义揭示了人类社会发展规律，是认识世界、改造世界的科学真理。拥有马克思主义科学理论指导，是我们党鲜明的政治品格和强大的政治优势，是我们党坚定信仰信念、把握历史主动的根本所在。同时，马克思主义理论不是教条而是行动指南，只有把马克思主义基本原理同中国具体实际相结合、同中华优秀传统文化相结合，坚持运用辩证唯物主义和历史唯物主义，才能正确回答时代和实践提出的重大问题，才能始终保持马克思主义的蓬勃生机和旺盛活力。

马克思主义深刻改变了中国，中国也极大丰富了马克思主义。在这篇重要文章中，习近平总书记回顾党的百年奋斗史，深刻指出：“我们党之所以能够在革命、建设、改革各个历史时期取得重大成就，能够领导人民完成中国其他政治力量不可能完成的艰巨任务，根本在于掌握了马克思主义科学理论，并不断结合新的实际推进理论创新，使党掌握了强大的真理力量。”100多年来，我们党坚持把马克思主义写在自己的旗帜上，不断推进马克思主义中国化时代化，取得了毛泽东思想、邓小平理论、“三个代表”重要思想、科学发展观、习近平新时代中国特色社会主义思想等重大理论成果，使马克思主义在中国焕发出强大生命力。马克思主义的科学性和真理性在中国得到充分检验，马克思主义的人民性和实践性在中国得到充分贯彻，马克思主义的开放性和时代性在中国得到充分彰显。

新思想指导新实践，新思想引领新征程。党的十八大以来，在习近平新时代中国特色社会主义思想的科学指引下，以习近平同志为核心的党中央统筹中华民族伟大复兴战略全局和世界百年未有之大变局，全面贯彻党的基本理论、基本路线、基本方略，采取一系列战略性举措，推进一系列变革性实践，实现一系列突破性进展，取得一系列标志性成果，经受住了来自政治、经济、意识形态、自然界等方面的风险挑战考验，攻克了许多长期没有解决的难题，办成了许多事关长远的大事要事，续写了经济快速发展和社会长期稳定两大奇迹，创造了新时代中国特色社会主义的伟大成就。

实践已经并将继续证明，习近平新时代中国特色社会主义思想，实现了马克思主义中国化时代化新的飞跃，是新时代中国共产党的思想旗帜，是全党全国人民为实现中华民族伟大复兴而奋斗的行动指南，是新时代党和国家事业发展的根本遵循。新时代党和国家事业之所以取得历史性成就、发生历史性变革，最根本的原因在于有习近平总书记作为党中央的核心、全党的核心掌舵领航，在于有习近平新时代中国特色社会主义思想科学指引。“两个确立”，是党在新时代取得的重大政治成果，是推动党和国家事业取得历史性成就、发生历史性变革的决定性因素，是战胜一切艰难险阻、应对一切不确定性的最大确定性、最大底气、最大保证。新征程上，习近平新时代中国特色社会主义思想必将随着强国建设、民族复兴伟业的全面拓展而不断丰富发展。

“始终坚守理论创新的魂和根”

“马克思主义中国化时代化这个重大命题本身就决定，我们决不能抛弃马克思主义这个魂脉，决不能抛弃中华优秀传统文化这个根脉。坚守好这个魂和根，是理论创新的基础和前提，理论创新也是为了更好坚守这个魂和根。”

“理论创新必须讲新话，但不能丢了老祖宗，数典忘祖就等于割断了魂脉和根脉，最终会犯失去魂脉和根脉的颠覆性错误。我提出守正创新，就是强调既不走封闭僵化的老路，也不走改旗易帜的邪路，这两条路都是死路。”

守正创新是中国特色社会主义新时代的鲜明气象，也是习近平新时代中国特色社会主义思想的显著标识。党的十八大以来，以习近平同志为核心的党中央在立场、方向、原则、道路等根本性问题上旗帜鲜明、毫不含糊，着力正本清源、固本培元，高扬了理想信念的旗帜、马克思主义的旗帜、中国特色社会主义的旗帜，确保了党不变质、不变色、不变味。同时，面对快速变化的世界和中国，我们党坚持立破并举，以巨大勇气和魄力推进各方面改革创新，中国共产党的面貌、中国人民的面貌、社会主义中国的面貌、中华民族的面貌焕然一新。在这一伟大实践中创立的习近平新时代中国特色社会主义思想，为发展马克思主义做出了原创性贡献。

“坚持是为了更好地发展，发展也是为了更好地坚持。”在这篇重要文章中，习近平总书记围绕始终坚守理论创新的魂和根，深刻阐明了守正和创新的辩证关系、丰富内涵、实践要求等重大问题。

“坚持马克思主义这个立党立国、兴党兴国之本不动摇”。马克思主义是我们立党立国、兴党兴国的根本指导思想，是党的灵魂和旗帜。习近平总书记反复强调，马克思主义是中国共产党人的“真经”，对马克思主义的信仰，对社会主义和共产主义的信念，是共产党人的政治灵魂，是共产党人经受住任何考验的精神支柱。同时，总书记也鲜明指出，坚持以马克思主义为指导，是要运用其科学的世界观和方法论解决中国的问题，而不是要背诵和重复其具体结论和词句，更不能把马克思主义当成一成不变的教条。我们对待马克思主义，不能采取教条主义的态度，也不能采取实用主义的态度，而是应该以科学的态度对待科学、以真理的精神追求真理。必须坚持一切从实际出发，着眼解决新时代改革开放和社会主义现代化建设的实际问题，运用马克思主义立场观点方法，做出符合中国实际和时代要求的正确回答，更好地推进实践、指导实践。

“坚持植根本国、本民族历史文化沃土发展马克思主义不停步”。只有植根本国、本民族历史文化沃土，马克思主义真理之树才能根深叶茂。党的十八大以来，习近平总书记创造性提出把马克思主义基本原理同中华优秀传统文化相结合，把我们党对中国特色社会主义道路自信、理论自信、制度自信、文化自信的认识提升到一个新高度，对不断开辟马克思主义中国化时代化新境界具有十分重要的意义。总书记明确要求，以马克思主义为指导对中华 5 000 多年文明宝库进行全面挖掘，用马克思主义激活中华优秀传统文化中富有生命力的优秀因子并赋予新的时代内涵，将中华民族的伟大精神和丰富智慧更深层次地注入马克思主义，有效把马克思主义思想精髓同中华优秀传统文化精华贯通起来，聚变为新的理论优势，不断攀登新的思想高峰。

“学习和借鉴人类社会一切优秀文明成果”。一部马克思主义发展史就是马克思、恩格斯以及他们的后继者们不断根据时代、实践、认识发展而发展的历史，是不断吸收人类历史上一切优秀思想文化成果丰富自己的历史。习近平总书记深刻指出，强调坚守好党的理论的魂和根，并不是要封闭、僵化和保守。马克思主义不排斥一切真理，不管它来自何时、来自哪里，只要是真理性认识，都可以作为丰富和发展自己的养分。总书记明确要求，要拓宽理论视野，以海纳百川的开放胸襟学习和借鉴人类社会一切优秀文明成果，在“人类知识的总和”中汲取优秀思想文化资源来创新和发展党的理论，形成兼容并蓄、博采众长的理论大格局大气象。

“及时科学解答时代新课题”

“一切划时代的理论，都是满足时代需要的产物。用以观察时代、把握时代、引领时代的理论，必须反映时代的声音，绝不能脱离所在时代的实践，必须不断总结实践经验，将其凝结成时代的思想精华。”

党的十八大以来，以习近平同志为核心的党中央从理论和实践结合上系统回答了一系列重大问题，为推动党和国家事业发展提供了科学理论指导。比如，提出以中国式现代化全面推进中华民族伟大复兴，提出立足新发展阶段、贯彻新发展理念、构建新发展格局，提出推动高质量发展，提出使市场在资源配置中起决定性作用、更好发挥政府作用，提出发展全过程人民民主、推进全面依法治国、推进国家治理体系和治理能力现代化，提出坚定文化自信、建设中华民族现代文明，提出推动人的全面发展、促进全体人民共同富裕，提出统筹发展和安全，提出推动构建人类命运共同体、共建“一带一路”，提出坚持和加强党的全面领导、贯彻全面从严治党的战略方针、以伟大自我革命引领伟大社会革命，等等，都是从当代中国和当今世界发展变化出发，经过审时度势、科学判断、深入思考提出来的，是对新的时代课题的科学回答。

实践没有止境，理论创新也没有止境。在这篇重要文章中，习近平总书记围绕“及时科学解答时代新课题”推进理论创新进行了深刻论述，提出明确要求。

“归根到底要体现在回答实践问题、引领实践发展上”。马克思主义是实践的理论，是为了改变人民历史命运而创立的，是在人民求解放的实践中形成的，也是在人民求解放的实践中丰富和发展的。习近平总书记强调，我们推进理论创新是实践基础上的理论创新，而不是坐在象牙塔内的空想，必须坚持在实践中发现真理、发展真理，用实践来实现真理、检验真理。

“推进马克思主义中国化时代化的任务不是轻了，而是更重了”。当今世界正在经历百年未有之大变局，处在民族复兴关键时期的当代中国正在经历着有史以来最为广泛而深刻的社会变革，正在推进中国式现代化这一人类历史上非常宏大而独特的实践创新。习近平总书记强调，在“两个大局”加速演进并深度互动的时代背景下，人类社会面临许多亟待解决的共同问题，我国改革发展稳定、内政外交国防、治党治国治军等各个领域也都面临着一系列新的重大课题，中国之问、世界之问、人民之问、时代之问给我们提出的新考题比过去更复杂、更难，迫切需要我们从理论与实践的结合上提交答案。

“让当代中国马克思主义、21世纪马克思主义展现出更为强大、更有说服力的真理力量”。习近平总书记强调，要牢固树立大历史观，以更宽广的视野、更长远的眼光把握世界历史的发展脉络和正确走向，认清我国社会发展、人类社会发展的大逻辑大趋势，把握中国式现代化的历史沿革和实践要求，在新一轮科技革命、全球经济发展大格局和我国发展的阶段性特征中深化对推动高质量发展、构建新发展格局的规律性认识，在世界马克思主义政党命运比较和我们党长期执政面临的现实考验中深化对党的自我革命战略思想的规律性认识，全面系统地提出解决现实问题的科学理念、有效对策。

“着力推进党的创新理论体系化学理化”

“马克思主义之所以影响深远，在于其以深刻的学理揭示人类社会发展的真理性、以完备的体系论证其理论的科学性。”

19 世纪 70 年代，在反对杜林主义、捍卫马克思主义理论的论战中，恩格斯撰写了《反杜林论》，第一次系统阐述了马克思主义的三个组成部分及其相互联系，论证了马克思主义完备而严整的科学理论体系，有力捍卫和发展了马克思主义。1880 年，恩格斯应保•拉法格的请求，把《反杜林论》中的部分内容改写成一本小册子，名为《社会主义从空想到科学的发展》，对宣传马克思主义起了巨大的作用。

在这篇重要文章中，习近平总书记高度评价恩格斯撰写《社会主义从空想到科学的发展》等论著，称赞这些论著系统阐发马克思主义基本原理，科学论证了马克思主义三个组成部分之间的内在统一性，以深刻的学理捍卫并发展了马克思主义的科学性，以完备的体系避免和修正了对马克思主义的片段化、庸俗化。总书记深刻指出，“这充分说明了体系化和学理化对坚持和发展马克思主义的重要性”，“推进理论的体系化学理化，是理论创新的内在要求和重要途径。”

习近平新时代中国特色社会主义思想，坚持马克思主义立场观点方法，坚持科学社会主义基本原则，深刻总结和充分运用党百年奋斗的历史经验，继承弘扬中华优秀传统文化精华，根据时代和实践发展变化，以崭新的思想内容丰富发展了马克思主义，形成了系统科学的理论体系。这一思想内涵十分丰富，涵盖新时代坚持和发展中国特色社会主义的总目标、总任务、总体布局、战略布局和发展方向、发展方式、发展动力、战略步骤、外部条件、政治保证等基本问题，并根据新的实践对党的领导和党的建设、经济、政治、法治、科技、文化、教育、民生、民族、宗教、社会、生态文明、国家安全、国防和军队、“一国两制”和祖国统一、统一战线、外交等各方面做出新的理论概括和战略指引。

党的十九大、十九届六中全会提出的“十个明确”“十四个坚持”“十三个方面成就”概括了习近平新时代中国特色社会主义思想的主要内容。党的二十大总结提炼和深刻阐述“两个结合”“六个必须坚持”等推进党的理论创新的科学方法，强调要把握好习近平新时代中国特色社会主义思想的世界观和方法论，坚持好、运用好贯穿其中的立场观点方法。

“十个明确”“十四个坚持”“十三个方面成就”，“两个结合”“六个必须坚持”等，内在贯通、有机统一，凝结着我们党认识世界、改造世界的宝贵经验和重大成果，体现了理论与实际相结合、认识论和方法论相统一的鲜明特色，共同构成了习近平新时代中国特色社会主义思想的科学体系。这一科学体系逻辑严密、内涵丰富、系统全面、博大精深，贯通马克思主义哲学、马克思主义政治经济学、科学社会主义，贯通历史、现实和未来，贯通改革发展稳定、内政外交国防、治党治国治军等各领域，由经济思想、法治思想、生态文明思想、强军思想、外交思想、文化思想等若干部分共同构成，既坚持了老祖宗，又讲了很多新话，为丰富发展马克思主义做出了原创性贡献，为传承发展中华优秀传统文化做出了历史性贡献，为推动人类文明进步事业做出了世界性贡献。

习近平新时代中国特色社会主义思想的发展“是一个不断丰富拓展并不断体系化、学理化的过程”。随着实践进程的深化，党的理论创新成果会越来越丰富。习近平总书记要求：“马克思主义理论研究和建设工程要不断深化理论研究阐释，重点研究阐释我们党提出的新理念新论断中原理性理论成果，把握相互的内在联系，教育引导全党全国更好学习把握新时代中国特色社会主义思想的理论体系。”

“注重从人民群众的创造中汲取理论创新智慧”

“马克思主义是为人民立言、为人民代言的理论，是为改变人民命运而创立、在人民求解放的实践中丰富和发展的，人民的创造性实践是马克思主义理论创新的不竭源泉。”

人民性是马克思主义的本质属性。在这篇重要文章中，习近平总书记再次阐明人民是历史的创造者这一唯物史观的基本观点，鲜明强调“只要我们紧密联系人民群众、经常深入人民群众、紧紧依靠人民群众，真心拜人民为师，诚心向人民学习，虚心向人民求教，就能够得到源源不断的实践力量和理论智慧”。事实正是如此。马克思主义中国化时代化成果，都是党和人民实践经验和集体智慧的结晶，无不源自人民的智慧、人民的探索、人民的创造。

“人民群众身处实践最前沿，对实践变化感知最敏感、感受最深切，也最聪慧，只要走到人民群众中去，很多百思不得其解的问题就能豁然开朗、找到答案。”党的十八大以来，习近平总书记反复强调贯彻党的群众路线，高度重视调查研究工作，指出“开展调查研究就是走群众路线，没有调查就没有发言权，就没有决策权”。总书记身体力行、率先垂范，以调研开局开路，在考察中聚焦问题、深入基层、深入群众，为全党树立了光辉榜样。比如，总书记走遍14个集中连片特困地区，直接到贫困户看真贫、扶真贫，直接听取贫困地区干部群众意见，不断完善扶贫思路和扶贫举措，不断推进工作，带着感情去抓，带着践行宗旨的承诺去抓，带领全党全国人民打赢了脱贫攻坚战。比如，总书记2020年在浙江考察时，发现在疫情冲击下全球产业链供应链发生局部断裂，直接影响到我国国内经济循环，大进大出的环境条件已经变化，由此提出了加快构建以国内大循环为主体、国内国际双循环相互促进的新发展格局。正是这一着眼全局的战略选择，成为把握发展主动权、重塑新竞争优势的先手棋。

“我们的各项工作实践要走好群众路线，推进党的理论创新也要走好群众路线，决

不能闭门造车、坐而论道、流于空想。”在这篇重要文章中，习近平总书记结合正在深入开展的主题教育，从两个方面提出具体要求：一是大兴调查研究，推动各级领导干部树牢唯物史观，强化群众观点和宗旨意识，坚持目标导向和问题导向，走出机关沉到基层一线，广泛倾听人民群众的声音，自觉问计于民、问需于民，运用党的创新理论研究解决好发展所需、改革所急、基层所盼、民心所向的突出问题，同时从人民群众的真知灼见中获取理论创新和实践创新灵感；二是尊重人民首创精神，注重从人民的创造性实践中总结新鲜经验，上升为理性认识，提炼出新的理论成果，着力让党的创新理论深入亿万人民心中，成为接地气、聚民智、顺民意、得民心的理论。

“不断谱写马克思主义中国化时代化新篇章，是当代中国共产党人的庄严历史责任。”坚持聆听时代声音，回应时代呼唤，继续推进马克思主义基本原理同中国具体实际相结合、同中华优秀传统文化相结合，当代中国马克思主义、21 世纪马克思主义必将在中华大地上展现出更为强大、更有说服力的真理力量！

（资料来源：《求是》，2023 年第 20 期，有改动）

思政阅读，学习强国

- 《用好红色资源 凝心聚力奋进新征程》，《红旗文稿》，2023 年第 11 期。
- 《坚定信心、开拓奋进，巩固和增强经济回升向好态势》，《人民日报》，2023 年 12 月 13 日。
- 《求是》杂志编辑部：《新时代新征程推进生态文明建设的科学指引》，《求是》，2023 年第 22 期。
- 李拯：《中国式现代化新征程前景光明》，《人民日报》，2023 年 9 月 14 日。
- 张晓松：《共赴中国式现代化新征程》，《光明日报》，2023 年 3 月 7 日。

思政探究，入脑入心

1. 新时代 10 年伟大变革的内容有哪些？为什么说其具有里程碑意义？
2. 为什么说“两个确立”对新时代党和国家事业发展、对推进中华民族伟大复兴历史进程具有决定性意义？
3. 如何将“两个确立”转化为“两个维护”的自觉行动？
4. 中国式现代化具有哪 5 个方面的中国特色？
5. 总体国家安全观的重大意义和核心要义分别是什么？
6. 加快推进国家安全体系和能力现代化的具体措施有哪些？
7. 维护国家安全，大学生应该怎样做？

实践活动 “中国式现代化道路是强国建设必由之路”主题班会

活动目的：

本次活动旨在使学生深入领会中国式现代化是人口规模巨大的现代化，是全体人民共同富裕的现代化，是物质文明和精神文明相协调的现代化，是人与自然和谐共生的现代化，是走和平发展道路的现代化。

活动方式：

利用互联网搜集资料，结合自身感受，在班级开展知识分享活动，讲述党的十八大以来党和国家事业取得的举世瞩目的重大成就。

活动要求：

以班级为单位，组织学生开展“中国式现代化道路是强国建设必由之路”主题班会，通过讲述党的十八大以来党和国家事业取得的举世瞩目的重大成就，正确理解和大力推进中国式现代化。

参考文献

[1] 习近平．高举中国特色社会主义伟大旗帜为全面建设社会主义现代化国家而团结奋斗——在中国共产党第二十次全国代表大会上的报告［M］．北京：人民出版社，2022.

[2] 习近平．习近平谈治国理政：第四卷［M］．北京：外文出版社，2022.

[3] 正确理解和大力推进中国式现代化［N］．人民日报，2023-2-8（1）.

[4] 中共中央宣传部、中央国家安全委员会办公室．总体国家安全观学习纲要［M］．北京：学习出版社、人民出版社，2022.

[5] 陈理．深刻理解“两个确立”自觉做到“两个维护”［J］．求是，2022（2）.

[6] 陈文清．牢固树立和践行总体国家安全观　谱写新时代国家安全新篇章［J］．求是，2022（8）.

[7] 李君如．深刻领悟“两个确立”的决定性意义［N］．人民日报，2023-2-7（9）.

[8] 习近平主持召开二十届中央国家安全委员会第一次会议强调　加快推进国家安全体系和能力现代化　以新安全格局保障新发展格局［N］．人民日报，2023-5-31（1）.

[9] 习近平．中国式现代化是强国建设、民族复兴的康庄大道［J］．求是，2023（16）.

[10] 习近平对网络安全和信息化工作做出重要指示强调　深入贯彻党中央关于网络强国的重要思想　大力推动网信事业高质量发展［N］．人民日报，2023-7-16（1）.

扎实推动经济社会高质量发展

习近平总书记在二十大报告中提出，必须完整、准确、全面贯彻新发展理念，坚持社会主义市场经济改革方向，坚持高水平对外开放，加快构建以国内大循环为主体、国内国际双循环相互促进的新发展格局。要坚持以推动高质量发展为主题，把实施扩大内需战略同深化供给侧结构性改革有机结合起来，增强国内大循环内生动力和可靠性，提升国际循环质量和水平，加快建设现代化经济体系，着力提高全要素生产率，着力提升产业链、供应链韧性和安全水平，着力推进城乡融合和区域协调发展，推动经济实现质的有效提升和量的合理增长。

2023 年是贯彻党的二十大精神的开局之年，要全面贯彻落实党中央决策部署，把握好新时代新征程党的使命任务，把握好高质量发展这个首要任务，完整、准确、全面贯彻新发展理念，扎实推进中国式现代化建设。坚持稳中求进工作总基调，更好统筹经济质的有效提升和量的合理增长，更好统筹发展和安全。坚持以人民为中心的发展思想，让现代化建设成果更多更公平惠及全体人民，不断增强人民群众的获得感、幸福感、安全感。坚持深化改革开放，促进有效市场和有为政府更好结合，加快构建以国内大循环为主体、国内国际双循环相互促进的新发展格局。坚决维护以习近平同志为核心的党中央权威和集中统一领导，坚持和完善党领导经济社会发展的体制机制，确保党中央各项决策部署落到实处。

——中共二十届中央政治局常委、国务院副总理丁薛祥

一、当前经济形势和2024年经济工作

2023年是全面贯彻党的二十大精神的开局之年，是3年新冠肺炎疫情防控转段后经济恢复发展的一年。以习近平同志为核心的党中央团结带领全党全国各族人民，顶住外部压力、克服内部困难，全面深化改革开放，加大宏观调控力度，着力扩大内需、优化结构、提振信心、防范化解风险，我国经济回升向好，高质量发展扎实推进。现代化产业体系建设取得重要进展，科技创新实现新的突破，改革开放向纵深推进，安全发展基础巩固夯实，民生保障有力有效，全面建设社会主义现代化国家迈出坚实步伐。

数据库

2023年前三季度，面对复杂严峻的国际环境和艰巨繁重的国内改革发展稳定任务，在以习近平同志为核心的党中央坚强领导下，各地各部门坚决贯彻落实党中央、国务院决策部署，坚持稳中求进工作总基调，国民经济持续恢复向好，生产供给稳步增加，市场需求持续扩大，就业物价总体改善，发展质量稳步提升，积极因素累积增多。

初步核算，2023年前三季度国内生产总值913 027亿元，按不变价格计算，同比增长5.2%。分产业看，第一产业增加值56 374亿元，同比增长4.0%；第二产业增加值353 659亿元，增长4.4%；第三产业增加值502 993亿元，增长6.0%。分季度看，一季度国内生产总值同比增长4.5%，二季度增长6.3%，三季度增长4.9%。从环比看，三季度国内生产总值增长1.3%。

（资料来源：国家统计局，2023年10月18日）

进一步推动经济回升向好需要克服一些困难和挑战，主要是有效需求不足、部分行业产能过剩、社会预期偏弱、风险隐患仍然较多，国内大循环存在堵点，外部环境的复杂性、严峻性、不确定性上升。要增强忧患意识，有效应对和解决这些问题。综合起来看，我国发展面临的有利条件强于不利因素，经济回升向好、长期向好的基本趋势没有改变，要增强信心和底气。

近年来，在党中央坚强领导下，我们有效统筹国内国际两个大局、统筹疫情防控和经济社会发展、统筹发展和安全，深化了新时代做好经济工作的规律性认识。必须把坚持高质量发展作为新时代的硬道理，完整、准确、全面贯彻新发展理念，推动经济实现质的有效提升和量的合理增长。必须坚持深化供给侧结构性改革和着力扩大有效需求协同发力，发挥超大规模市场和强大生产能力的优势，使国内大循环建立在内需主动力的基础上，提升国际循环质量和水平。必须坚持依靠改革开放增强发展内生动力，统筹推进深层次改革和高水平开放，不断解放和发展社会生产力、激发和增强社会活力。必须坚持高质量发展和高水平安全良性互动，以高质量发展促进高水平安全，以高水平安全保障高质量发展，发展和安全要动态平衡、相得益彰。必须把推进中国式现代化作为最大的政治，在党的统一领导下，团结最广大人民，聚焦经济建设这一中心工作和高质量发展这一首要任务，把中国式现代化宏伟蓝图一步步变成美好现实。

做好2024年经济工作，要以习近平新时代中国特色社会主义思想为指导，全面贯彻落实党的二十大和二十届二中全会精神，坚持稳中求进工作总基调，完整、准确、全面贯彻新发展理念，加快构建新发展格局，着力推动高质量发展，全面深化改革开放，推动高水平科技自立自强，加大宏观调控力度，统筹扩大内需和深化供给侧结构性改革，统筹新型城镇化和乡村全面振兴，统筹高质量发展和高水平安全，切实增强经济活力、防范化解风险、改善社会预期，巩固和增强经济回升向好态势，持续推动经济实现质的有效提升和量的合理增长，增进民生福祉，保持社会稳定，以中国式现代化全面推进强国建设、民族复兴伟业。

2024年要坚持稳中求进、以进促稳、先立后破，多出有利于稳预期、稳增长、稳就业的政策，在转方式、调结构、提质量、增效益上积极进取，不断巩固稳中向好的基础。要强化宏观政策逆周期和跨周期调节，继续实施积极的财政政策和稳健的货币政策，加强政策工具创新和协调配合。

积极的财政政策要适度加力、提质增效。要用好财政政策空间，提高资金效益和政策效果。优化财政支出结构，强化国家重大战略任务财力保障。合理扩大地方政府专项债券用作资本金范围。落实好结构性减税降费政策，重点支持科技创新和制造业发展。严格转移支付资金监管，严肃财经纪律。增强财政可持续性，兜牢基层"三保"底线。严控一般性支出。党政机关要习惯过紧日子。

稳健的货币政策要灵活适度、精准有效。保持流动性合理充裕，社会融资规模、货币供应量同经济增长和价格水平预期目标相匹配。发挥好货币政策工具总量和结构双重功能，盘活存量、提升效能，引导金融机构加大对科技创新、绿色转型、普惠小微、数字经济等方面的支持力度。促进社会综合融资成本稳中有降。保持人民币汇率在合理均衡水平上的基本稳定。

要增强宏观政策取向一致性。加强财政、货币、就业、产业、区域、科技、环保等政策协调配合，把非经济性政策纳入宏观政策取向一致性评估，强化政策统筹，确保同向发力、形成合力。加强经济宣传和舆论引导，唱响中国经济光明论。

具体而言，2024年要围绕推动高质量发展，突出重点，把握关键，扎实做好以下几个方面的经济工作。

（一）以科技创新引领现代化产业体系建设

要以科技创新推动产业创新，特别是以颠覆性技术和前沿技术催生新产业、新模式、新动能，发展新质生产力。完善新型举国体制，实施制造业重点产业链高质量发展行动，加强质量支撑和标准引领，提升产业链供应链韧性和安全水平。要大力推进新型工业化，发展数字经济，加快推动人工智能发展。打造生物制造、商业航天、低空经济等若干战略性新兴产业，开辟量子、生命科学等未来产业

汽车智能制造——助力建设现代化产业体系

新赛道，广泛应用数智技术、绿色技术，加快传统产业转型升级。加强应用基础研究和前沿研究，强化企业科技创新主体地位。鼓励发展创业投资、股权投资。

构建现代化产业体系，既要有雄心壮志，积极抢位发展，又要立足实际，善于错位发展。要找准定位、明确方向，整合资源、精准发力，加快传统产业改造升级，加快战略性新兴产业发展壮大，积极部署未来产业，努力构建体现当地特色和优势的现代化产业体系。有针对性地部署创新链，积极对接国家战略科技资源，突破一批关键核心技术，打造一批高新技术产业，形成在全国有影响力的产业集群。积极推进数字经济和实体经济融合，发展壮大数字经济。坚定不移走生态优先、绿色发展之路，推动全面绿色转型，打造生态文明建设高地。

（习近平总书记在江西考察时的讲话，2023 年 10 月 10 日至 13 日）

（二）着力扩大国内需求

要激发有潜能的消费，扩大有效益的投资，形成消费和投资相互促进的良性循环。推动消费从疫后恢复转向持续扩大，培育壮大新型消费，大力发展数字消费、绿色消费、健康消费，积极培育智能家居、文娱旅游、体育赛事、国货“潮品”等新的消费增长点。稳定和扩大传统消费，提振新能源汽车、电子产品等大宗消费。增加城乡居民收入，扩大中等收入群体规模，优化消费环境。要以提高技术、能耗、排放等标准为牵引，推动大规模设备更新和消费品以旧换新。发挥好政府投资的带动放大效应，重点支持关键核心技术攻关、新型基础设施、节能减排降碳，培育发展新动能。完善投融资机制，实施政府和社会资本合作新机制，支持社会资本参与新型基础设施等领域建设。

（三）深化重点领域改革

要谋划进一步全面深化改革重大举措，为推动高质量发展、加快中国式现代化建设持续注入强大动力。不断完善落实“两个毫不动摇”的体制机制，充分激发各类经营主体的内生动力和创新活力。深入实施国有企业改革深化提升行动，增强核心功能、提高核心竞争力。促进民营企业发展壮大，在市场准入、要素获取、公平执法、权益保护等方面落实一批举措。促进中小企业专精特新发展。加快全国统一大市场建设，着力破除各种形式的地方保护和市场分割。有效降低全社会物流成本。要谋划新一轮财税体制改革，落实金融体制改革。

（四）扩大高水平对外开放

要加快培育外贸新动能，巩固外贸外资基本盘，拓展中间品贸易、服务贸易、数字贸易、跨境电商出口。放宽电信、医疗等服务业市场准入，对标国际高标准经贸规则，认真解决数据跨境流动、平等参与政府采购等问题，持续建设市场化、法治化、国际化一流营商环境，打造“投资中国”品牌。切实打通外籍人员来华经商、学习、旅游的堵点。抓好支持高质量共建“一带一路”八项行动的落实落地，统筹推进重大标志性工程和“小而美”民生项目。

（五）持续有效防范化解重点领域风险

要统筹化解房地产、地方债务、中小金融机构等风险，严厉打击非法金融活动，坚决守住不发生系统性风险的底线。积极稳妥化解房地产风险，一视同仁满足不同所有制房地产企业的合理融资需求，促进房地产市场平稳健康发展。加快推进保障性住房建设、“平急两用”公共基础设施建设、城中村改造等“三大工程”。完善相关基础性制度，加快构建房地产发展新模式。统筹好地方债务风险化解和稳定发展，经济大省要真正挑起大梁，为稳定全国经济做出更大贡献。

（六）坚持不懈抓好“三农”工作

要锚定建设农业强国目标，学习运用“千万工程”经验，有力有效推进乡村全面振兴，以确保国家粮食安全、确保不发生规模性返贫为底线，以提升乡村产业发展水平、提升乡村建设水平、提升乡村治理水平为重点，强化科技和改革双轮驱动，强化农民增收举措，集中力量抓好办成一批群众可感可及的实事，建设宜居宜业和美乡村。毫不放松抓好粮食等重要农产品稳定安全供给，探索建立粮食产销区省际横向利益补偿机制，改革完善耕地占补平衡制度，提高高标准农田建设投入标准。树立大农业观、大食物观，把农业建成现代化大产业。

（七）推动城乡融合、区域协调发展

要把推进新型城镇化和乡村全面振兴有机结合起来，促进各类要素双向流动，推动以县城为重要载体的新型城镇化建设，形成城乡融合发展新格局。实施城市更新行动，打造宜居、韧性、智慧城市。充分发挥各地区比较优势，按照主体功能定位，积极融入和服务构建新发展格局。优化重大生产力布局，加强国家战略腹地建设。大力发展海洋经济，建设海洋强国。

（八）深入推进生态文明建设和绿色低碳发展

建设美丽中国先行区，打造绿色低碳发展高地。积极稳妥推进碳达峰碳中和，加快打造绿色低碳供应链。持续深入打好蓝天、碧水、净土保卫战。完善生态产品价值实现机制。落实集体林权制度改革。加快建设新型能源体系，加强资源节约集约循环高效利用，提高能源资源安全保障能力。

（九）切实保障和改善民生

要坚持尽力而为、量力而行，兜住、兜准、兜牢民生底线。更加突出就业优先导向，确保重点群体就业稳定。织密扎牢社会保障网，健全分层分类的社会救助体系。加快完善生育支持政策体系，发展银发经济，推动人口高质量发展。

要深刻领会党中央对经济形势的科学判断，切实增强做好经济工作的责任感使命感，抓住一切有利时机，利用一切有利条件，看准了就抓紧干，能多干就多干一些，努力以自身工作的确定性应对形势变化的不确定性。要全面贯彻 2024 年经济工作的总体要求，注意把握和处理好速度与质量、宏观数据与微观感受、发展经济与改善民生、发展与安全的关系，不断巩固和增强经济回升向好态势。要准确把握 2024 年经济工作的政策取向，在政策实施上强化协同联动、放大组合效应，在政策储备上打好提前量、留出冗余度，在政策效果评价上注重有效性、增强获得感，着力提升宏观政策支持高质量发展的效果。要讲求工作推进的方式方法，抓住主要矛盾，突破瓶颈制约，注重前瞻布局，确保 2024 年经济工作重点任务落地落实。要始终保持奋发有为的精神状态，胸怀“国之大者”，主动担当作为，加强协同配合，积极谋划用好牵引性、撬动性强的工作抓手，扎实推动高质量发展。

要坚持和加强党的全面领导，深入贯彻落实党中央关于经济工作的决策部署。要不折不扣抓落实，确保最终效果符合党中央决策意图。要雷厉风行抓落实，统筹把握时度效。要求真务实抓落实，坚决纠治形式主义、官僚主义。要敢作善为抓落实，坚持正确用人导向，充分发挥各级领导干部的积极性、主动性、创造性。要巩固拓展主题教育成果，并转化为推动高质量发展的成效。

要做好岁末年初重要民生商品保供稳价，保障农民工工资按时足额发放，关心困难群众生产生活，深入落实安全生产责任制，守护好人民群众生命财产安全和身体健康。

全党要紧密团结在以习近平同志为核心的党中央周围，坚定信心、开拓奋进，努力实现经济社会发展各项目标任务，以高质量发展的实际行动和成效，为以中国式现代化全面推进强国建设、民族复兴伟业做出新的更大贡献。

二、我国就业形势总体稳定

2023 年 6 月，人力资源和社会保障部部署启动 2023 年高校毕业生等青年就业服务攻坚行动。针对登记失业青年和 2023 届离校未就业毕业生开展服务；针对未就业困难毕业生及长期失业青年，制定“一人一策”帮扶计划；6 月底前，形成登记失业青年帮扶台账……一系列务实举措，为保障高校毕业生等青年就业提供有力支撑。

就业是最基本的民生，是经济发展的晴雨表、社会稳定的压舱石。习近平总书记高度重视就业工作特别是青年就业工作，强调“要在推动高质量发展中强化就业优先导向”“强化就业优先政策，健全就业促进机制，促进高质量充分就业”。2023 年 4 月 28 日召开的中共中央政治局会议强调：“要切实保障和改善民生，强化就业优先导向，扩大高校毕业生就业渠道，稳定农民工等重点群体就业。”2023 年以来，各地各部门落实落细就业优先政策，千方百计稳存量、扩增量、提质量、兜底线。当前，国民经济整体恢复向好，稳就业政策持续显效，就业形势总体稳定。

从统计数据来看，2023 年 5 月份，全国城镇调查失业率为 5.2%，与上月持平，失业率 2023 年以来整体呈下降态势。分年龄看，就业主体人群失业率继续下降，5 月份 25 至 59 岁就业主体人群失业率为 4.1%，比上月下降 0.1 个百分点，连续 3 个月下降，说明就业基本盘总体稳定，而且还在改善；分群体看，进城务工农民工失业率继续降低，5 月份外来农业户籍劳动力失业率为 4.9%，比上月下降 0.2 个百分点，连续 3 个月下降，农民工就业总体向好。同时也要看到，当前就业总量压力和结构性问题仍不容忽视，青年人就业压力依然较大。接下来，要加大政策支持力度，把促进高校毕业生等青年就业工作摆在更加突出的位置，形成全社会共同支持青年就业的强大合力。

新闻角

2023 年上半年，全国城镇新增就业 678 万人，同比增加 24 万人。城镇 16 岁及以上人口劳动参与率稳步提升，城镇调查失业率下降，就业基本盘保持稳定。二季度末，外出务工农村劳动力 18 705 万人，同比增长 3.2%。

就业总体改善的主要原因，一是经济恢复向好。经济规模的扩大必然带来市场需求的增加，带来企业用工需要的增多，促进就业形势总体好转。二是服务业加快增长，对就业扩大带动明显。三是稳就业政策显效，为就业稳定创造了有利条件。此外，随着经济社会全面恢复常态化运行，线下招聘和求职也更加便利，也有利于促进就业供需衔接，带动就业扩大。

当前就业的总量压力和结构性问题还是存在，青年人的“求职难”和部分行业“招工难”并存，稳就业需要持续加力。为此，有关部门出台了一系列高校毕业生等青年就业的促进政策，各地也在加紧抓实抓细政策落实。

下阶段，随着经济持续恢复，用工需求继续扩大，加之稳就业政策持续显效，就业形势有望保持总体稳定。

（资料来源：国家统计局，2023 年 7 月 17 日）

稳就业，经济发展是根本。就业状况很大程度上取决于经济增长的质量和速度。要看到，我国经济韧性强、潜力大、活力足，长期向好的基本面没有变，这为保持就业形势总体稳定奠定了坚实基础。2023 年以来，国内需求稳步扩大，消费带动作用增强，市场用工需求增加，促进就业形势整体好转；服务业增势较好，促进就业容量扩大，交通运输、住宿餐饮、旅游等行业较快增长，对就业的带动作用明显增强。这都说明，我国经济持续恢复向好，对就业带动作用会不断增强，就业形势将在总体稳定基础上不断改善。我们完全有底气、有理由相信，随着经济持续好转，高校毕业生等青年就业将逐步改善。

随着高校毕业季的到来，一系列稳就业政策不断发力。接连推出延政策、增信贷、降成本举措，为广大企业减负担、增后劲，支持中小微企业和民营企业吸纳就业，助力企业留工稳岗；发挥创业带动就业的作用，激发新业态新模式创造就业的潜力，促进新岗位新职业不断涌现，培育更多就业增长点；健全完善就业公共服务体系，开展职业技能培训，促进信息互联互通、资源共享，提高人岗匹配效率……当前，各地各部门打出政策组合拳，从帮扶经营主体、拓宽就业渠道、促进供需匹配、完善就业服务等方面多管齐下，为高校毕业生等青年就业提供有力的政策托举。

就业稳则民心安、社会稳。着眼经济发展大势，我们对稳就业具有坚定信心、稳定预期。切实把就业这个最大的民生工程、民心工程、根基工程抓好，增强就业的适配性稳定性，扎实做好高校毕业生等青年就业工作，不仅将提升千家万户的民生福祉，更将为经济社会高质量发展提供强大的人力资源支撑。

思政园地——中国风采

聚焦“五个精准”推动毕业生就业工作提质增效

高校毕业生就业是国之大计也是民生之本。近年来，海南师范大学结合办学方向和经济社会发展需要，不忘立德树人初心，牢记为党育人、为国育才使命，坚守教师教育主责主业，将扎实做好就业创业工作作为推动学校高质量发展、服务海南自贸港建设的重要举措，以聚焦精准谋划就业工作、精准开展就业指导、精准拓宽就业市场、精准做好就业帮扶、精准做实就业统计“五个精准”为抓手，不断推动毕业生就业工作提质增效。

精准谋划就业工作　筑牢就业育人共同体

学校切实落实就业“一把手”工程，建立校党委书记和校长、学院党委书记和院长担任就业工作领导小组组长的校院两级就业工作双组长的领导机制以及“学校主导—职能部门联动—院系落实—全员推动”的就业工作机制。学校将2023届毕业生就业创业工作列入学校党政年度工作要点，纳入学校10件民生实事，累计组织召开16次校级就业创业工作推进会，及时发现和解决各种问题，确保工作开展有计划、有检查、有督导。

学校积极压实工作责任，建立常态化制度化的就业创业工作考核激励机制。充分发挥学院在就业创业工作中的主体作用，将学生就业创业工作纳入《海南师范大学二级学院目标管理绩效考核实施办法》考核指标中，修订《海南师范大学毕业生就创业工作年度量化考评办法》等一系列相关文件，进一步规范就业创业工作，鼓励全员投入就业创业工作，把就业创业工作融入日常教学活动各个环节。

精准开展就业指导　提升就业创业竞争力

前置生涯规划教育，促进学生职业发展。学校分别在大一、大三开设《大学生职业生涯规划》《大学生就业指导》公共必修课程，通过课程建设实现就业指导全过程教育，帮助学生明确就业意向，做好求职准备。举办职业生涯体验活动，通过开展校级职业生涯规划大赛、行业调研、职业体验等职业调查和体验活动，提升学生就业能力。

转变毕业生就业观念，提升毕业生就业创业能力。学校及时向毕业生推送宣传国家及省市就业政策，宣传毕业生就业典型事迹。学校教师李蔺同志荣获2022年“全国高校毕业生基层就业卓越奖”教师荣誉称号，2013届毕业生杜亚春荣获“全国高校毕业生基层就业卓越奖”学生荣誉称号，对推动毕业生就业起到了积极的榜样示范作用。学校举办线上求职训练和线下求职指导讲座120余场次，累计参训1.3万人次；依托国家大学科技园等基地为毕业生创新创业提供实践场所、项目培育、政策咨询、团队孵化、成果展示等全方位支持。

精准拓宽就业市场　打通就业供需“最后一公里”

学校大力推进“书记校长访企拓岗促就业”专项行动。2022—2023年度，校党委书记、校长亲自带队，全体校领导及各部门、各学院积极参与，奔赴市县，进园区、进行业、进企业、进学校，自2022年9月1日起，累计走访企业237家，拓宽就业岗位5 000余个，建立校企合作基地20余个。

充分利用各类渠道和平台，扩大就业岗位供给。学校组织校园宣讲会112场，提供岗位近5 000个；大型招聘会10场，参会企业1 037家，提供各类岗位共4万余个。安排专人归集推送岗位，及时向学院、毕业生发布，为2023届毕业生累计推送招聘信息85期（15条/期），累计1 275条，共提供岗位3万余个。组织毕业生参加“大学生志愿服务西部计划”“三支一扶”“农村教师特岗计划”“选调生”“大学生村官计划”、征兵入伍、科研助理、第二学位等项目，帮助解决实际困难。学校应用“智能系统+微信平台”的“1+1”构架，建设就业智能平台，将用人单位的岗位要求、工资待遇、工作地点与学生的专业、求职意向相匹配，实现精准推送、及时服务，提升了就业管理服务效率。

精准做好就业帮扶　助力困难毕业生就业

探索形成就业困难毕业生就业帮扶体系。学校出台《关于开展2023届毕业生就业精准帮扶工作的通知》，对未就业毕业生的就业意向、进展、困境等情况进行摸底统计，实施“一类一方”“一生一策”精准帮扶举措，有效地解决了“慢就业”问题。2023届困难毕业生初次去向落实率较整体毕业去向落实率高7.15个百分点。

持续做好“宏志助航计划”项目，为低收入家庭毕业生开展就业能力培训。学校采取“10次线上大课教学、3次线下研讨、1次重点园区参访”的“理论+实操”的方式，针对509名学员开展就业帮扶，累计开展45次宏志助航就业指导活动，培训获得学员广泛好评。发挥基地辐射带动作用，培训对象覆盖省内7所本科高校就业困难学生，更好地发挥了省级培训平台作用，完成了针对450名困难毕业生学员的就业帮扶任务。

精准做实就业统计　增强统计数据说服力

加强就业统计政策学习，落实责任主体，明确底线红线。学校组织学习教育部、教育厅关于统计工作的要求，制订《关于做好2023届毕业生就业材料报送和就业统计工作的通知》等文件指导统计工作，规范签约行为和统计行为，确保就业数据真实准确。

加强材料审核与数据核查。学校采取全员普查、新增必查、学院自查、学校核查的方式对就业统计数据进行了6轮校级全面核查，未发现违反“四不准”工作纪律的情况。通过扎实开展就业统计工作，为做好毕业生就业的跟踪指导与服务工作奠定了坚实基础。

（资料来源：《光明日报》，2023年11月10日，有改动）

三、加快建设中国特色社会主义教育强国

党的十八大以来，党中央坚持把教育作为国之大计、党之大计，做出加快教育现代化、建设教育强国的重大决策，推动新时代教育事业取得历史性成就、发生格局性变化。我国已建成世界上规模最大的教育体系，教育现代化发展总体水平跨入世界中上国家行列。据测算，我国目前的教育强国指数居全球第23位，比2012年上升 26位，是进步最快的国家。这充分证明，中国特色社会主义教育发展道路是完全正确的。

我们要建设的教育强国，是中国特色社会主义教育强国，必须以坚持党对教育事业的全面领导为根本保证，以立德树人为根本任务，以为党育人、为国育才为根本目标，以服务中华民族伟大复兴为重要使命，以教育理念、体系、制度、内容、方法、治理现代化为基本路径，以支撑引领中国式现代化为核心功能，最终是办好人民满意的教育。

与时俱进
建设世界一流大学

培养什么人、怎样培养人、为谁培养人是教育的根本问题，也是建设教育强国的核心课题。我们建设教育强国的目的，就是培养一代又一代德智体美劳全面发展的社会主义建设者和接班人，培养一代又一代在社会主义现代化建设中可堪大用、能担重任的栋梁之材，确保党的事业和社会主义现代化强国建设后继有人。要坚持不懈用新时代中国特色社会主义思想铸魂育人，着力加强社会主义核心价值观教育，引导学生树立坚定的理想信念，永远听党话、跟党走，矢志奉献国家和人民。坚持改革创新，推进大中小学思想政治教育一体化建设，提高思政课的针对性和吸引力。提高网络育人能力，扎实做好互联网时代的学校思想政治工作和意识形态工作。

要坚持把高质量发展作为各级各类教育的生命线，加快建设高质量教育体系。建设教育强国，基点在基础教育。基础教育搞得越扎实，教育强国步伐就越稳、后劲就越足。要推进学前教育普及普惠安全优质发展，推动义务教育优质均衡发展和城乡一体化。基础教育既要夯实学生的知识基础，也要激发学生崇尚科学、探索未知的兴趣，培养其探索性、创新性思维品质。要在全社会树立科学的人才观、成才观、教育观，加快扭转教育功利化倾向，形成健康的教育环境和生态。建设教育强国，龙头是高等教育。要把加快建设中国特色、世界一流的大学和优势学科作为重中之重，大力加强基础学科、新兴学科、交叉学科建设，瞄准世界科技前沿和国家重大战略需求推进科研创新，不断提升原始创新能力和人才培养质量。要建设全民终身学习的学习型社会、学习型大国，促进人人皆学、处处能学、时时可学，不断提高国民受教育程度，全面提升人力资源开发水平，促进人的全面发展。

要把服务高质量发展作为建设教育强国的重要任务。建设教育强国、科技强国、人才强国具有内在一致性和相互支撑性，要把三者有机结合起来、一体统筹推进，形成推动高质量发展的倍增效应。进一步加强科学教育、工程教育，加强拔尖创新人才自主培养，为解决我国关键核心技术攻关提供人才支撑。系统分析我国各方面人才发展趋势及缺口状况，根据科学技术发展态势，聚焦国家重大战略需求，动态调整优化高等教育学科设置，有的放矢培养国家战略人才和急需紧缺人才，提升教育对高质量发展的支撑力、贡献力。统筹职业教育、高等教育、继续教育，推进职普融通、产教融合、科教融汇，源源不断培养高素质技术技能人才、大国工匠、能工巧匠。

从教育大国到教育强国是一个系统性跃升和质变，必须以改革创新为动力。要坚持系统观念，统筹推进育人方式、办学模式、管理体制、保障机制改革，坚决破除一切制约教育高质量发展的思想观念束缚和体制机制弊端，全面提高教育治理体系和治理能力现代化水平。把促进教育公平融入深化教育领域综合改革的各方面各环节，缩小教育的城乡、区域、校际、群体差距，努力让每个孩子都能享有公平而有质量的教育，更好满足群众对“上好学”的需要。深化新时代教育评价改革，构建多元主体参与、符合中国实际、具有世界水平的教育评价体系。加强教材建设和管理，牢牢把握正确政治方向和价值导向，用心打造培根铸魂、启智增慧的精品教材。教育数字化是我国开辟教育发展新赛道和塑造教育发展新优势的重要突破口。进一步推进数字教育，为个性化学习、终身学习、扩大优质教育资源覆盖面和教育现代化提供有效支撑。

要完善教育对外开放战略策略，统筹做好“引进来”和“走出去”两篇大文章，有效利用世界一流教育资源和创新要素，使我国成为具有强大影响力的世界重要教育中心。要积极参与全球教育治理，大力推进“留学中国”品牌建设，讲好中国故事、传播中国经验、发出中国声音，增强我国教育的国际影响力和话语权。

强教必先强师。要把加强教师队伍建设作为建设教育强国最重要的基础工作来抓，健全中国特色教师教育体系，大力培养造就一支师德高尚、业务精湛、结构合理、充满活力的高素质专业化教师队伍。弘扬尊师重教社会风尚，提高教师政治地位、社会地位、职业地位，使教师成为最受社会尊重的职业之一，支持和吸引优秀人才热心从教、精心从教、长期从教、终身从教。加强师德师风建设，引导广大教师坚定理想信念、陶冶道德情操、涵养扎实学识、勤修仁爱之心，树立“躬耕教坛、强国有我”的志向和抱负，坚守三尺讲台，潜心教书育人。

建设教育强国是全党全社会的共同任务。要坚持和加强党对教育工作的全面领导，不断完善党委统一领导、党政齐抓共管、部门各负其责的教育领导体制。各级党委和政府要始终坚持教育优先发展，在组织领导、发展规划、资源保障、经费投入上加大力度。学校、家庭、社会要紧密合作、同向发力，积极投身教育强国实践，共同办好教育强国事业。全党全国人民要坚定信心、久久为功，为早日实现教育强国目标而共同努力。

思政园地——中国风采

“一生一策一计划”：聚焦人才自主培养质量

近年来，兰州大学通过本研贯通式拔尖创新人才培养机制实践，持续优化本研一体化的教育教学体系，为学生提供了培养方式的多样化选择，为全面提升人才自主培养质量进行了有益探索。

学校本研贯通人才培养模式的发展经历了3个重要阶段，形成了现行的“一生一策一计划”本研贯通式拔尖创新人才培养模式。

第一阶段，以课程前置为特点的1.0版。2008年，兰州大学基于推免生开始了本研贯通的实践探索。学校在本科第四学年开设研究生阶段的公共课，丰富和充实推免生的学业内容。学生得以提前了解、熟悉、适应研究生阶段的学习方式，增加了研究生阶段的适应期、调整期时长，拥有更好的学习体验。与此同时，推免生在导师指导下提前开展较为扎实、系统性的科研训练，并将本科与研究生阶段的科研训练贯通、一体化推进，为进入研究生阶段开展学术研究打好基础。在此过程中，导师与学生的科研训练目标感更强，学生的学习积极性、主动性也能得到充分激发。从当时的效果来看，推免生对学校探索本研衔接培养的举措高度认可。

第二阶段，以“优培计划”为模式的2.0版。2014年，学校启动了优秀推免生培育计划，从制度上将推免生修读研究生阶段的课程、进入导师课题组开展科研实践、学业奖学金支持等政策予以优化和强化。同时，从学校层面，注重政策的顶层设计与推进，进一步明晰了学校、学院和导师的责任。根据学生参与科研情况，由学院、导师设立助研岗位和助研奖学金，强化学院、导师在本研衔接培养中的主体责任，从制度与机制上保障了推免生享有的教育教学资源。

第三阶段，以“一生一策一计划”为目标的3.0版。2020年，学校发布《本研贯通人才培养计划实施办法》。2021年，首批21个学院试点先行。到目前，已有32个二级学院开展本研贯通人才培养。相关学院在大二学期结束时，选拔有志向和意愿的学生进行为期一年的培养，给学生一学年的适应、磨合与选择期；在大三学期末进行考核，突出科研和培养潜质考查，通过考核的学生可以进入研究生学习阶段。

目前，学校2021年遴选的106名学生已进入研究生学籍阶段，2022年遴选的162名学生和114名“强基计划”学生已进入研究生学习阶段。

现阶段，学校更加明确地提出了本研贯通计划的建设目标，以基础理科、基础文科、基础医学等专业人才培养为重点，聚焦生命健康全周期、高端芯片与软件、智能科技、新材料、新能源、先进制造和国家安全等关键领域以及国家人才紧缺的人文社会科学领域，构建拔尖创新人才培养新体系，推动人才培养内涵式变革。

校院联动　构建本研贯通人才培养机制

在本研贯通计划实施的过程中，学校将“以学生为中心”的理念深植于人才培养全过程，突出学院在本研贯通培养过程中的主体作用，形成了校院两级权责明晰、各有侧重、协同推进的工作机制。

教务处、研究生院负责学业发展等制度政策、资源配置、管理机制的顶层设计和系统推进；学工部、研工部负责学生日常教育与管理；后勤保障部门负责学生跨校区住宿、交通保障等工作；学院具体负责本研贯通人才培养实施工作，结合专业特点，重点从本研课程体系、实践能力、科研训练、专业兴趣、学术志趣、学业管理等方面开展实践探索。

有机贯通　形成本硕博一体化培养方案

本研贯通人才培养的基础性工作在于构建本研一体化人才培养方案，以实现本研人才培养两个阶段的有机贯通。

学校从学科专业角度出发，重塑培养过程、培养环节、培养要素的衔接机制。首先，将本科与研究生两个阶段的专业培养方案进行整合与融合，设置本科、硕士、博士分阶段培养目标和毕业（学位授予）要求。其次，梳理课程内容和关键知识点，明确专业基础课程、专业核心课程、专业发展课程、学科研究方向课程的层级、关联性和先后顺序。再次，明晰课程目标、重构课程教学大纲，在专业发展课程模块设置高阶性贯通课程，积极构建知识结构完整、课程衔接合理、培养环节优化的本研一体化课程体系。

在导师的参与下，学校以硕士或博士为培养目标制定“一生一策”的培养计划。学生在本科三年级进入导师课题组开展科研训练，培养其学术志趣和科研方向认知度。通过“双向选择”确立导学关系、科研实验室轮转制度、专项创新项目、读书班与讨论班等，激发学生的内生动力、学习潜能，培养学生终身学习、获取信息以及分析与解决问题的能力，特别注重培养学生的沟通与交流表达能力，好奇心、想象力与批判性思维等创新力。

三个体系　厚植拔尖创新人才培养沃土

学校瞄准三个体系，夯实“通”的内涵，为有突出培养潜质的拔尖学生营造“冒”出来的氛围和环境。

一是重构专业兴趣、学术志趣培养体系，提升学生对创新的感知度。实施低年级以兴趣为牵引的探究式学习、研究性学习，高年级以志趣为牵引的实践探索和科研训练计划。注重学生的创新认知、创新意识培养是本研贯通的核心内涵。首先，树立科学成才观。突出培养潜质，完善科学选才、鉴才、育才的体制机制，注重世界观、人生观、价值观塑造，将兴趣引导贯穿本研贯通培养全过程。其次，建立学生成长与全面发展的评价体系。优化和改革教育教学评价，注重考核评价机制改革。丰富过程性考核内涵，增加非标准性、开放性等注重能力与素质的考核内容；重塑以高阶性学习、探究真知为引领的学生荣誉体系；优化评奖评优、荣誉学士学位等评价指标体系。再次，推进无缝衔接的管理机制和育人生态建设。从学科专业角度出发，构建上下贯通、左右协调及全要素全过程统筹的本研贯通整体框架，建设新的创新氛围与文化。

二是构建核心课程体系，提升学生的专业核心能力。通过逐步明晰学术志趣，逐级开展高阶学习、阶梯式创新思维与创新能力训练等，构建“知识—能力—素质”的育人全链条。探索建立模块化、递进式核心课程体系建设机制，构建专业核心课程体系清单，依托校内外资源联合打造一流课程群，通过课前、课中、课后紧密衔接的教学方式等，驱动教学模式创新，夯实学生学科知识与方法，提升学科思维的精深度。塑造学生对学科专业核心知识掌握的深度，培养学生对跨学科专业知识掌握的宽度，强化发现问题、提出问题、分析问题和解决问题能力的纵深化培养，塑造学生的专业核心竞争力。

三是畅通科研能力训练体系，培养学生的创新潜质。营造崇尚科学、追求卓越的创新文化，重构学术能力培养教学环节，完善学年论文、学术周、学术素养培育计划，营造“引导+兴趣”的“浸、润、染”式的创新环境。以全国重点实验室、前沿科学中心等重点科研基地为平台，以解决重大科学技术问题的项目为载体，建立大师引领、项目驱动的优质创新教育资源供给机制，完善学生早进实验室、早进课题组、早接触科研的培养机制。拓宽学生深度获取学术前沿问题的渠道，搭建实践训练、科研见习、学术意识培养的进阶式科研育人平台，建立校内外融合的一流学者领航、多学科交叉融合、学术前沿吸引的优质教育资源平台。依托萃英大讲坛、学术周等平台，打造高质量的学术论坛、讲座、报告等学术思想殿堂，利用学术沙龙、主题报告、科研小组等方式，构建学生朋辈思想交流、启迪思维的浓郁学术氛围。利用在校研究生建立“朋辈导师”模式，吸引学生参与研究生的科研工作，发挥科研创新氛围对学生的熏陶作用。

反思改进　如何突破瓶颈推动探索深化

当前，本研贯通人才培养探索的3.0版刚刚起步，还存在一些亟待破解的瓶颈问题。

一是本研贯通教育体系的系统性研究不够。本研贯通的理论体系、内容体系、管理机制、实践模式等均处于摸索阶段，缺乏从教育体系的整体性方面进行深度研究与思考。相关高校有必要共同加快对做法、经验的总结和交流研讨，形成经验方法的互鉴群体，共同推动本研贯通教育体系往深里走。尤其需要从教育理念、制度体系和培养模式等方面加强理论研究、实践经验总结，加大课程体系、教材体系等方面的渐进式培育与建设，以系统性研究推进人才培养内涵式变革，为优秀学生脱颖而出、施展才华搭建平台。

二是教育评价改革有待持续推进。围绕本研贯通人才培养计划，需要淡化功利化色彩，着重从选才、鉴才、育才等方面进行优化和完善。遵循教育规律和人的成长与发展规律，注重从志向、潜质、能力、素质等维度，持续探索和建立科学的评价体系与机制，引导和培育学生崇尚科学、潜心学术、追求卓越的志趣，真正选拔、培养一批学术兴趣浓厚的拔尖创新人才。

三是拔尖创新人才脱颖而出的创新氛围需要持续优化。学校需要健全和完善以增长学生知识见识、提升学生综合素质和能力的多元化、多维度、进阶式实践教学体系，构建提升学生发现问题、提出问题、分析问题和解决问题能力的培养体系。充分发挥环境在育人中的作用，以好奇心、想象力和批判性思维为牵引，革新教育理念，塑造大学教学文化、创新文化。以熏陶、浸润为方式，以激发学习兴趣、培养自主学习能力为核心，探索科学研究能力基本训练模式，提升学生对创新的感知与认知度，注重创新意识的培养与训练。优化以兴趣和志趣为牵引的探索与钻研的制度环境，培养学生扎实的科学素养和科学精神。

四是多学段出口与本硕博贯通培养相融合的模式有待探索。目前，本研贯通计划还处在起步阶段，存在诸多需要健全和完善的内容。例如，本研学籍管理还存在制度上的障碍，学生的盲从、功利等多因素交织，本研贯通的真正连续学程、知识体系、课程体系、教材体系、能力培养体系、科研训练体系、创新意识与创新能力构建体系等均处于探索阶段。

（资料来源：《中国教育报》，2023 年 12 月 11 日，有改动）

四、加强基础研究，实现高水平科技自立自强

加强基础研究，是实现高水平科技自立自强的迫切要求，是建设世界科技强国的必由之路。党和国家历来重视基础研究工作。中华人民共和国成立后，党中央发出“向科学进军”号召，广大科技工作者自力更生、艰苦奋斗，取得“两弹一星”关键科学问题、人工合成牛胰岛素、多复变函数论突破、哥德巴赫猜想证明等重大基础研究成果。改革开放后，我国迎来“科学的春天”，先后实施“863 计划”“攀登计划”“973 计划”，基础研究整体研究实力和学术水平显著增强。党的十八大以来，党中央把提升原始创新能力摆在更加突出的位置，成功组织一批重大基础研究任务、建成一批重大科技基础设施，基础前沿方向重大原创成果持续涌现。

当前，新一轮科技革命和产业变革深入发展，学科交叉融合不断推进，科学研究范式发生深刻变革，科学技术和经济社会发展加速渗透融合，基础研究转化周期明显缩短，国际科技竞争向基础前沿前移。应对国际科技竞争、实现高水平科技自立自强，推动构建新发展格局、实现高质量发展，迫切需要我们加强基础研究，从源头和底层解决关键技术问题。正因为如此，党的二十大报告突出强调要加强基础研究、突出原创、鼓励自由探索，做出战略部署，要切实落实到位。

（一）强化基础研究前瞻性、战略性、系统性布局

基础研究处于从研究到应用、再到生产的科研链条起始端，地基打得牢，科技事业大厦才能建得高。加强基础研究要突出前瞻性、战略性需求导向，优化资源配置和布局结构，为创新发展提供基础理论支撑和技术源头供给。

要坚持“四个面向”，坚持目标导向和自由探索“两条腿走路”，把世界科技前沿同国家重大战略需求和经济社会发展目标结合起来，统筹遵循科学发展规律提出的前沿问题和重大应用研究中抽象出的理论问题，凝练基础研究关键科学问题。要把握科技发展趋势和国家战略需求，加强基础研究重大项目可行性论证和遴选评估，充分尊重科学家意见，把握大趋势、下好“先手棋”。要强化国家战略科技力量，有组织推进战略导向的体系化基础研究、前沿导向的探索性基础研究、市场导向的应用性基础研究，注重发挥国家实验室引领作用、国家科研机构建制化组织作用、高水平研究型大学主力军作用和科技领军企业“出题人”、“答题人”、“阅卷人”作用。要优化基础学科建设布局，支持重点学科、新兴学科、冷门学科和薄弱学科发展，推进学科交叉融合和跨学科研究，构筑全面均衡发展的高质量学科体系。

（二）深化基础研究体制机制改革

世界已经进入大科学时代，基础研究组织化程度越来越高，制度保障和政策引导对基础研究产出的影响越来越大。我国支持基础研究和原始创新的体制机制已基本建立但尚不完善，必须优化细化改革方案，发挥好制度、政策的价值驱动和战略牵引作用。

要稳步增加基础研究财政投入，通过税收优惠等多种方式激励企业加大投入，鼓励社会力量设立科学基金、科学捐赠等多元投入，提升国家自然科学基金及其联合基金资助效能，建立完善竞争性支持和稳定支持相结合的基础研究投入机制。要优化国家科技计划基础研究支持体系，完善基础研究项目组织、申报、评审和决策机制，实施差异化分类管理和国际国内同行评议，组织开展面向重大科学问题的协同攻关，鼓励自由探索式研究和非共识创新研究。要处理好新型举国体制与市场机制的关系，健全同基础研究长周期相匹配的科技评价激励、成果应用转化、科技人员薪酬等制度，长期稳定支持一批基础研究创新基地、优势团队和重点方向，打造原始创新策源地和基础研究先锋力量。提高基础研究投入是大趋势，同时要考虑国家财力，保持合理投入强度，加强实施过程绩效评估，确保“好钢用在刀刃上”。

（三）建设基础研究高水平支撑平台

过去很长一段时间，我国基础研究存在题目从国外学术期刊上找、仪器设备从国外进口、取得成果后再花钱到国外期刊和平台上发表的“两头在外”问题。近年来，我国着力打造世界一流科技期刊、建成一批大国重器，基础研究支撑平台建设取得长足进步，但是从根本上破解“两头在外”问题还任重道远。

我们要协同构建中国特色国家实验室体系，布局建设基础学科研究中心，加快建设基础研究特区，超前部署新型科研信息化基础平台，形成强大的基础研究骨干网络。要科学规划布局前瞻引领型、战略导向型、应用支撑型重大科技基础设施，强化设施建设事中事后监管，完善全生命周期管理，全面提升开放共享水平和运行效率。要打好科技仪器设备、操作系统和基础软件国产化攻坚战，鼓励科研机构、高校同企业开展联合攻关，提升国产化替代水平和应用规模，争取早日实现用我国自主的研究平台、仪器设备来解决重大基础研究问题。要加快培育世界一流科技期刊，建设具有国际影响力的科技文献和数据平台，发起高水平国际学术会议，鼓励重大基础研究成果率先在我国期刊、平台上发表和开发利用。

（四）加强基础研究人才队伍建设

加强基础研究，归根结底要靠高水平人才。近年来，我国深入实施人才强国战略，深化人才体制机制改革，取得显著成效，但基础研究人才队伍仍有明显短板。必须下气力打造体系化、高层次基础研究人才培养平台，让更多基础研究人才竞相涌现。

要加大各类人才计划对基础研究人才支持力度，培养使用战略科学家，支持青年科技人才挑大梁、担重任，积极引进海外优秀人才，不断壮大科技领军人才队伍和一流创新团队。要明确“破四唯”后怎么“立”的评价方式和标准，完善基础研究人才差异化评价和长周期支持机制，赋予科技领军人才更大的人财物支配权和技术路线选择权，构建符合基础研究规律和人才成长规律的评价体系。要加强科研学风作风建设，坚持科学监督与诚信教育相结合，纵深推进科研作风学风治理，引导科技人员摒弃浮夸、祛除浮躁，坐住坐稳“冷板凳”。要坚持走基础研究人才自主培养之路，深入实施 “中学生英才计划”“强基计划”“基础学科拔尖学生培养计划”，优化基础学科教育体系，发挥高校特别是“双一流”高校基础研究人才培养主力军作用，加强国家急需高层次人才培养，源源不断地造就规模宏大的基础研究后备力量。

新闻角

2023 年 11 月 7 日，复旦大学成立相辉研究院。作为第一个承接上海高校基础研究高地建设任务的新型管理服务平台，研究院聚焦基础研究领域，为优秀人才提供学术支持和优质服务，旨在打造基础研究的前沿重镇和全球英才的学术殿堂。

中国科学院院士、复旦大学化学与材料学院赵东元教授受聘为相辉研究院首任院长，物理学系教授张远波、生命科学学院教授鲁伯埙、上海数学中心教授沈维孝、附属肿瘤医院研究员徐彦辉、附属华山医院教授徐文东、基础医学院教授雷群英等 6 位复旦科学家受聘为首批“相辉学者”。除了首批 6 位复旦科学家，研究院将面向海内外招聘“相辉学者”，重点引进最近 5 年取得系统性、有国际影响力的基础研究重大成果，能够提出广泛认知性、原创性、挑战性的关键科学问题的顶尖科学家、青年杰出人才，将与相关院系一起探索建立主动引才、大师荐才、上门聘才的杰出人才聘请新机制，建立健全优秀青年人才发掘聚集机制。

据悉，研究院将发挥“基础研究人才特区”的功能，以深化人才服务管理体制机制的系统性改革为核心，致力于建立符合基础研究发展规律和有利于青年人才成长的研究环境，培植孕育基础研究顶尖人才辈出的沃土。研究院将实施基于国内外同行评价的长周期（10 年或以上）学术评价，建立开放活跃的学术开放交流机制，营造创新开放的科研生态。

（资料来源：中国教育新闻网，2023 年 11 月 9 日）

（五）广泛开展基础研究国际合作

当前，国际科技合作面临少数国家单边主义、保护主义的冲击和挑战。人类要破解共同发展难题，比以往任何时候都更需要国际合作和开放共享，没有一个国家可以成为独立的创新中心或独享创新成果。我国要坚持以更加开放的思维和举措扩大基础研究等国际交流合作，营造具有全球竞争力的开放创新生态。

我们要构筑国际基础研究合作平台，牵头实施国际大科学计划和大科学工程，设立面向全球的科学研究基金，加大国家科技计划对外开放力度，围绕气候变化、能源安全、生物安全、外层空间利用等全球问题，拓展和深化中外联合科研。要前瞻谋划和深度参与全球科技治理，参加或发起设立国际科技组织，支持国内高校、科研院所、科技组织同国际对接，完善法律法规、伦理审查规则和监管框架。我们要敢于斗争、善于斗争，努力增进国际科技界开放、信任、合作，以更多重大原始创新和关键核心技术突破为人类文明进步做出新的更大贡献，并有效维护我国的科技安全利益。

（六）塑造有利于基础研究的创新生态

开展基础研究既需要物质保障，更需要精神激励。我国几代科技工作者通过接续奋斗铸就的“两弹一星”精神、西迁精神、载人航天精神、科学家精神、探月精神、新时代北斗精神等，共同塑造了中国特色创新生态，成为支撑基础研究发展的不竭动力。

要在全社会大力弘扬追求真理、勇攀高峰的科学精神，广泛宣传基础研究等科技领域涌现的先进典型和事迹，教育引导广大科技工作者传承老一辈科学家以身许国、心系人民的光荣传统，把论文写在祖国的大地上，把科研成果应用在全面建设社会主义现代化国家的伟大事业中。要加强国家科普能力建设，深入实施全民科学素质提升行动，线上线下多渠道传播科学知识、展示科技成就，树立热爱科学、崇尚科学的社会风尚。要切实推进科教融汇，在教育“双减”中做好科学教育加法，播撒科学种子，激发青少年好奇心、想象力、探求欲，培育具备科学家潜质、愿意献身科学研究事业的青少年群体。

五、推动我国金融高质量发展

金融是国民经济的血脉，是国家核心竞争力的重要组成部分，要加快建设金融强国，全面加强金融监管，完善金融体制，优化金融服务，防范化解风险，坚定不移走中国特色金融发展之路，推动我国金融高质量发展，为以中国式现代化全面推进强国建设、民族复兴伟业提供有力支撑。

党的十八大以来，在党中央集中统一领导下，金融系统有力支撑经济社会发展大局，坚决打好防范化解重大风险攻坚战，为如期全面建成小康社会、实现第一个百年奋斗目标做出了重要贡献。党中央把马克思主义金融理论同当代中国具体实际相结合、同中华优秀传统文化相结合，努力把握新时代金融发展规律，持续推进我国金融事业实践创新、理论创新、制度创新，奋力开拓中国特色金融发展之路，强调必须坚持党中央对金融工作的集中统一领导，坚持以人民为中心的价值取向，坚持把金融服务实体经济作为根本宗旨，坚持把防控风险作为金融工作的永恒主题，坚持在市场化法治化轨道上推进金融创新发展，坚持深化金融供给侧结构性改革，坚持统筹金融开放和安全，坚持稳中求进工作总基调。这些实践成果、理论成果来之不易。同时要清醒看到，金融领域各种矛盾和问题相互交织、相互影响，有的还很突出，经济金融风险隐患仍然较多，金融服务实体经济的质效不高，金融乱象和腐败问题屡禁不止，金融监管和治理能力薄弱。金融系统要切实提高政治站位，胸怀“国之大者”，强化使命担当，下决心从根本上解决这些问题，以金融高质量发展助力强国建设、民族复兴伟业。

当前和今后一个时期，做好金融工作必须坚持和加强党的全面领导，以习近平新时代中国特色社会主义思想为指导，全面贯彻党的二十大精神，完整、准确、全面贯彻新发展理念，深刻把握金融工作的政治性、人民性，以加快建设金融强国为目标，以推进金融高质量发展为主题，以深化金融供给侧结构性改革为主线，以金融队伍的纯洁性、专业性、战斗力为重要支撑，以全面加强监管、防范化解风险为重点，坚持稳中求进工作总基调，统筹发展和安全，牢牢守住不发生系统性金融风险的底线，坚定不移走中国特色金融发展之路，加快建设中国特色现代金融体系，不断满足经济社会发展和人民群众日益增长的金融需求，不断开创新时代金融工作新局面。

高质量发展是全面建设社会主义现代化国家的首要任务，金融要为经济社会发展提供高质量服务。要着力营造良好的货币金融环境，切实加强对重大战略、重点领域和薄弱环节的优质金融服务。始终保持货币政策的稳健性，更加注重做好跨周期和逆周期调节，充实货币政策工具箱。优化资金供给结构，把更多金融资源用于促进科技创新、先进制造、绿色发展和中小微企业，大力支持实施创新驱动发展战略、区域协调发展战略，确保国家粮食和能源安全等。盘活被低效占用的金融资源，提高资金使用效率。做好科技金融、绿色金融、普惠金融、养老金融、数字金融 5 篇大文章。要着力打造现代金融机构和市场体系，疏通资金进入实体经济的渠道。优化融资结构，更好发挥资本市场枢纽功能，推动股票发行注册制走深走实，发展多元化股权融资，大力提高上市公司质量，培育一流投资银行和投资机构。促进债券市场高质量发展。完善机构定位，支持国有大型金融机构做优做强，当好服务实体经济的主力军和维护金融稳定的压舱石，严格中小金融机构准入标准和监管要求，立足当地开展特色化经营，强化政策性金融机构职能定位，发挥保险业的经济减震器和社会稳定器功能。强化市场规则，打造规则统一、监管协同的金融市场，促进长期资本形成。健全法人治理，完善中国特色现代金融企业制度，完善国有金融资本管理，拓宽银行资本金补充渠道，做好产融风险隔离。要着力推进金融高水平开放，确保国家金融和经济安全。坚持“引进来”和“走出去”并重，稳步扩大金融领域制度型开放，提升跨境投融资便利化，吸引更多外资金融机构和长期资本来华展业兴业。增强上海国际金融中心的竞争力和影响力，巩固提升香港国际金融中心地位。

要全面加强金融监管，有效防范化解金融风险。切实提高金融监管有效性，依法将所有金融活动全部纳入监管，全面强化机构监管、行为监管、功能监管、穿透式监管、持续监管，消除监管空白和盲区，严格执法、敢于亮剑，严厉打击非法金融活动。及时处置中小金融机构风险。建立防范化解地方债务风险长效机制，建立同高质量发展相适应的政府债务管理机制，优化中央和地方政府债务结构。促进金融与房地产良性循环，健全房地产企业主体监管制度和资金监管，完善房地产金融宏观审慎管理，一视同仁满足不同所有制房地产企业合理融资需求，因城施策用好政策工具箱，更好支持刚性和改善性住房需求，加快保障性住房等“三大工程”建设，构建房地产发展新模式。维护金融市场稳健运行，规范金融市场发行和交易行为，合理引导预期，防范风险跨区域、跨市场、跨境传递共振。加强外汇市场管理，保持人民币汇率在合理均衡水平上的基本稳定。防范化解金融风险，要把握好权和责的关系，健全权责一致、激励约束相容的风险处置责任机制；把握好快和稳的关系，在稳定大局的前提下把握时度效，扎实稳妥化解风险，坚决惩治违法犯罪和腐败行为，严防道德风险；对风险早识别、早预警、早暴露、早处置，健全具有硬约束的金融风险早期纠正机制。

加强党中央对金融工作的集中统一领导，是做好金融工作的根本保证。要完善党领导金融工作的体制机制，发挥好中央金融委员会的作用，做好统筹协调把关。发挥好中央金融工作委员会的作用，切实加强金融系统党的建设。发挥好地方党委金融委员会和金融工委的作用，落实属地责任。要坚持政治过硬、能力过硬、作风过硬标准，锻造忠诚干净担当的高素质专业化金融干部人才队伍。要在金融系统大力弘扬中华优秀传统文化，坚持诚实守信、以义取利、稳健审慎、守正创新、依法合规。要加强金融法治建设，及时推进金融重点领域和新兴领域立法，为金融业发展保驾护航。

扎实推动经济高质量发展

2023 年是全面贯彻党的二十大精神开局之年，中国经济走势举世关注。

2023 年以来，以习近平同志为核心的党中央团结带领全党全国各族人民，更好统筹国内国际两个大局，更好统筹疫情防控和经济社会发展，更好统筹发展和安全，完整、准确、全面贯彻新发展理念，加快构建新发展格局，推动国民经济持续恢复、总体回升向好，高质量发展扎实推进，向着实现第二个百年奋斗目标迈出稳健坚实的步伐。

努力实现良好开局——“为全面建设社会主义现代化国家开好局起好步”

盛夏7月，中国向世界亮出半年经济答卷——

国内生产总值同比增长5.5%，社会消费品零售总额同比增长8.2%，固定资产投资同比增长3.8%，第三产业增加值同比增长6.4%……置身复杂严峻的外部环境，随着经济社会全面恢复常态化运行，一系列指标彰显中国经济韧性。

7月21日，中南海。习近平总书记主持召开党外人士座谈会时指出：“我国经济恢复速度在全球主要经济体中处于领先地位，长期向好的基本面没有改变，发展前景光明。”

越是面对风险挑战，越要坚定战略自信，以“中国之治”应对“世界之乱”。

党的二十大擘画了全面建成社会主义现代化强国、以中国式现代化全面推进中华民族伟大复兴的宏伟蓝图。

2022年中央经济工作会议上，习近平总书记就做好2023年经济工作强调，“为全面建设社会主义现代化国家开好局起好步”。

立足新开局，掌舵新航程。

坚持思想引领，牢牢把握高质量发展这一首要任务——

2023年全国两会期间，习近平总书记在参加江苏代表团审议时，勉励江苏“在高质量发展上继续走在前列”，并围绕高质量发展做出重要部署：

加快实现高水平科技自立自强，是推动高质量发展的必由之路；加快构建新发展格局，是推动高质量发展的战略基点；推进农业现代化是实现高质量发展的必然要求；人民幸福安康是推动高质量发展的最终目的；推动高质量发展，必须坚持和加强党的全面领导、坚定不移全面从严治党。

“没有高质量发展，就谈不上社会主义现代化。”习近平总书记话语坚定。

4个月后，7月5日至7日，习近平总书记来到江苏苏州、南京等地考察，进一步提出江苏要“在率先实现社会主义现代化上走在前列，奋力推进中国式现代化江苏新实践，谱写‘强富美高’新江苏现代化建设新篇章”。

习近平总书记的重要讲话，既为江苏发展指明方向，也为各行各业以高质量发展推进中国式现代化领航定向。

高质量发展，是党的二十大报告部署的“全面建设社会主义现代化国家的首要任务”，是中国式现代化的一项本质要求，也是开局之年习近平总书记反复强调的关键词。

2月7日，学习贯彻党的二十大精神研讨班开班式上，习近平总书记强调“推进中国式现代化必须抓好开局之年的工作”“推动高质量发展”；4月3日，学习贯彻习近平新时代中国特色社会主义思想主题教育工作会议上，总书记强调“以推动高质量发展的新成效检验主题教育成果”；4月28日，中共中央政治局会议分析研究当前经济形势和经济工作。会议指出“推动高质量发展仍需要克服不少困难挑战”，强调要“形成推动高质量发展的强大动力”；7月24日，中共中央政治局会议分析研究当前经济形势，部署下半年经济工作。会议提出要“以新气象新作为推动高质量发展取得新成效”……

一系列重要论述重要部署，进一步丰富和发展了习近平经济思想，指引中国经济航船沿着高质量发展方向行稳致远。

坚定前行信心，形成共促高质量发展合力——

“要坚定做好经济工作的信心。”

习近平总书记在2022年中央经济工作会议上这样强调，并就“着力扩大国内需求”“加快建设现代化产业体系”“切实落实‘两个毫不动摇’”“更大力度吸引和利用外资”“有效防范化解重大经济金融风险”等重大问题做出全面部署。

越是关键时刻，越要坚定信心、步调一致向前进。

7月19日，《中共中央　国务院关于促进民营经济发展壮大的意见》发布，充分体现了党中央对民营经济的高度重视和对民营经济人士的深切关怀。

习近平总书记强调：“要引导民营企业和民营企业家正确理解党中央方针政策，增强信心、轻装上阵、大胆发展，实现民营经济健康发展、高质量发展。”

坚持稳中求进工作总基调，加大宏观政策调控力度，着力扩大内需、提振信心、防范风险，不断推动经济运行持续好转、内生动力持续增强、社会预期持续改善、风险隐患持续化解，推动经济实现质的有效提升和量的合理增长……

围绕做好2023年经济工作，党中央做出一系列决策部署，各地各部门有力有效贯彻落实，推动中国经济迎难而上，切实形成高质量发展的强大合力。

二季度以来，世界银行、国际货币基金组织等国际组织和机构纷纷调高2023年中国经济增长预期，彰显对中国高质量发展的信心。国际货币基金组织预计，2023年中国对全球经济增长的贡献率将达到1/3左右。

“全世界都从中国发展中受益。”世界经济论坛主席施瓦布说，中国5%左右的全年经济增长目标令人鼓舞。

推动经济转型升级——“必须更好统筹质的有效提升和量的合理增长”

在上半年经济指标中，一组数据引人关注——

电动载人汽车、锂电池、太阳能电池等“新三样”产品合计出口增长61.6%，拉动中国出口整体增长1.8个百分点；装备制造业增加值同比增长6.5%，对全部规模以上工业增长的贡献率达到53.9%。

经济结构持续优化、发展的内生动力正在累积，这是回稳复苏的印证，也是转型升级的足音。

“推动经济实现质的有效提升和量的合理增长，不断壮大我国经济实力、科技实力、综合国力。”习近平总书记在全国两会期间如此强调。

2023年以来，中国经济处在回稳复苏和产业升级的关键期，内生动力还不强，需求仍然不足，经济转型面临新的阻力，推动高质量发展需克服不少困难挑战。

辩证认识、科学统筹经济发展质和量的关系，坚持以质取胜，以量变的积累实现质变……在习近平经济思想引领下，中国经济在扎实推进转型升级中不断赢得优势、赢得主动。

坚持创新引领，在实现科技自立自强中积蓄发展动能——

“在激烈的国际竞争中，我们要开辟发展新领域新赛道、塑造发展新动能新优势，从根本上说，还是要依靠科技创新。”2023年全国两会期间，习近平总书记提出明确要求。

“要重视实体经济，走自力更生之路，实现科技自立自强”“我们要靠高水平科技自立自强、构建新发展格局来攻克科技难关”……在地方考察中，习近平总书记反复强调创新的紧迫性和重要性。

组建中央科技委员会，重新组建科学技术部……《党和国家机构改革方案》印发，聚焦科技工作前瞻性谋划、系统性布局、整体性推进，加快实现高水平科技自立自强。

神舟十六号载人飞船成功发射，我国首个万吨级光伏制氢项目投产，全球首台16兆瓦海上风电机组并网发电，首艘国产大型邮轮完成试航……2023年以来，许多领域的创新成果让世界眼前一亮。

加快提质增效，在构建现代化产业体系中筑牢发展根基——

上海本地，提供由芯片、软件等组成的“大脑”；向西约200公里外的江苏常州，提供动力电池；向南200多公里外的浙江宁波，提供一体化压铸机……在长三角，一家新能源汽车整车厂可在4小时车程内解决所需配套零部件供应。

产业体系的质量，决定了经济发展的质量。

5月5日，习近平总书记主持召开的二十届中央财经委员会第一次会议强调，建设具有完整性、先进性、安全性的现代化产业体系。

7月24日，习近平总书记主持召开的中共中央政治局会议进一步部署：“加快培育壮大战略性新兴产业、打造更多支柱产业”“要推动数字经济与先进制造业、现代服务业深度融合”。

聚焦薄弱环节补链，深入实施产业基础再造工程；坚持推动传统产业转型升级，大力推进技术改造和设备更新……以现代化产业体系为牵引，从中央到地方，一系列举措加快经济提质增效。

上半年，太阳能电池、工业控制计算机及系统产量分别增长54.5%、34.1%。截至8月初，各地建设数字化车间和智能工厂近8 000个，智能制造新场景、新方案、新模式不断涌现，数字技术赋能效果明显。

推进结构调整，在全面绿色转型中增强竞争力和持续性——

“当前和今后一个时期，绿色发展是我国发展的重大战略。”4月4日，习近平总书记在参加首都义务植树活动时强调。

两个多月后，6月7日下午，正在内蒙古考察的习近平总书记来到呼和浩特市的中环产业园。园区入驻的16家半导体和光伏行业企业竞相跻身国内、国际第一梯队，成为三北地区探索绿色转型发展、走创新之路的一个缩影。

站在屏幕前，习近平总书记细致询问沙漠里的那些大项目，红线、蓝线交织错落，勾勒出新能源发展的勃勃生机。

7月召开的全国生态环境保护大会上，习近平总书记强调，“以高品质生态环境支撑高质量发展，加快推进人与自然和谐共生的现代化”。

上半年，全国光伏新增装机7 842万千瓦，占新增电源总装机比重超50%；截至目前累计推广近3万种绿色产品，建设绿色工厂3 616家、绿色工业园区267家，智能制造示范工厂碳排放平均减少了21.2%……

低碳转型逐"绿"前行，从区域、城乡到产业迈出坚实步伐，充分印证贯彻新发展理念是新时代我国发展壮大的必由之路。

始终坚守人民情怀——"人民幸福安康是推动高质量发展的最终目的"

"治国有常，而利民为本。"

着眼下半年经济工作，7 月 24 日习近平总书记主持召开的中共中央政治局会议明确提出"要加大民生保障力度"。

越是经济运行面临复杂形势，越要切实兜牢民生底线，擦亮发展的温暖底色。

在 2022 年中央经济工作会议上，习近平总书记就 2023 年保障民生所需、增进民生福祉做出一系列重要部署。

2023 年全国两会期间，习近平总书记在参加江苏代表团审议时强调，"必须以满足人民日益增长的美好生活需要为出发点和落脚点，把发展成果不断转化为生活品质，不断增强人民群众的获得感、幸福感、安全感"。

4 月 3 日，在学习贯彻习近平新时代中国特色社会主义思想主题教育工作会议上，习近平总书记提出，"始终同人民同呼吸、共命运、心连心，着力解决人民群众急难愁盼问题"。

5 月 12 日，习近平总书记在河北考察并主持召开深入推进京津冀协同发展座谈会时强调，"要大兴调查研究之风，深入了解群众需求，切实解决广大百姓关心关切的利益问题，不断提高人民群众的获得感、幸福感、安全感"。

按照习近平总书记重要指示精神，2023 年以来各地各部门着力稳增长、补短板、增保障，以一系列务实之举惠民生、暖民心、强信心。

调整优化稳就业政策，抓好民生头等大事——

就业是民生之本，高校毕业生等重点群体就业是重中之重。2023 年需要在城镇就业的新成长劳动力和高校毕业生规模均创近年新高。

6 月 8 日，习近平总书记在内蒙古考察时强调，"要全面落实就业优先政策，把推动实现更加充分更高质量的就业摆在突出位置，完善政策体系，强化培训服务，精准有效实施减负稳岗扩就业各项政策措施，支持多渠道灵活就业，重点抓好高校毕业生、退役军人、农民工等群体就业"。

中央财政就业补助资金安排 668 亿元支持各地落实就业创业扶持政策；将降低失业和工伤保险费率政策延续实施至 2024 年底，上半年仅人社部门稳就业政策就释放红利超 1 500 亿元；启动高校毕业生青年就业服务攻坚行动；扩大国有企业招聘规模、加快机关事业单位招录进度……

2023 年以来，各地区各有关部门千方百计拓渠道优服务、保用工稳就业。上半年全国实现城镇新增就业 678 万人，同比增加 24 万人；城镇调查失业率平均为 5.3%，比一季度下降 0.2 个百分点。就业形势有所改善，保持总体稳定。

加快补齐民生短板，着力解决人民群众急难愁盼问题——

老有所养是百姓高度关切的"家事"，也是习近平总书记牵挂的"大事"。

2023 年春节前夕，习近平总书记在同基层干部群众视频连线时提出，"特别要强化对特困、低保、高龄、失能老年人的兜底保障"。一个多月后的全国两会上，习近平总书记再次强调，着力做好健全社会保障体系、强化“一老一幼”服务等工作。

一次次重要指示温暖人心，一项项务实之举加速跟进：2023年将创建1 000个全国示范性老年友好型社区；429个城市已完成“一老一小”整体解决方案编制工作；《国家基本养老服务清单》首次明确老年人面临困难时由国家提供16个基本服务项目……

“解决好人民群众最关心最直接最现实的利益问题，把惠民生的事办实、暖民心的事办细、顺民意的事办好，让现代化建设成果更多更公平惠及全体人民。”习近平总书记4月在广东考察时殷切嘱托。

上半年全国新开工改造城镇老旧小区4.26万个，惠及居民742万户；继国家组织集采333种药品累计减负约5 000亿元后，中成药首次全国集采启动……坚持尽力而为、量力而行，以实实在在的工作成效回应民生关切，补齐民生短板。

持续增进民生福祉，提高人民生活品质——

7月7日晚，山东临沂蒙阴县垛庄镇垛庄村广场上，一场乡村篮球赛正在火热进行。近几年，垛庄镇建成文化健身活动广场90多处、乡村文化大舞台55个，村村建有综合文化服务中心，村民业余生活大为丰富。

习近平总书记3月15日在中国共产党与世界政党高层对话会上指出，“现代化的最终目标是实现人自由而全面的发展”。

印发《关于构建优质均衡的基本公共教育服务体系的意见》；加快建设“15分钟文化生活圈”浸润人民生活空间；鼓励“村BA”“村超”“村排”等基层体育运动广泛安全开展……顺应人民对美好生活的向往，物质文明和精神文明相协调的人文经济“暖文章”加快书写。

“中国共产党没有自己的私利，执政就是为人民服务，就是让人民群众幸福起来。”习近平总书记4月在广东考察时深刻指出。

打开发展新天地——“更加主动融入和服务构建新发展格局”

从高空俯瞰琼州海峡南北两岸，广东湛江徐闻港和海南海口新海港隔海相望。

2023年4月，习近平总书记来到徐闻港专用码头，详细询问船舶航行时间、港口吞吐能力、安全管理情况等。

离开港口时，总书记嘱咐当地负责同志：“琼州海峡是国家经略南海的战略通道，要把徐闻港打造成连接粤港澳大湾区和海南自贸港的现代化水陆交通运输综合枢纽。”

自2020年徐闻港新港区开通运营以来，粤琼两地海上航程缩短一半，只需约1小时就能到达对岸。如今，两个港口各自建设的综合交通枢纽项目或已投入运营，或进入建设冲刺阶段，助力粤港澳大湾区与海南自贸港“双向奔赴”。

当前，世界百年未有之大变局加速演进。构建新发展格局，是习近平总书记统筹国内国际两个大局、统筹高质量发展和高水平安全，把握未来发展主动权而提出的战略举措。

构建新发展格局的关键在于实现经济循环的畅通。

2023年上半年，国内旅游收入（旅游总花费）2.30万亿元，比上年增加1.12万亿元，增长95.9%；2023年暑运全国铁路预计7月1日至8月31日发送旅客7.6亿人次，较2019年同期有较大幅度增长；铁路、水利等领域重大项目加快推进，高技术产业投资保持高增长……

2023年以来，我国充分发挥消费基础性作用和投资关键性作用，着力释放内需潜力。

恢复和扩大需求是当前经济持续回升向好的关键所在。7月24日召开的中共中央政治局会议针对“积极扩大国内需求”做出部署，强调把实施扩大内需战略同深化供给侧结构性改革有机结合起来。

出台若干措施促进家居、汽车、电子产品等重点领域消费，加快制定出台恢复和扩大消费的政策；聚焦重点领域、健全保障机制、营造良好环境，出台措施调动民间投资积极性……一系列政策瞄准堵点卡点，畅通经济循环，促进内需潜力释放。

持续深化改革，构建高水平社会主义市场经济体制，是构建新发展格局的关键一环。

《党和国家机构改革方案》发布，国家金融监督管理总局正式挂牌；集中清理妨碍统一市场和公平竞争政策措施，积极营造市场化、法治化、国际化一流营商环境；中央全面深化改革委员会第二次会议审议通过《关于建设更高水平开放型经济新体制促进构建新发展格局的意见》……一系列重大改革举措接连出台，激发高质量发展持久动力。

新发展格局绝不是封闭的国内循环，而是开放的国内国际双循环。

第三届消博会，汇聚3 300多个优质消费品牌参展；第133届广交会，220多个国家和地区的采购商参会；第六届进博会，签约参展的世界500强和行业龙头企业数量已超过2022年；高质量实施《区域全面经济伙伴关系协定》……

全面深化改革开放，更加主动融入和服务构建新发展格局，中国的新发展必将为世界发展提供更多新机遇。

习近平总书记2023年4月在广东考察时强调：“中国的改革开放政策是长期不变的，一以贯之的。中国是不会自己把大门关上的，我们开放的大门还要进一步扩大。”

越是关键时刻，越要统筹好发展和安全，以新安全格局保障新发展格局。

“安全是发展的基础，稳定是强盛的前提。”2023年3月，习近平总书记在全国两会期间，就更好统筹发展和安全提出要求。

粮稳天下安。近日披露的数据显示，2023年夏粮总产量达到2 923亿斤，居历史第二位，仍是丰收季。夏粮丰，则全年稳。

能源是国民经济命脉。上半年，原煤、原油、天然气产量同比分别增长4.4%、2.1%、5.4%，能源稳产增产、供给保障有力。

稳定产业链供应链至关重要。面对美国等一些国家“脱钩断链”的打压，我国加快芯片等关键核心技术攻关，不断提升战略性资源供应保障能力，增强产业链供应链韧性和安全水平。

习近平总书记强调：“未来一个时期，我们面临的风险挑战只会越来越多、越来越严峻。”

保持定力，增强信心，集中精力办好自己的事情，是我们应对各种风险挑战的关键。

打开中国经济发展版图，新一轮布局正在铺展。

盛夏的雄安新区，一片塔吊林立的繁忙景象：起步区“四横十纵”骨干路网全面开工，4家央企总部、4所高校、2家医院陆续落地建设……

2023年5月习近平总书记在高标准高质量推进雄安新区建设座谈会上发表重要讲

话，指出“雄安新区已进入大规模建设与承接北京非首都功能疏解并重阶段”。

京津冀、长三角、粤港澳大湾区高质量发展动力源作用日益增强，长江、黄河两条母亲河走上生态优先、绿色发展道路，21个自贸试验区覆盖东西南北中、海南自贸港扬帆起航……一个个重大战略、一项项重要谋划落子成势，大国经济高质量发展迈出坚实步伐。

开局之年时间已过半。在以习近平同志为核心的党中央坚强领导下，在习近平经济思想科学指引下，全国上下团结一心、奋勇前进，牢牢把握高质量发展这个首要任务，鼓足干事创业的精气神，形成狠抓落实的好局面，必将汇聚高质量发展的强大合力，推动经济持续回升向好，努力实现全年发展目标。

（资料来源：《人民日报》，2023年08月03日，有改动）

- 《求是》杂志评论员：《以推动高质量发展的新成效检验主题教育成果》，《求是》，2023年第13期。
- 《促进青年高质量充分就业》，《光明日报》，2023年7月5日。
- 窦贤康：《推动基础研究高质量发展　为建设世界科技强国夯实根基》，《红旗文稿》，2023年第20期。
- 国家统计局：《经济社会发展统计图表：2023年1—9月国民经济主要指标》，《求是》，2023年第21期。
- 人民日报评论员：《坚定不移走中国特色金融发展之路——论学习贯彻中央金融工作会议精神》，《人民日报》，2023年11月2日。

1. 当前我国经济发展形势如何？
2. 如何做好2024年经济工作？
3. 党和政府促进大学生就业的政策举措有哪些？
4. 党的二十大报告为什么对教育、科技、人才工作提出更高定位和更高要求？
5. 如何建设中国特色社会主义教育强国？
6. 为什么要实现高水平科技自立自强？
7. 为什么要更加重视人才自主培养？
8. 大学生应怎样为教育强国、科技强国、人才强国建设做贡献？

实践活动　“我国经济社会高质量发展成就”调研活动

活动目的：

通过开展社会调查，搜集我国近几年经济社会发展的重大成就，深刻认识我国在经济社会发展领域取得的阶段性进展，深刻理解贯彻新发展理念的重大意义。

活动方式：

社会调查。

活动要求：

（1）教师对全班同学进行分组（每 5 人一组），并选出小组负责人。

（2）各组负责人组织小组成员通过社会调查，搜集近几年来经济社会发展成就，并讨论选定一个较有代表性的案例，然后将相关内容制作成 PPT。

（3）以小组为单位进行课堂知识分享，其他同学观看并做好记录。

（4）课堂知识分享结束后，全班同学对每组的活动成果进行投票评比。

[1] 扎实推动经济高质量发展——以习近平同志为核心的党中央今年以来引领中国经济持续恢复、稳中求进述评［N］. 人民日报，2023-8-3（1）.

[2] 习近平．当前经济工作的几个重大问题［J］. 求是，2023（4）.

[3] 李克济．我国就业形势总体稳定（人民时评）［N］. 人民日报，2023-7-5（5）.

[4] 加快建设教育强国　为中华民族伟大复兴提供有力支撑［N］. 人民日报，2023-5-30（1）.

[5] 习近平．加强基础研究实现高水平科技自立自强［J］. 求是，2023（15）.

[6] 中共中央政治局召开会议　分析研究当前经济形势和经济工作　中共中央总书记习近平主持会议［N］. 人民日报，2023-7-25（1）.

[7] 中央金融工作会议在北京举行　习近平李强作重要讲话　赵乐际王沪宁蔡奇丁薛祥李希出席［N］. 人民日报，2023-11-1（1）.

[8] 中央经济工作会议在北京举行　习近平发表重要讲话　李强作总结讲话　赵乐际王沪宁蔡奇丁薛祥李希出席会议［N］. 人民日报，2023-12-13（1）.

坚定推进高水平对外开放

改革开放 40 多年来，中国人民自力更生、发愤图强、砥砺前行，依靠自己的辛勤和汗水，创造了“当惊世界殊”的发展成就，书写了人类发展史上的伟大传奇。同时，中国坚持打开国门搞建设，实现了从封闭、半封闭到全方位开放的伟大历史转折。历史和现实给予我们的一个重要启示就是：中国发展离不开世界，世界发展也需要中国。正如习近平总书记所强调的：“站在新的历史起点，中国开放的大门只会越开越大。”

万物得其本者生，百事得其道者成。无论世界如何沧桑巨变，中国坚持走人间正道。中国正以中国式现代化全面推进强国建设、民族复兴伟业，将持续推动高质量发展，坚持高水平对外开放，加快构建新发展格局。中国将保持周边外交政策的延续性和稳定性，坚持与邻为善、以邻为伴和睦邻、安邻、富邻方针，同时赋予亲诚惠容理念新的内涵，让中国式现代化更多惠及周边，共同推动亚洲现代化进程，为包括越南在内的亚洲国家提供新的发展机遇。

（习近平主席在越南《人民报》发表的署名文章，2023 年 12 月 12 日）

一、坚定不移奉行互利共赢的开放战略

作为处理与各国经贸关系的基本准则，互利共赢既符合我国利益，又能促进共同发展。中国将始终不渝奉行互利共赢的开放战略，通过深化合作促进世界经济强劲、可持续、平衡增长。

始终不渝奉行互利共赢的开放战略，必须努力创造有利于互利共赢的世界经济环境。我们必须深刻认识和妥善把握国际国内因素的相互影响和相互转化，统筹国内国际两个大局，通过参与多边机制和双边渠道，不断加强同主要经济体宏观经济政策协调，妥善处理同其他国家的经贸摩擦，在深化合作中促进世界经济强劲、可持续、平衡增长，以自身增长为世界经济增长做出应有的贡献，同时又以强劲增长的世界经济推动我国经济社会持续健康发展。

始终不渝奉行互利共赢的开放战略，必须努力解决制约世界经济发展的南北差距问题。我国作为发展中国家，将继续积极推动南南合作、南北对话，致力于缩小南北差距，支持发展中国家增强自主发展能力，促进经济全球化朝着普惠共赢的方向发展。

始终不渝奉行互利共赢的开放战略，必须推动建立更加公平、合理的国际政治经济新秩序。面对世界多极化和经济全球化深入发展、国际力量对比发生深刻变化的大趋势，现行的全球经济治理已经难以满足各国发展的要求，提高广大发展中国家在全球经济治理中的代表性和发言权的呼声越来越高。在国际金融危机背景下，世界银行和国际货币基金组织份额改革进程启动，我们要抓住这些积极动向，坚持权利和义务相平衡，积极参与全球经济治理改革，推动建立更加公正、合理的全球经济治理机制。同时，国际金融危机以来，各种形式的保护主义抬头，我国成为一些国家推行贸易和投资保护主义的最大受害者。今后相当一段时间，在区域和全球范围内积极推动贸易和投资自由化、便利化，反对各种形式的保护主义，符合我国发展利益，符合世界经济发展大趋势，应该成为我们奉行互利共赢开放战略的重要内容。

中国将始终是全球共同开放的重要推动者，中国将始终是世界经济增长的稳定动力源，中国将始终是各国拓展商机的活力大市场，中国将始终是全球治理改革的积极贡献者。

面对前所未有的世界之变、时代之变和历史之变，人类社会必须团结起来，坚持互学互鉴、开放包容、合作共赢，弘扬全人类共同价值，共同建设更加美好的世界。希望各位嘉宾集思广益，为践行真正的多边主义发声鼓劲，为推动构建人类命运共同体贡献力量。

（习近平主席致“2023从都国际论坛”的贺信，2023年12月4日）

二、推动“一带一路”进入高质量发展阶段

2023年是习近平主席提出共建“一带一路”倡议10周年。提出这一倡议的初心，是借鉴古丝绸之路，以互联互通为主线，同各国加强政策沟通、设施联通、贸易畅通、资金融通、民心相通，为世界经济增长注入新动能，为全球发展开辟新空间，为国际经济合作打造新平台。

10 年来，我们坚守初心、携手同行，推动“一带一路”国际合作从无到有，蓬勃发展，取得丰硕成果。

“一带一路”合作从亚欧大陆延伸到非洲和拉美，150 多个国家、30 多个国际组织签署共建“一带一路”合作文件，举办 3 届“一带一路”国际合作高峰论坛，成立了 20 多个专业领域多边合作平台。

“一带一路”合作从“大写意”进入“工笔画”阶段，把规划图转化为实景图，一大批标志性项目和惠民生的“小而美”项目落地生根。

“一带一路”合作从硬联通扩展到软联通。共商共建共享、开放绿色廉洁、高标准惠民生可持续，成为高质量共建“一带一路”的重要指导原则。

“一带一路”成为新时代国际公共产品

10 年来，我们致力于构建以经济走廊为引领，以大通道和信息高速公路为骨架，以铁路、公路、机场、港口、管网为依托，涵盖陆、海、天、网的全球互联互通网络，有效促进了各国商品、资金、技术、人员的大流通，推动绵亘千年的古丝绸之路在新时代焕发新活力。

奔行在铁路上的列车，驰骋在公路上的汽车，联通各国的空中航班，劈波斩浪的货轮，快捷方便的数字电商，成为新时代国际贸易的驼铃、帆影。

一座座水电站、风电站、光伏电站，一条条输油、输气管道，越来越智能通达的输电网络，让能源短缺不再是发展的瓶颈，让发展中国家绿色低碳发展的梦想得以点亮，成为新时代可持续发展的绿洲、灯塔。

现代化的机场和码头，通畅的道路，拔地而起的经贸产业合作园区，催生新的经济走廊，激发新的增长动力，成为新时代的商贸大道、驿站。

精彩纷呈的文化年、艺术节、博览会、展览会，独具特色的鲁班工坊、“丝路一家亲”、“光明行”等人文交流项目，不断深化的民间组织、智库、媒体、青年交流，奏响新时代的丝路乐章。

新冠肺炎疫情暴发后，“一带一路”成为生命之路和健康之路。中国向各国提供了上百亿个口罩和 23 亿剂疫苗，同 20 多个国家合作生产疫苗，为共建“一带一路”合作伙伴抗击疫情做出独特贡献。中国在疫情最严峻的时候也得到了 70 多个国家的宝贵支持。

共建“一带一路”坚持共商共建共享，跨越不同文明、文化、社会制度、发展阶段差异，开辟了各国交往的新路径，搭建起国际合作的新框架，汇集着人类共同发展的最大公约数。

过去 10 年取得的成绩弥足珍贵，经验值得总结。

我们深刻认识到，人类是相互依存的命运共同体。世界好，中国才会好；中国好，世界会更好。通过共建“一带一路”，中国对外开放的大门越开越大，内陆地区从“后卫”变成“前锋”，沿海地区开放发展更上一层楼，中国市场同世界市场的联系更加紧密。中国已经是 140 多个国家和地区的主要贸易伙伴，是越来越多国家的主要投资来源国。无论是中国对外投资，还是外国对华投资，都彰显了友谊和合作，体现着信心和希望。

我们深刻认识到，只有合作共赢才能办成事、办好事、办大事。只要各国有合作的愿望、协调的行动，天堑可以变通途，“陆锁国”可以变成“陆联国”，发展的洼地可以变成繁荣的高地。经济发展快一些的国家，要拉一把暂时走在后面的伙伴。只要大家把彼此视为朋友和伙伴，相互尊重、相互支持、相互成就，赠人玫瑰则手有余香，成就别人也是帮助自己。把别人的发展视为威胁，把经济相互依存视为风险，不会让自己生活得更好、发展得更快。

我们深刻认识到，和平合作、开放包容、互学互鉴、互利共赢的丝路精神，是共建“一带一路”最重要的力量源泉。习近平主席曾经讲过，古丝绸之路之所以名垂青史，靠的不是战马和长矛，而是驼队和善意；不是坚船和利炮，而是宝船和友谊。共建“一带一路”注重的是众人拾柴火焰高、互帮互助走得远，崇尚的是自己过得好、也让别人过得好，践行的是互联互通、互利互惠，谋求的是共同发展、合作共赢。不搞意识形态对立，不搞地缘政治博弈，也不搞集团政治对抗，反对单边制裁，反对经济胁迫，也反对“脱钩断链”。

10 年的历程证明，共建“一带一路”站在了历史正确一边，符合时代进步的逻辑，走的是人间正道。我们要有乱云飞渡仍从容的定力，本着对历史、对人民、对世界负责的态度，携手应对各种全球性风险和挑战，为子孙后代创造和平、发展、合作、共赢的美好未来。

当前，世界之变、时代之变、历史之变正以前所未有的方式展开。中国正在以中国式现代化全面推进强国建设、民族复兴伟业。我们追求的不是中国独善其身的现代化，而是期待同广大发展中国家在内的各国一道，共同实现现代化。世界现代化应该是和平发展的现代化、互利合作的现代化、共同繁荣的现代化。前行道路上，有顺境也会有逆流。我们要坚持目标导向、行动导向，咬定青山不放松，一张蓝图绘到底。中方愿同各方深化“一带一路”合作伙伴关系，推动共建“一带一路”进入高质量发展的新阶段，为实现世界各国的现代化做出不懈努力。

（一）构建“一带一路”立体互联互通网络

中方将加快推进中欧班列高质量发展，参与跨里海国际运输走廊建设，办好中欧班列国际合作论坛，会同各方搭建以铁路、公路直达运输为支撑的亚欧大陆物流新通道。积极推进“丝路海运”港航贸一体化发展，加快陆海新通道、空中丝绸之路建设。

（二）支持建设开放型世界经济

中方将创建“丝路电商”合作先行区，同更多国家商签自由贸易协定、投资保护协定。全面取消制造业领域外资准入限制措施。主动对照国际高标准经贸规则，深入推进跨境服务贸易和投资高水平开放，扩大数字产品等市场准入，深化国有企业、数字经济、知识产权、政府采购等领域改革。中方将每年举办“全球数字贸易博览会”。未来 5 年（2024—2028 年），中国货物贸易、服务贸易进出口额有望累计超过 32 万亿美元、5 万亿美元。

思政点拨

面对困扰世界的发展难题，习近平主席倡导推进高质量共建“一带一路”，得到国际社会的广泛欢迎。中国已同世界上149个国家和32个国际组织签署合作文件，还创建了亚投行、丝路基金，打造了最具广泛性和包容性，以及最大规模的国际合作平台。

——中央政治局委员、中央外事工作委员会办公室主任、外交部部长王毅

（三）开展务实合作

中方将统筹推进标志性工程和“小而美”民生项目。中国国家开发银行、中国进出口银行将各设立3 500亿元人民币融资窗口，丝路基金新增资金800亿元人民币，以市场化、商业化方式支持共建“一带一路”项目。本届高峰论坛期间举行的企业家大会达成了972亿美元的项目合作协议。中方还将实施1 000个小型民生援助项目，通过鲁班工坊等推进中外职业教育合作，并同各方加强对共建“一带一路”项目和人员安全保障。

（四）促进绿色发展

中方将持续深化绿色基建、绿色能源、绿色交通等领域合作，加大对“一带一路”绿色发展国际联盟的支持，继续举办“一带一路”绿色创新大会，建设光伏产业对话交流机制和绿色低碳专家网络。落实“一带一路”绿色投资原则，到2030年为伙伴国开展10万人次培训。

（五）推动科技创新

中方将继续实施“一带一路”科技创新行动计划，举办首届“一带一路”科技交流大会，未来5年把同各方共建的联合实验室扩大到100家，支持各国青年科学家来华短期工作。中方将在本届论坛上提出全球人工智能治理倡议，愿同各国加强交流和对话，共同促进全球人工智能健康有序安全发展。

（六）支持民间交往

中方将举办“良渚论坛”，深化同共建“一带一路”国家的文明对话。在已经成立丝绸之路国际剧院、艺术节、博物馆、美术馆、图书馆联盟的基础上，成立丝绸之路旅游城市联盟。继续实施“丝绸之路”中国政府奖学金项目。

（七）建设廉洁之路

中方将会同合作伙伴发布《“一带一路”廉洁建设成效与展望》，推出《“一带一路”廉洁建设高级原则》，建立“一带一路”企业廉洁合规评价体系，同国际组织合作开展“一带一路”廉洁研究和培训。

（八）完善“一带一路”国际合作机制

中方将同共建“一带一路”各国加强能源、税收、金融、绿色发展、减灾、反腐败、智库、媒体、文化等领域的多边合作平台建设。继续举办“一带一路”国际合作高峰论坛，并成立高峰论坛秘书处。

十年栉风沐雨，十年春华秋实。共建“一带一路”源自中国，成果和机遇属于世界。让我们谨记人民期盼，勇扛历史重担，把准时代脉搏，继往开来、勇毅前行，深化“一带一路”国际合作，迎接共建“一带一路”更高质量、更高水平的新发展，推动实现世界各国的现代化，建设一个开放包容、互联互通、共同发展的世界，共同推动构建人类命运共同体！

思政园地——中国智慧

造福世界的“发展带”惠及人类的“幸福路”

2013 年金秋，习近平主席先后提出共建丝绸之路经济带和 21 世纪海上丝绸之路重大倡议。从此，共建“一带一路”掀开了中国与世界发展新的一页。

10 年来，共建“一带一路”从理念化为行动，从愿景变为现实，从谋篇布局的“大写意”进入精耕细作的高质量发展阶段，搭建起当今世界范围最广、规模最大的国际合作平台，为完善全球治理体系提供了东方智慧，成为推动构建人类命运共同体的生动实践。

寻求最大公约数　推动全球共同发展

“南非是第一个同中国签署共建‘一带一路’合作文件的非洲国家，连续 13 年成为中国在非洲第一大贸易伙伴，是中国在非洲投资存量最多的国家之一”……

2023 年 8 月，在赴约翰内斯堡出席金砖国家领导人第十五次会晤并对南非进行国事访问之际，习近平主席在南非媒体发表题为《让中南友好合作的巨轮扬帆远航》的署名文章，以中国和南非之间不断加深的战略互信和取得的丰硕合作成果，描绘了中南两国在共建“一带一路”推动下步入的“黄金时代”。

10年来，共建“一带一路”取得实打实、沉甸甸的成果。

截至2023年9月底，中欧班列累计开行超7.8万列，通达欧洲25个国家的217个城市，贯通亚欧大陆东西两端，开创亚欧大陆陆海内外联动、东西双向互济、人文经贸互融的国际运输新格局。

截至2023年6月底，中国与150多个国家、30多个国际组织签署200多份共建“一带一路”合作文件，涵盖投资、贸易、金融、科技、民生等领域，共建“一带一路”成为当今世界深受欢迎的国际公共产品和国际合作平台。

2013—2022年，中国与共建国家进出口总额累计19.1万亿美元，年均增长6.4%；与共建国家双向投资累计超过3 800亿美元，其中中国对外直接投资超过2 400亿美元。

成果丰硕，源于深谋远虑的眼光、统筹全局的谋划。

2013年9月7日，习近平主席在哈萨克斯坦纳扎尔巴耶夫大学发表题为《弘扬人民友谊　共创美好未来》的重要演讲中，全面阐述中国对中亚国家睦邻友好合作政策，倡议用创新的合作模式，共同建设丝绸之路经济带，将其作为一项造福沿途各国人民的大事业。

2013年10月3日，习近平主席在印度尼西亚国会发表题为《携手建设中国—东盟命运共同体》的重要演讲中，全面阐述中国对印尼和东盟睦邻友好政策，提出加强中印尼全面战略伙伴关系，提出共同建设21世纪海上丝绸之路。

顺应经济全球化的历史潮流，顺应全球治理体系变革的时代要求，顺应各国人民过上更好日子的强烈愿望，习近平主席提出的共建“一带一路”倡议，赋予古代丝绸之路以全新的时代内涵。

从历史维度看，当前人类社会正处在一个大发展大变革大调整时代。和平发展大势不可阻挡，变革创新步伐持续向前。

从现实维度看，我们正处在一个挑战频发的世界。和平赤字、发展赤字、安全赤字、治理赤字，是摆在全人类面前的严峻挑战。

习近平主席指出，在“一带一路”建设国际合作框架内，各方秉持共商共建共享原则，携手应对世界经济面临的挑战，开创发展新机遇，谋求发展新动力，拓展发展新空间，实现优势互补、互利共赢，不断朝着人类命运共同体方向迈进。

“我提出‘一带一路’倡议，就是要实现共赢共享发展”。

“推进‘一带一路’建设，要聚焦发展这个根本性问题，释放各国发展潜力，实现经济大融合、发展大联动、成果大共享”。

“以共建‘一带一路’为实践平台推动构建人类命运共同体，这是从我国改革开放和长远发展出发提出来的，也符合中华民族历来秉持的天下大同理念，符合中国人怀柔远人、和谐万邦的天下观，占据了国际道义制高点”……

根植历史，指向未来；源于中国，属于世界。共建“一带一路”是习近平总书记深刻思考人类前途命运及中国和世界发展大势，推动中国和世界合作共赢、共同发展做出的重大倡议。

10年间，中国主办两届“一带一路”国际合作高峰论坛，为推动高质量共建“一带一路”奠定坚实基础，为更多国家和人民创造发展机遇。

10年间，习近平总书记数次出席“一带一路”相关座谈会，研究“丝绸之路经济带”和“21世纪海上丝绸之路”规划，在出国访问和国内考察期间关心推动“一带一路”重大项目建设，在多边国际场合呼吁各方携手高质量共建“一带一路”。

10年间，把基础设施“硬联通”作为重要方向，把规则标准“软联通”作为重要支撑，把同共建国家人民“心联通”作为重要基础，在共建“一带一路”高质量发展中，这条造福世界的幸福之路越走越宽广。

一座座“连心桥”、一道道“发展带”、一个个“繁荣港”……是共建“一带一路”带给世界的变化，也推动我国全面对外开放新格局的形成。

聚焦“五通”合作　形成互联互通新格局

相通则共进，相闭则各退。以政策沟通、设施联通、贸易畅通、资金融通、民心相通为内核的“五通”合作是共建“一带一路”的精髓所在。

——10年来，政策沟通更加深入，广泛国际共识不断凝聚。

共建“一带一路”国家政治制度、发展方式、文化传统不一，如何实现联动发展，首先在于政策沟通。

区域层面，共建“一带一路”与《东盟互联互通总体规划2025》、非盟《2063年议程》、欧盟欧亚互联互通战略等区域发展规划或合作倡议有效对接，达成促进互联互通、支持区域经济一体化进程的共识。

全球层面，共建“一带一路”同联合国2030年可持续发展议程有效对接，形成促进全球共同发展的政策合力。

——10年来，设施联通更通达，互联互通水平不断提升。

2023年9月14日，X8015次中欧班列从武汉吴家山站驶出。列车上满载湖北生产的电子元器件、汽车零部件等货物，它们将由新疆阿拉山口出境，最终到达莫斯科。

这是2023年从吴家山站始发的第188列中欧班列。10年间，中欧班列成长为亚欧陆路运输的新干道。

在境内，形成经阿拉山口、霍尔果斯、二连浩特、满洲里、绥芬河五大口岸出境的西、中、东三条主通道，时速120公里图定运行线86条，联通中国境内112个城市。

在境外，初步形成北、中、南三大通道，通达25个欧洲国家的200多个城市，以及11个亚洲国家的100多个城市。

大通道塑造大格局。10年间，中欧班列累计运送货物731万标箱，货值超3 400亿美元，成为国际经贸合作的重要桥梁。

得益于共建“一带一路”，印尼迈入“高铁时代”，老挝人民的铁路梦成为现实，马尔代夫有了跨海大桥，希腊比雷埃夫斯港重焕生机……

在各方共同努力下，“六廊六路多国多港”的互联互通架构已基本形成，西部陆海新通道、中老铁路、雅万高铁等一批标志性项目建成。

海上互联互通水平不断提升，截至2023年6月底，“丝路海运”航线已通达全球43个国家的117个港口，300多家国内外知名航运公司、港口企业、智库等加入“丝路海运”联盟。

“空中丝绸之路”建设成效显著，共建国家间航空航线网络加快拓展，中国已与104个共建国家签署双边航空运输协定，与57个共建国家实现空中直航。

多层次、复合型基础设施网络建设加快推进，基本形成“陆海天网”四位一体的互联互通格局，为促进经贸和产能合作、加强文化合作和人员往来奠定了坚实基础。

——10年来，贸易更畅通，经贸投资合作不断拓展。

近日，装载着40台重型机械装载机的“琳达号”滚装轮，从上海外高桥港区海通国际汽车码头启程，前往沙特阿拉伯。当天下午，91辆“中国重汽”“徐工”等品牌工程机械车辆在上海军工路码头装上散货船，向圭亚那出发……

据海关统计，10年间中国对“一带一路”共建国家进出口贸易累计增长1.1倍，增速一直高于外贸整体增速。

贸易畅通是推动各国经济持续发展的重要力量。2023年以来，海关总署与伊朗海关署签署了国际贸易“单一窗口”合作谅解备忘录，与菲律宾、哥斯达黎加、乌兹别克斯坦签署了“经认证的经营者（AEO）”互认安排。

一边是新能源汽车、锂电池和家用电器加速走出国门；一边是南非的坚果、埃塞俄比亚的咖啡、新加坡的橄榄油陆续走上中国人的餐桌……中国与共建国家经贸合作空间持续拓展，互利共赢成果不断显现。

——10年来，资金融通日益多元，金融体系建设不断完善。

依托中新（重庆）战略性互联互通示范项目，重庆与新加坡构建多样化跨境融资渠道，促进区域间高效联通。

截至2023年3月底，中新互联互通项目框架下累计落地各类跨境融资项目折合196亿美元，辐射重庆、广西、四川、贵州、云南等10余个省区市，综合融资成本比国内低约1个百分点。

在中新互联互通项目引领下，新加坡已在重庆合资或独资设立20家金融机构，涉及基金、融资租赁、村镇银行等领域。

截至2023年6月底，丝路基金累计签约投资项目75个，承诺投资金额约220.4亿美元；亚洲基础设施投资银行已有106个成员，批准227个投资项目，共投资436亿美元。

——10年来，民心相通更趋紧密，人文交流往来不断深入。

在福建安溪，占地1 000多亩的高建发茶庄园里，除了800多亩生态茶园，还有可供数十名访客品茗休憩的建筑。茶庄园还打造了一整条制茶生产线，入住者可感受采茶乐趣，体验制茶工艺。

这是一次“茶与酒”的互鉴：通过与欧洲葡萄酒产区的互访，安溪把欧洲葡萄酒庄园的管理模式引入茶园管理，目前全县建立类似茶庄园39座。

福建茶农从共建“一带一路”上取经，也持续开展人才培养、技术培训等援外合作，为共建国家产业升级、群众富裕出力。

依托共建“一带一路”平台，增强共建国家减贫能力，中国提供各种专业技能培训。世界银行预测，到2030年，共建“一带一路”相关投资有望使共建国家760万人摆脱极端贫困、3 200万人摆脱中度贫困。

高质量共建　共同走上充满希望的“未来之路”

2023年9月17日，哈萨克斯坦阿克莫拉州二期56兆瓦风电项目并网运行，至此阿克莫拉州风电场容量达到206兆瓦，持续保持中亚最大的在运风电装机纪录。

这一项目由国家电投投资建设，将为哈萨克斯坦实现“碳中和”做出积极贡献。

在澜湄区域，南方电网10余条“电力高速公路”跨越国境，与澜湄国家电网相连，累计实现跨境双向电力贸易超700亿千瓦时；在南美洲，南方电网参与筹建的智利首条高压直流输电线路正紧锣密鼓推进，将为当地创造约5 000个就业岗位。

海风吹过，点亮万家灯火。在非洲大陆最南端，国家能源集团开发的南非德阿风电场的风机正迎风转动。这是中国在非洲首个集投资、建设、运营一体化风电项目，也是南非目前规模最大的风电项目。每年可满足当地30万户居民的用电需求，切实优化了南非的能源结构，为当地留下一个“绿色银行”。

能源合作是共建“一带一路”的重点领域。共建国家精打细算能源转型“加减法”，用好当地“风和光”，能源成色不断添“新绿”，带动产业链绿色升级。

2023年以来，新疆霍尔果斯公路口岸一派繁忙景象，以新能源乘用车为典型代表的众多国产汽车依次有序快速通关。来自上海、山东、安徽、河南等地的汽车，源源不断发往哈萨克斯坦、土库曼斯坦、乌兹别克斯坦等国。

西安开通新能源汽车出口专列、江淮汽车举行阿联酋万辆乘用车交车仪式、比亚迪领跑泰国纯电动汽车市场……中国新能源汽车在“一带一路”共建国家颇受欢迎。

中国汽车工业协会数据显示，2023年1—8月，中国新能源汽车出口72.7万辆，同比增长110%。

如今，共建“一带一路”已成为健康、绿色发展、数字产业的一个代名词。其中，“数字丝绸之路”建设为全球经济增长提供了新的驱动力。

长期以来，全球网络、通信技术飞速发展，然而非洲国家网络基础设施建设依然相对滞后。

在华为公司的技术支持下，赞比亚先后建成4G、5G网络。

“5G网络符合赞比亚政府追求技术进步和数字经济转型的国家发展议程。”赞比亚总统希奇莱马说。

共建“一带一路”助力各国网络连通的不仅是通信纽带，更是打通了商贸往来的新路径，缔造了新的商业模式。

2022年4月至5月间，一场中非联动的“非洲好物网购节”异彩纷呈：南非红酒、卢旺达辣椒酱、肯尼亚红茶……一大批非洲特色商品通过网络直播走进中国家庭，也给不少希望拓展非洲市场的中国企业提供了机遇。

商务部数据显示，此次中非经贸活动，吸引了23个非洲国家参与，聚集了来自中国和非洲100多万商家的10多万个品牌。

非洲联盟委员会前副主席伊拉斯塔斯·姆文查感叹：“包括数字基础设施建设等在内的‘一带一路’项目持续开展，促进互联互通和商贸活动，也在改变着非洲普通百姓的生活。”

近年来，中国以数字经济赋能高质量发展，不仅为自身拓宽开放合作之路，还为世界经济增长提供了新的驱动力。

跨境电商物流公司菜鸟在欧洲最大的智慧物流枢纽——比利时列日数字物流中枢，每周调动约18架次货运航班，每天运营约60辆卡车往返于列日与欧洲主要城市。

欧中跨境电商协会在荷兰成立欧洲首个跨境电商直播孵化基地，培育跨境电商从业者。

在西亚、东盟、南亚、东欧、非洲等地区，中国的北斗卫星导航为共建国家发展智慧农业、矿业开采、数字施工提供助力……

数字赋能的同时，诸多领域的科技创新合作也在大踏步前进。

自2017年共建“一带一路”科技创新行动计划启动以来，中国与共建国家在科技人文交流、共建联合实验室、科技园区合作等方面开展合作，共同迎接新一轮科技革命和产业变革，推动创新之路建设。

截至2023年6月底，中国与80多个共建国家签署《政府间科技合作协定》，“一带一路”国际科学组织联盟成员单位达58家。2013年以来，中国支持逾万名共建国家青年科学家来华开展短期科研工作和交流，累计培训共建国家技术和管理人员1.6万余人次。

从基础设施共建，到联合科技研发；从各领域经贸往来，到产业链持续升级。一个个“小而美”项目在共建国家相继落地。

中国企业在圭亚那热带雨林安装太阳能路灯，解决当地百姓夜间照明问题；在刚果（金）建设水井，村民们喝上了放心水；在基里巴斯首都塔拉瓦重建布塔桥，当地居民称其“便民桥”……这些工程“小而美”“惠而实”，增进共建国家的民生福祉，为当地民众带来实实在在的获得感、幸福感、安全感。

高质量共建“一带一路”，未来可期。

“一带一路”从来不只是一条路，更是一种理念，一个共同发展的网络，一座联结全球发展、联结人心和文化的桥梁。

（资料来源：《求是》，2023年第20期，有改动）

三、在中国链接世界，让供应链变“共赢链”

当今世界正在经历百年未有之大变局，新冠肺炎疫情影响深远，世界经济复苏艰难曲折，经济全球化遭遇逆流，全球产业链供应链加速重构，各国纷纷将产业链供应链稳定置于更加优先位置。产业链供应链连接着各国经济，连通着全球企业资金流、产业流、技术流。打造一个稳定、安全、畅通的全球产业链供应链体系，是国际工商界的共同期盼，是国际社会的共同责任。

习近平主席在二十国集团领导人峰会、亚太经合组织领导人非正式会议、金砖国家领导人会晤等重大国际场合，以及与各国政要举行会谈时，多次阐述中国关于维护全球产业链供应链稳定的原则立场，向国际社会表明中国支持经济全球化、推动建设开放型世界经济的坚定决心。举办链博会，是中国国际贸易促进委员会落实习近平主席关于维护全球产业链供应链稳定这一中国倡议的实际行动。

中国贸促会举办以全球供应链为主题的博览会，在世界上是开创性的，既为世界各国扩大对华经贸合作提供新机遇，也为各国开展国际贸易、分享合作商机搭建新平台。通过举办链博会，推动贸易和投资自由化便利化，推动各国产业更畅通、更高效，推动世界经济复苏增长和经济全球化向前发展。

首届链博会将以“链接世界，共创未来”为主题，打造一个重点行业上中下游融通、大中小企业链接、产学研用协同、中外企业互动的开放型国际合作平台，积极维护全球产业链供应链稳定。

首届链博会以“共建、共促、共享”为原则，设置智能汽车链、绿色农业链、清洁能源链、数字科技链、健康生活链等5大链条和供应链服务展区，展示各产业链上中下游先进技术、产品及银行、保险、贸易咨询、商事法律、文化教育、创新设计等供应链服务，打造集贸易促进、投资合作、创新积聚、学习交流等功能于一体的高端平台。

首届链博会将邀请全球相关产业链供应链最具代表性的企业，展示科研、技术、设备、应用等最新成果，以及未来发展新趋势。展览将采用场景式、互动式呈现，给观众沉浸式体验，突出绿色发展、低碳环保、数字化转型。既面向专业观众，又面向科研机构、高校等全社会各领域；既注重贸易投资合作，又注重品牌提升。

（一）智能汽车链

展示新能源汽车产业链中的核心原材料、关键元器件及动力系统、智能驾驶、初创电动车企集成产品等上中下游关键技术和产品，融合充电服务、汽车金融等服务，聚焦电动化、智能化创新发展，增进产业内部合作、跨界融合、资源共享。

（二）绿色农业链

聚焦农业产业链的核心环节、关键技术及产品，重点展示种子研发、绿色农化产品、智慧农业应用、现代智能化农机设备、种植养殖、农产品加工技术，以及有地域特色的农业制成品，并配套展示农业相关的金融、物流和销售等服务。

（三）清洁能源链

聚焦光伏、风电、储能、氢能、智能电网、传统能源低碳化、传统能源和新能源协同发展的新技术、新产品、新动态和新趋势，促进多能互补、融合发展，助力实现低碳发展目标。

（四）数字科技链

展示数字科技前沿技术、新兴产业及科技赋能不同行业的解决方案与应用产品，以底层技术变革、中层产业孵化、上层应用场景为主线，连接起创新端、产业端和应用端，全链路呈现数字经济的关键环节与重点内容，促进数字经济与实体经济深度融合升级

（五）健康生活链

展示健康产品及服务产业的关键环节产品和技术，以及中医保健等传统特色产业，覆盖从出生到养老的完整健康产品和服务链条，呈现健康生活领域的前沿理念，特别是科技创新与人文关怀相结合的解决方案，促进大健康领域各产业间的融合发展。

（六）供应链服务展区

为全球供应链提供一体化解决方案包括，综合物流、物联网技术与软件服务，自动化配送物流系统等和金融、保险、商事法律等综合服务，推进产业链协同化、绿色化转型，促进各行业降本增效。

新闻角

首届链博会期间，有关各方共举办360多场配套对接、交流活动，发布研究报告、宣言、标准等23项成果；据不完全统计，共签署合作协议、意向协议200多项，涉及金额1 500多亿元。

“首届链博会既是专业展又是跨界展。其积极的外溢效应不断显现，广大参展商和观众收获满满。”中国贸促会副会长张少刚在会上表示，大家都说，到链博会来不是“掰手

腕”抢客户而是“手拉手”找伙伴，参展商之间不是竞争关系，更多的是客户关系、合作关系和共赢关系。

几天来，众多参展商用好用足链博会平台，组织对接洽谈、新品展示、项目签约、报告发布、产品推介等活动，所取得的成果看得见、摸得着、能落地，拓展了产业链朋友圈，延伸了供应链伙伴网，集聚了创新链驱动力。

例如，参展的7家厦门企业都找到了几家到几十家不等的潜在合作伙伴；深圳怡亚通供应链股份有限公司找到了约20家潜在客户；湖北省茶叶集团与其他参展商达成开发药食同源产品和特色饮品的合作意向；内蒙古基硕科技与新疆两家企业就开展畜牧数字产业链合作达成意向；多个非洲国家参展、观展机构与稳健医疗、华大基因等参展商就加强农业、医疗等领域合作进行了深度接洽。

据介绍，首届链博会期间，100多个部门和地方政府代表团密集观展，既宣介了政策又提供了指导，既推介了地方产业又带来了市场机遇，让广大参展商受益匪浅。

据介绍，在整个展期，中国贸促会对所有515家参展商进行了逐一走访。参展商普遍表示，这次链博会虽是首届，但参展商和观众质量很高，成效远超预期。2023年12月1日，思爱普（中国）、GE医疗、科大讯飞等近50家企业与链博会承办单位中展集团签署第二届链博会参展意向协议。

“链博会是中国的，更是世界的。中国贸促会将与各方共同努力，把链博会年年办下去，办出特色、办出水平，越办越好。”张少刚说。

（资料来源：《人民日报》（海外版），2023年12月3日）

四、坚持多边主义，打造新型多边开发银行

亚洲基础设施投资银行（以下简称“亚投行”）开业运营以来，交出了怎样的成绩单？作为构建人类命运共同体的重要平台，亚投行在推动解决全球性挑战方面做出了什么贡献、未来将发挥怎样的作用？

（一）秉持多边主义，推动机构在高起点上快速发展

亚投行开业运营以来，始终秉持多边主义，按照共商共建共享的原则，坚持国际性、规范性、高标准运营，实现在高起点上的快速发展，以实际行动和丰硕成果诠释和践行了人类命运共同体理念。

成立以来，亚投行“朋友圈”不断扩大，从57个创始成员发展到来自全球六大洲的105个经济体。亚投行成员中以发展中国家为主体，同时包括大量发达国家，这一独特优势使亚投行成为推进南南合作和南北合作的桥梁纽带。亚投行成员数量的增加，既体现了亚投行的国际公信力，也彰显了人类命运共同体理念的感召力。

截至2022年10月底，亚投行已批准了191个项目，带动包括私营部门在内的各类资

本超 850 亿美元，惠及 33 个域内与域外成员，为推动这些成员的交通、能源、城市发展、水资源等领域基础设施建设，以及公共卫生与教育领域的社会基础设施发展发挥了积极作用。

在内部治理和管理上，亚投行也取得长足进步。亚投行参照多边开发银行的通行做法，设立了完备的理事会、董事会、管理层三层管理架构，并根据透明、公开、独立、问责的原则建立了有效的银行监督和问责机制。在管理层遴选规则上，《亚洲基础设施投资银行协定》明确写入了“公开、透明、择优”的基本原则，成为一项区别于现有主要多边开发银行章程的创新之举。目前，亚投行的员工来自 66 个国家和经济体。

作为亚投行的倡议国、第一大股东国和总部所在地，中国始终坚持从“公心”出发推动亚投行发展。中国提出了多项重要全球公共产品，包括倡议成立“项目准备特别基金”并出资 5 000 万美元、推动成立“低收入国家特别基金窗口”“多边开发融资合作中心”等，这些举措在帮助发展中成员国特别是低收入成员国加强能力建设、降低融资成本等方面发挥了不可替代的作用，也为推动亚投行实现其宗旨提供了重要助力。

（二）聚焦重点业务领域，积极应对多种发展挑战

以“可持续性”为核心、为“面向未来的基础设施”提供融资，是亚投行确定的中期战略发展方向。特别是在应对气候变化领域，亚投行已承诺：到 2023 年 7 月，确保所有融资项目与《巴黎协定》相关目标完全保持一致；到 2025 年，实现气候融资占比达到或超过 50%的目标。

2021 年，亚投行的气候融资总额达到 29 亿美元，占已批准融资总额的 48%。亚投行已与 9 个主要多边开发机构签署了联合声明，承诺共同在支持低碳、气候适应性项目上开展协作。

在做好常规业务的同时，面对突如其来的新冠肺炎疫情，亚投行迅速设立了“新冠疫情危机恢复基金”，积极帮助成员抗击疫情和恢复经济。截至 2022 年 10 月，亚投行已经向 26 个发展中成员国提供超过 122 亿美元的快速资金支持。

不断增长的业务规模也在推动亚投行不断扩大全球业务布局。继天津办公室 2021 年设立和启用后，亚投行于 2022 年开始筹建在阿联酋首都阿布扎比的首个海外办事处，拓展在中东、中亚、非洲、拉美等地区的投资业务。

（三）坚定捍卫多边主义，打造 21 世纪新型多边开发银行

当前，国际形势复杂多变，世界经济复苏乏力。面对诸多全球性挑战，多边主义是解决全球性问题的关键。不论是银行内部治理还是拓展全球投资业务，都应高举多边主义旗帜，寻找和扩大各方利益交集，进一步加强伙伴关系，共同推动解决全球性挑战。

开业运营以来，亚投行已与世界银行、亚洲开发银行和欧洲复兴开发银行等签署了联合融资框架协议，共同开展融资项目；与 13 个多边组织和区域金融机构建立了伙伴关系，共同推动解决全球发展问题。

2022 年，亚投行新成立了融资伙伴关系局，旨在进一步强化亚投行与各方务实合作，

更好服务域内外成员的发展需求。

将自身打造成为国际多边合作新典范，是亚投行的目标之一。亚投行将继续支持包括全球发展倡议在内的重要国际倡议，与各方一道，在减贫、抗击新冠肺炎疫情、应对气候变化及推动绿色发展、互联互通、数字经济等领域开展合作，共同探索顺应时代需求的多边方案，为促进全球共同发展、实现联合国2030年可持续发展目标做贡献。

数据库

亚投行将继续加强对跨境互联互通项目的支持力度。2016年以来，亚投行累计为34个成员经济体提供了236个项目融资，其中32个项目促进了跨境的互联互通，项目涵盖交通、能源，以及越来越多的跨境数字基础设施类项目。

亚投行的跨境互联互通融资审批金额，从2022年的5.46亿美元增加到2023年的12亿美元（截至2023年10月底）。互联互通融资审批占全部融资审批的比例，也从2022年的12.7%增加到2023年的28.5%。到2030年，亚投行每年跨境互联互通审批占比将至少达到25%。

（资料来源：https://baijiahao.baidu.com/s?id=1781724566171785373&wfr=spider&for=pc）

五、弘扬“上海精神”，实现更大发展

10年前，面对世界之变、时代之变、历史之变，习近平主席提出人类生活在同一个地球村，越来越成为你中有我、我中有你的命运共同体。10年来，人类命运共同体理念得到国际社会广泛认同和支持，正在从理念转化为行动、从愿景转变为现实。在这个过程中，上海合作组织走在时代前列，秉持人类命运共同体理念，弘扬“上海精神”，构建上海合作组织命运共同体。

——我们秉承守望相助、同舟共济优良传统，坚定支持维护彼此核心利益，成为各自发展振兴道路上可信赖的伙伴。

——我们践行共同、综合、合作、可持续的安全观，照顾各方合理安全关切，统筹应对各类传统安全和非传统安全挑战，共同守护地区和平和安宁，携手为地区国家发展繁荣营造良好环境。

——我们秉持创新、协调、绿色、开放、共享的发展理念，对接各国发展战略和区域合作倡议，培育经贸、互联互通、能源、农业、金融、科技创新等领域合作增长点，促进各国经济协同联动发展。

——我们传承睦邻友好精神，坚持文明平等互鉴、对话包容，倡导不同文明和平共处、和谐共生，拓展人文合作，夯实各国关系发展的民意基础。

——我们维护国际公平正义，反对霸权霸道霸凌行径，扩大本组织“朋友圈”，构建起对话不对抗、结伴不结盟的伙伴关系，壮大了维护世界和平稳定的进步力量。

当今世界变乱交织，百年变局加速演进，人类社会面临前所未有的挑战。团结还是分裂？和平还是冲突？合作还是对抗？再次成为时代之问。各国人民对美好生活的向往就是我们的追求，和平、发展、合作、共赢的时代潮流不可阻挡。

近年来，上海合作组织日益发展壮大，既迎来难得的发展机遇，也面临前所未有的风险挑战。印度诗人泰戈尔说过："信念鞭策着人们，勇敢面对未知的前途。"我们要肩负起时代赋予的重任，牢记初心使命，坚持团结协作，为维护世界和平与发展注入更多确定性和正能量。

思政点拨

从双边层面看，中国同上合组织多个成员国就构建双边命运共同体达成一致，发挥了示范引领作用；从区域层面看，上海合作组织在促进地区乃至世界的和平、稳定、发展、繁荣方面发挥积极作用，成为世界范围内一支团结进步的力量，这正是构建人类命运共同体的应有之义。习近平主席用"走在时代前列"评价上合组织在推动构建人类命运共同体进程中发挥的作用，恰如其分。

——中国现代国际关系研究院欧亚所所长丁晓星

（一）把牢正确方向，增进团结互信

上海合作组织成立 20 多年来，经受了国际风云变幻的严峻考验，始终朝着求团结、增互信、谋发展、促合作的正确方向迈进。我们积累了弥足珍贵的实践经验，也取得了来之不易的发展成果。事实证明，只要我们胸怀大局，担起责任使命，排除各种干扰，就能够维护好、实现好各成员国安全和发展利益。

我们要加强战略沟通和协作，倡导以对话消弭分歧、以合作超越竞争，切实尊重彼此核心利益和重大关切，坚定支持彼此实现发展振兴。要从地区整体和长远利益出发，独立自主制定对外政策。要高度警惕外部势力在本地区煽动"新冷战"、制造阵营对抗，坚决反对任何国家以任何理由干涉内政、策动"颜色革命"，把本国发展进步的前途命运牢牢掌握在自己手中。

（二）维护地区和平，保障共同安全

实现地区长治久安是我们的共同责任。中方愿同各方一道落实全球安全倡议，坚持通过对话协商化解国家间分歧矛盾，推动政治解决国际和地区热点问题，筑牢地区安全屏障。

要提升本组织安全合作水平，持续开展联合行动，严厉打击"东突"等"三股势力"、毒品走私、网络和跨国有组织犯罪。要加紧完善本组织执法安全合作机制，拓展数据安全、生物安全、外空安全等非传统安全领域合作。要继续发挥阿富汗邻国协调合作机制等平台作用，加大对阿富汗人道主义支持，推动阿富汗当局搭建广泛包容的政治架构，走上和平重建道路。

思政点拨

中方一直是《联合国打击跨国有组织犯罪公约》重要参与方、忠实践行者和积极贡献者，坚决有力打击一切有组织犯罪行为，积极参与打击电信诈骗等跨国合作。中国同联合国毒罪办、国际刑警组织等加强交流合作，在金砖、上海合作组织等框架下同地区国家就打击跨国有组织犯罪开展合作，不断取得积极成果。中方将继续积极落实全球安全倡议，同各方携手，有效应对复杂交织的安全挑战，努力实现世界持久和平。

——中国常驻联合国代表张军

（三）聚焦务实合作，加快经济复苏

促进经济增长是地区国家的共同任务。中方愿同各方一道落实全球发展倡议，坚持经济全球化正确方向，反对保护主义、单边制裁、泛化国家安全概念，反对搞“筑墙设垒”“脱钩断链”，努力把互利合作“蛋糕”做大，让发展成果更多更公平惠及各国人民。

我们要加强高质量共建“一带一路”同各国发展战略和地区合作倡议对接，深入推进贸易和投资自由化便利化，加快口岸基础设施和区域国际物流大通道建设，保障区域产业链供应链稳定畅通。2023 年是习近平主席提出“一带一路”倡议 10 周年，中方举办了第三届“一带一路”国际合作高峰论坛，与各方共同把这条造福世界的幸福之路铺得更宽更远。

中方建议扩大本组织国家本币结算份额，拓展主权数字货币合作，推动建立本组织开发银行。中方愿分享市场机遇和发展经验，实施青年职业农民赋能行动，依托中国—上海合作组织大数据合作中心开展数字技术人才培训，举办本组织国家绿色发展论坛。

本组织已经建立起多个务实领域部级会议合作机制，中方也设立了地方经贸合作示范区、农业技术交流培训示范基地等合作平台。要积极发挥这些机制平台作用，全力破解务实合作堵点难点问题，促进本组织国家经济高质量发展。

（四）加强交流互鉴，促进民心相通

多样文明和谐发展是地区国家人民的美好愿景。我们欢迎各方一道落实全球文明倡议，推动不同文明包容共存，促进各国人民相知相亲。

我们要继续深化教育、科技、文化、卫生、体育、媒体等领域合作，支持上海合作组织睦邻友好合作委员会等民间机构工作，举办更多人文交流活动。未来几年，中方将向本组织国家提供 1 000 个国际中文教师奖学金名额和 3 000 个“汉语桥”夏令营名额，邀请 100 名青年科学家来华参加科研交流。中方还将举办乡村振兴、应对气候变化等主题活动，欢迎各方积极参与。

（五）践行多边主义，完善全球治理

公平、公正是地区国家的一致追求。我们要弘扬全人类共同价值，坚定维护以联合国为核心的国际体系和以国际法为基础的国际秩序，反对霸权主义和强权政治，推动全球治理朝着更加公正合理的方向发展，在不断促进权利公平、机会公平、规则公平的共同努力中推进人类社会现代化。要支持本组织加强同观察员国、对话伙伴及联合国等国际和地区组织交往，共同做世界和平的建设者、全球发展的贡献者、国际秩序的维护者。

当前，中国人民正在中国共产党领导下推进中国式现代化建设。中国式现代化主要特征是人口规模巨大、全体人民共同富裕、物质文明和精神文明相协调、人与自然和谐共生、走和平发展道路，创造了人类文明新形态。我们愿以中国式现代化新成就，为包括上海合作组织国家在内的世界各国提供新的发展机遇，推动建设更加美好的世界。

大道不孤，众行致远。上海合作组织顺应当今时代潮流、契合人类进步方向，一定能够在我们的共同努力下不断发展壮大。

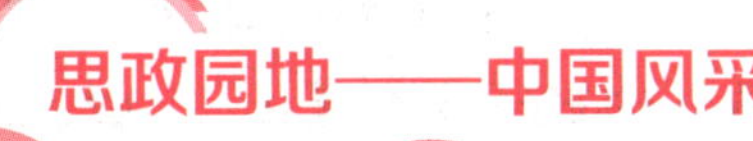

上合示范区走进长三角地区开展经贸交流活动凝聚合作共识

2023 年 12 月 1 日，上合示范区走进长三角经贸交流“1+N”系列活动临空推介暨项目路演专场在上海上合示范区上海联络中心举行。此次活动是深化上合示范区、临空经济区与长三角城市群联通联动，全面加强彼此间产业、经贸、金融等领域合作的具体行动。

活动中，胶东临空经济示范区面向长三角区域的政府机构、园区和广大企业进行深度推介。立足上合示范区公共产品属性，上海昌进生物有限公司、上海江睿科技有限公司等众多企业借助平台亮相推介，在更大范围内寻找发展新机遇。

山东省的“流量高地”

自 2016 年国家发改委、民航局联合批复以来，青岛胶东临空经济示范区坚持“上合空港、临空示范”发展理念，锚定“海陆空铁”四港联动，高位规划建设 4F 级胶东国际机场、空港综合保税区和上合国际枢纽港，聚力打造国际一流航空都市区，正加快成为青岛高质量发展新的动力源和增长极。

其中，胶东国际机场作为山东省内首座 4F 级机场，目前累计开通航线 241 条，其中国际及地区 31 条，航线覆盖亚洲、欧洲、美洲、上合组织国家及共建“一带一路”国家。预计年内胶东国际机场将实现旅客吞吐量 2 000 万，货邮吞吐量 30 万吨。未来，机场二期将再建 2 条跑道和 T2 航站楼，建成后可满足年旅客吞吐量 5 500 万人次、货邮吞吐量 100 万吨的保障需求。

青岛空港综保区作为山东省内唯一的空港综合保税区，致力于建成辐射山东、助力中国—上海合作组织地方经贸合作示范区发展的开放高地。自 2023 年 8 月份开关运行以来，已引进海程邦达、芯恒源等总投资161.98亿元的14个项目，发展动力初显。

上合国际枢纽港背靠青岛国家港口型、空港型、生产服务型、商贸服务型“四型”叠加物流枢纽功能优势，搭建上合组织国家面向亚太市场的“出海口”。依托山东省唯一的铁路集装箱中心站，上合国际枢纽港不断释放“海陆空铁”四港联动效能，用规划、资本、项目三合一形式助推枢纽港新发展。

打造经贸互动新平台

此次活动是临空区突破县域思维，落实管委+镇街一体化，为上海和胶东半岛、胶州市各镇街搭建桥梁，扩大高端制造、商贸文旅、科技创新等领域合作的一次生动实践。

聚焦“上合国际枢纽港·临港产业集聚区”的属相定位，胶北街道大力发展港加、港贸、港服等产业，统筹推进专业园区空间拓展、项目招引，打造高品质产业园区，强化同空港新城纽带联系，协同空港综保区和上合科创综合服务基地，放大空港资源在上合国际枢纽港建设中高端要素赋能作用，主动承接空港与上合国际枢纽港关联的物流、贸易等业务，依托数字孪生技术实现数据信息的互联互通，推进“海陆空铁”四港的高效耦合。

临空区不仅是胶州各镇街发力新兴产业的载体，更是赋能各镇街扩大影响力、塑造新优势的关键平台。以此为逻辑原点，青岛胶东临空经济示范区深化临空区北区、胶东街道、胶莱街道、李哥庄等各镇街与长三角城市群联通联动，促进临空区北区、各镇街与长三角地区的资源链接和融合发展，助推双方充分发挥区位、产业优势，实现共赢。

在此基础上，临空区北区、胶州各镇街不仅破题“临空经济会客厅”，更成为面向上合组织、辐射共建“一带一路”资本、技术、人才的汇聚平台，供应链、产业链的耦合平台，为打造上合组织国家间经贸交流、经济互动的新载体和“一带一路”国际合作新平台注入强劲动力。

打造国际一流航空都市区

临空示范区将充分利用流量优势、政策优势和区位优势，形成突破性发展，更好地支持上合示范区建设。按照上合空港新城的有关规划，该片区内还将打造上合空港综合保税基地、上合空港型物流枢纽基地、上合“双枢纽”机场基地、上合商旅文产业基地，进一步促进人流、物流、资金流、信息流、技术流奔涌碰撞。

上合空港综合保税基地将重点打造集成电路产业园，引进配套企业，推动全产业链发展；扩大跨境电商进口目录，建设RCEP国家到上合组织国家的跨境电商中转基地；引进航空发动机等零部件厂商，发展二手航材修复、认证、再销售等产业，建设航材维修和存储分拨中心。

上合空港型物流枢纽基地将不断拓展上合组织和共建“一带一路”国家全货机及“客改货”航线，构建通达全球的航空货运网络；搭建“全货机+腹舱带货+空空中转+卡车航班”的航空货运联动发展模式；推动空港口岸、空港综保区和保税监管场所间物流便利流动。

上合“双枢纽”机场基地将推动面向日韩及上合组织国家的“双枢纽”建设，加强与乌鲁木齐、昆明、哈尔滨等国内空港枢纽和阿拉木图、迪拜等境外枢纽合作；深化与上合组织和共建“一带一路”国家头部航司合作；组建上合航空货运公司，成立“上合+金砖”航空产业联盟。

上合商旅文产业基地将加强与上合组织和共建“一带一路”国家重点旅游城市交流合作，开发观光度假、专题游览、颐养健康和生态休闲等旅游项目，推介吸引文旅流量聚集；引进建设免税购物主题商业综合体，推进上合空天博览馆建设，打造标杆级商业旅游地标。

在开放中创造机遇

为全力促进企业发展，本次活动中，上海昌进生物有限公司等众多在青深度布局的企业逐一上台路演，更大范围内寻找发展新机遇。

近年来，临空示范区不断整合交通、土地、人才、资金和配套资源，为建设上合示范区贡献“临空力量”。为帮助企业发展，按照“政府+平台公司+头部企业+社会资本”思路，临空区完善国有资本投资运营的市场化机制，持续为企业落户发展赋能。为集聚人才，临空区系统集成了“才赋上合”人才金政 30 条，构建起与上合新区建设相匹配的人才政策体系和发展生态，打造人才合作共赢的理想实现地。此外，针对金融业、生物医药产业、集成电路产业等片区重点发展的产业，已出台相应的政策扶持，不断吸引头部企业和行业领军企业集聚。

长江三角洲是中国经济发展最活跃、开放程度最高、创新能力最强的区域之一，在国家现代化建设大局和全方位开放格局中具有举足轻重的战略地位。上合示范区作为全国唯一面向上合组织国家开展地方经贸合作的国家级平台，已经站在了新一轮更高水平对外开放的新风口。未来，我们将依托上合示范区搭建的平台，不断深入长三角地区交流取经，在开放中创造机遇，在合作中破解难题。

（资料来源：中国日报网，2023 年 12 月 4 日，有改动）

六、进博会让合作共赢惠及世界

大江奔涌，潮起东方。黄浦江畔，各国来宾再赴“进博之约”，世界又一次瞩目中国。

越办越好的进博会，依托中国大市场优势，发挥国际采购、投资促进、人文交流、开放合作平台功能，已经成为中国构建新发展格局的窗口、推动高水平开放的平台、全球共享的国际公共产品，不仅助力中国高质量发展和高品质生活，也为世界经济增长注入强大正能量。

第六届进博会，展览面积约 36.7 万平方米，世界 500 强和行业龙头企业参展数超历届水平，超过 400 项新产品、新技术、新服务集中展示。通过进博会窗口，世界看到中国正以更加开放自信的姿态，以中国新发展为世界提供新机遇，让中国大市场成为世界共享的大市场，助力推动构建开放型世界经济，让合作共赢惠及世界。

当前，世界经济复苏动力不足，需要各国同舟共济、共谋发展。中国将始终是世界发展的重要机遇，将坚定推进高水平开放，持续推动经济全球化朝着更加开放、包容、普惠、平衡、共赢的方向发展。希望进博会加快提升构建新发展格局的窗口功能，以中国新发展为世界提供新机遇；充分发挥推动高水平开放的平台作用，让中国大市场成为世界共享的大市场；更好提供全球共享的国际公共产品服务，助力推动构建开放型世界经济，让合作共赢惠及世界。

（习近平主席向第六届中国国际进口博览会致信，2023 年 11 月 5 日）

历史，总是在一些特殊年份给人们以汲取智慧、继续前行的力量。

2018 年 11 月 5 日，习近平主席在首届中国国际进口博览会开幕式上的主旨演讲中庄严宣告："中国国际进口博览会不仅要年年办下去，而且要办出水平、办出成效、越办越好。"

之后，每年 11 月，进博会年年举办，新老朋友如约而至。一个个收获满满的"进博故事"，一次次合作共赢的"双向奔赴"，汇聚成中国与世界深度交融、共同发展的壮丽画卷。

前 5 届进博会，展示超过 2 000 项代表性首发新产品、新技术、新服务，累计意向成交额近 3 500 亿美元。本届进博会，"朋友圈"持续扩大，参展商超过 3 400 家，世界 500 强和行业龙头企业数量达 289 家，为历届之最。

因开放而生，因开放而兴，进博会是推动高水平开放的平台，也见证了中国坚定推进高水平开放的铿锵脚步。

市场准入不断扩大，印证中国开放的力度。在第六届进博会国家展的中国馆里，"中国自由贸易试验区建设 10 周年成就展"吸引了很多观众驻足。一张负面清单，经过 7 次缩减，由最初的 190 项缩减到现在的 27 项，自贸试验区版的外商投资准入负面清单持续瘦身……中国不断扩大高水平对外开放，发展了自己，也造福了世界。

开放是当代中国的鲜明标识。党的十八大以来，中国实行更加积极主动的开放战略，成为 140 多个国家和地区的主要贸易伙伴，货物贸易总额居世界第一，吸引外资和对外投资居世界前列，形成更大范围、更宽领域、更深层次对外开放格局。

不断优化的营商环境，印证中国开放的深度。周一在国外牧场生产的牛奶，周二就能上飞机，周三直达中国消费者餐桌……作为首批通关贸易便利化验放分离和边检边放的试点企业之一，参展进博会的新西兰纽仕兰乳业感受到"进博速度"："这展现了中国通过制度创新、改进流程，不断优化营商环境的态度。"

优化营商环境是全面深化改革的必然选择。党的十八大以来，中国坚定推进高水平开放，持续推进"放管服"改革，大幅减少行政审批等事项，大力减税降费，打造市场化、法治化、国际化的一流营商环境，一系列举措有力激发了各类经营主体活力。

高品质生活消费品不断丰富，印证中国开放的温度。本届进博会上，众多参展商携新品亮相，为消费者带来更加丰富的选择。在佳农展台，一款金黄色的厄瓜多尔麒麟果引发观众围观；在雅培展台，新一代雅培全安素营养品，适合中国老年及康复人群的营养需求。

人民对美好生活的向往，就是我们的奋斗目标。2023 年我国对 1 000 多项商品实施进口暂定税率，根据已签署生效的自由贸易协定和优惠贸易安排，进一步降低税率水平，持续释放消费品进口潜力，更好满足人民群众高品质生活需求。

商品、企业、资源在这里汇聚，出口和进口、生产和消费的距离在这里拉近。进博会成为中国构建新发展格局的窗口，见证中国经济高质量发展为世界带来的市场机遇、投资机遇、增长机遇。

“绿色进博”彰显潮流。本届进博会实现全绿电办展，灯光、摆渡车等场馆设施供电来自风电、光伏等新能源，进博会已采购绿电 800 万千瓦时，预计可减少碳排放约 3 360 吨。毕博公司展出碳排放计算器，可以评估全生命周期产品的碳排放量；丰田汽车展示了节能环保的商用车用氢燃料电池系统；米其林推出更加绿色的可持续材料轮胎。

绿色成为高质量发展的鲜明底色。党的十八大以来，我国加快构建绿色低碳循环发展的经济体系，大力推行绿色生产生活方式，风电装机稳居全球首位，规模以上工业单位增加值能耗 10 年累计下降幅度超 36%，中国走出了一条生产发展、生活富裕、生态良好的文明发展道路。

全球首发、亚洲首秀、中国首展，进博会上一项项新产品、新技术，凸显科技创新在全球企业心中的分量。在欧莱雅展台，一只灵巧的机械手臂，精准抓取化妆品智能上妆；在德国卡赫展台，一款无线布艺清洁机几秒钟内就吸走了沙发上的酱油污渍。

创新是高质量发展的第一动力。随着创新发展理念深入人心，创新环境越来越好，更多全球先进技术、创新资源汇聚中国。2023 年前三季度，我国制造业实际使用外资金额同比增长 2.4%，其中高技术制造业实际使用外资同比增长 12.8%，彰显出引资“含金量”。

“合作”“共赢”是共同的话题。越来越多国家的特色产品搭乘“进博会快车”，进入中国市场。为最不发达国家参展商提供部分免费标摊、免费运输展品服务，举办专场供需对接会，卢旺达辣椒、马达加斯加深海大龙虾……进博会上，互利共赢的故事数不胜数。

“进博会将最不发达国家的企业介绍给中国和全世界的企业，给他们带来融入全球贸易体系的机会。”世贸组织相关人士如此评价。

“进博效应”持续释放，进博“朋友圈”不断扩大，进一步表明中国超大规模市场的需求优势，中国经济具有巨大的发展韧性和潜力，长期向好的基本面没有改变。在推进中国式现代化的新征程上，中国推动高质量发展，不断塑造发展新动能新优势，必将催生更多新的合作机遇，为全球经济发展注入更多正能量。

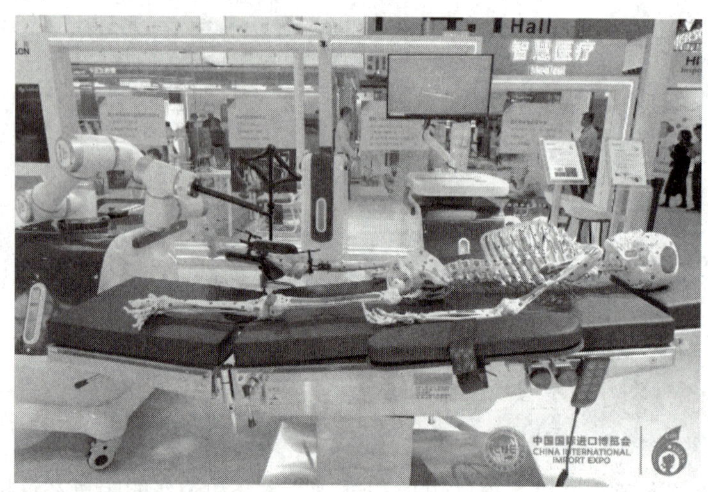

习近平主席强调：“经济全球化是历史潮流。长江、尼罗河、亚马孙河、多瑙河昼夜不息、奔腾向前，尽管会出现一些回头浪，尽管会遇到很多险滩暗礁，但大江大河奔腾向前的势头是谁也阻挡不了的。”

当前，世界百年未有之大变局加速演进，世界经济复苏乏力，作为全球共享国际公共产品的进博会，持续推动做大共享“蛋糕”，正为世界经济注入活力。

一个个互利共赢的合作成果，不断增进民生福祉。肯尼亚鲜食牛油果进入中国市场，成千上万的当地种植户受益；一条阿富汗羊毛地毯在中国销售，四五个地毯编织工人家庭增收……进博会的生动故事，诠释了中国发展不断惠及各国人民的现实。

一个个自贸协定签署，让产品服务流动更加顺畅。本届进博会前夕，中国—塞尔维亚正式签署自贸协定，双方将分别对90%的税目相互取消关税，中方将牛肉、葡萄酒、坚果等纳入零关税。2023年，中国与厄瓜多尔、尼加拉瓜、塞尔维亚签署自贸协定。至此，中国已与29个国家和地区签署22个自贸协定。中国以实际行动持续推进贸易和投资自由化便利化，更好实现中国和其他国家共同发展。

一个个国际论坛举办，让中国方案更加深入人心。本届进博会，配套现场活动排期120多场，涵盖政策解读、贸易对接、投资促进、研究发布等类别。“进博会是一个高标准开放的平台，也是一个面向全世界的公共产品。为世界各国创造更多对话机会，让发达国家和发展中国家进行更好的互动。”联合国贸发会议全球化与发展战略司司长柯睿智说。

展品变商品，参展商变投资商，进博会一方面畅通国内大循环，另一方面连接国内国际双循环，对加快构建新发展格局和推动世界经济发展做出了积极贡献。

不仅仅是进博会，消博会、服贸会、广交会……2023年以来，我国举办了多场重头国际展会，不断传递出“我们敞开大门，谁来同我们合作都欢迎”的诚意，不断拓宽的经贸合作领域，坚定了全球企业深耕中国市场的信心。

进博会上，吉祥物“进宝”吸引了许多来宾合影。充满活力的“进宝”，佩戴着一条黄蓝相间的围巾，其中黄色代表了“丝绸之路经济带”，蓝色代表了“21 世纪海上丝绸之路”。从把进博会办出水平、办出成效、越办越好，到推动高质量共建“一带一路”，中国用扎实行动坚定推动建设开放型世界经济，为构建人类命运共同体贡献中国方案和中国力量。

“世界好，中国才会好；中国好，世界会更好。”新征程上，中国以实际行动扩大高水平开放，以高质量发展扎实推进中国式现代化，必将让合作共赢惠及世界，共创开放繁荣的美好未来。

思政园地——中国风采

“进”享全球　“博”出未来

黄浦江畔，“四叶草”造型的上海国家会展中心再迎全球客商的“欢聚时刻”。

第六届中国国际进口博览会于 2023 年 11 月 5 日开幕，“新朋友”美国芯片龙头企业亚德诺一口气拿下 300 平方米的展位，巴基斯坦展商哈比带来承载 900 多年当地文化的“非遗”骆驼皮灯，法国施耐德电气精心打造出内含 70 多个零碳应用场景的“巨型沙盘”……

沿袭全人类共同发展的坐标系，越办越好的进博会持续释放磁力与魅力，更加开放的东方大国正牵手世界共创美好未来。

世界资源“博”

参加进博会之前，叙利亚商人穆罕纳德一度认为堆积在货架上的古皂，“会被永远遗忘在世界的一个角落”。

如今，坐在热闹非凡的进博会展台前，穆罕纳德依旧惊叹于中国庞大市场带来的巨变：每月订货量稳定在 5 至 6 吨，只有采用空运，才能满足订单速度。

香精油、洗发水、锦缎领带……2023 年，穆罕纳德的展品首次扩容，“让更多当地人的手艺来到进博会，意味着闭塞村庄打开了通向明天的窗户”。

从最不发达国家到发达国家，从初创公司到世界 500 强，从智能制造到农食产品……进博会串联起跃跃欲试的全球企业和摩拳擦掌的国内客商，“进博效应”辐射全球。

第六届进博会有超过 3 400 家参展商和近 41 万名专业观众注册报名，规模全面恢复到疫情前水平；展览面积约 36.7 万平方米，参展的世界 500 强和行业龙头企业数达 289 家，超过历届水平。

“这是我的小红书账号，里面有美食详解。”挪威海产局展台前，多名中国“网红”正在分享挪威海产地见闻。他们身后，三文鱼、北极鳕鱼、红帝王蟹等货品琳琅满目。

“2023 年，我们新增了 4 家企业参展，还在进一步扩大与中国零售商店的合作洽谈。”挪威海产局中国内地及香港地区总监董安睿认为，进博热度能够撬动更大的贸易热度。

“四叶草”里蕴含着无数机遇，激励诸多参展商谋划在华市场更“进”一步。苏格兰威士忌、俄罗斯巧克力、比利时红酒……与“四叶草”隔空相望，虹桥品汇内随处可见历届进博会“爆款”。

“2023 年前三季度，平台贸易额超 100 亿元。进博平台 365 天都在为全球消费者敞开大门。”上海虹桥国际进口商品展销有限公司副总经理朱菁说。

现代开放“进”

从“四叶草”一路向东，中国首个自贸试验区——上海自由贸易试验区已满 10 周岁，“中国芯”“创新药”“未来车”等现代化产业体系结出的硕果，频频亮相进博会。

国际舆论感叹，中国式现代化的脉动，在这里一探便知。

“历届进博会上，瓦里安医疗展示的新产品新技术都已落地中国研发生产。”还未踏进瓦里安展台，工作人员与嘉宾高声洽谈的话语就已传来。

瓦里安的自信来自其位于北京的全球创新中心。公司全球资深副总裁兼大中华区总裁张晓说：“目前，北京研发和生产基地规模已远超美国硅谷总部，我们 2023 年会在中国投资建立精准肿瘤诊疗临床服务体系，让更多中国智造服务全球。”

借由进博平台完成“生产商变生态建设者”华丽转型的，还有首次亮相创新孵化专区的欧莱雅。

位于上海浦东新区的欧莱雅中国研发和创新中心，是集团全球研发和创新的六大区域枢纽之一，也是亚太地区最大的研发中心。这里产出的面膜、BB 霜、染发膏等都已经走向东南亚、欧洲和美国等地。

“这些都证明了中国创新圈的超高价值，”欧莱雅北亚总裁及中国首席执行官费博瑞说，“在中国、为世界”是进博会的鲜明特征，也是中国式现代化为全球客商带来的全新机遇。

当前全球开放发展面临不少困难，世界经济和贸易增长动能减弱。中国社会科学院经济研究所所长黄群慧说，中国式现代化将绿色、和平、互利共赢的发展理念，融入多边及与第三方合作中，是建设开放型世界经济实践的重要组成部分。

“创”造未来

手指轻轻滑动屏幕，即可“一键换发色”。进博会上，花王公司带来了最新研发成果——花王 Life+在线智能小程序，内置的 AR 试色功能通过捕捉肤色、皮肤亮度及五官轮廓数据，帮助受众找到专属个性发色。

“参加进博会就像站在巨人的肩膀上，与消费者一同探寻美好生活更多更好的可能性，这是我们的一贯观点。”花王（中国）投资有限公司董事长竹安将说。

当前沿技术、先进理念与庞大市场需求充分对接，碰撞出的璀璨火花比比皆是。

在首次亮相的优衣库衣物新生工坊展台，不少嘉宾正尝试将牛仔裤等旧材料制成“焕新”环保袋。一旁货架上，纳米级纤维科技羽绒、节水牛仔裤、轻量化保暖内衣等科技新品也吸引不少人驻足。

“向绿而行的中国消费市场，我们绝不会缺席。”迅销集团全球执行董事、优衣库大中华区首席市场官吴品慧的话，道出了众多在华外企的心声。

《世界开放报告 2023》统计显示，2022 年中国绿色贸易进出口总额为 1.08 万亿美元，全球占比达 12.2%。

近年来，“世界开放指数”不断下滑，全球开放共识趋于弱化。2018—2023 年间，进博会在积极作答更多时代命题。

从“加快出台外商投资法规”，到“加快推进海南自由贸易港建设”，再到“创建‘丝路电商’合作先行区”……进博会成为世界了解中国推动规则、规制、管理、标准等制度型开放的观察窗口。

“进博会之所以全球瞩目，不仅因其展示了中国市场的巨大吸引力，更因为在这里，国际社会收获了相向而行、合作共赢的重要成果和坚定信心。”北京大学国际关系学院教授翟昆说。

新开发银行行长、巴西前总统罗塞夫认为：“尊重不同文化背景，尊重文明多样性，谋求共享发展、共同繁荣，一系列中国理念和中国主张为数十亿民众以及我们共享的地球带来希望和进步。”

（资料来源：新华网，2023 年 11 月 5 日，有改动）

以党的二十大精神为指引　推进高水平对外开放

习近平总书记在党的二十大报告中强调，“中国坚持对外开放的基本国策，坚定奉行互利共赢的开放战略”，“推进高水平对外开放”。这一重要论述，为我们推进对外开放工作指明了前进方向、提供了根本遵循。

深入学习贯彻习近平总书记关于对外开放的重要论述

党的二十大报告指出，10 年来，“我们实行更加积极主动的开放战略，构建面向全球的高标准自由贸易区网络，加快推进自由贸易试验区、海南自由贸易港建设，共建‘一带一路’成为深受欢迎的国际公共产品和国际合作平台。我国成为 140 多个国家和地区的主要贸易伙伴，货物贸易总额居世界第一，吸引外资和对外投资居世界前列，形成更大范围、更宽领域、更深层次对外开放格局”。新时代 10 年，我国开放事业取得的历史性成就、发生的历史性变革，是在习近平新时代中国特色社会主义思想特别是在习近平总书记关于对外开放的重要论述指引下实现的，充分彰显了党的创新理论的思想伟力和实践伟力。

中国越发展就越开放。习近平总书记在二十届中央政治局常委同中外记者见面时强调：“中国开放的大门只会越来越大。”习近平总书记反复强调开放的重要性，指出“开放带来进步，封闭必然落后”，“开放是当代中国的鲜明标识”，“对外开放是中国发展的关键一招”，“开放是国家繁荣发展的必由之路”。这些重要论述，是对新时代我国开放发展的高度概括和精准把握，指引我国开放道路越走越宽广。

10年来，我国开放型经济取得历史性成就，经济总量从53.9万亿元增长到114.9万亿元，货物与服务贸易总额连续两年居全球第一，吸收外资全球占比从8.2%提升到11.4%，对外投资稳居全球前三。这充分说明，中国越发展越开放，越开放越发展。对外开放的基本国策，在任何时候都不能动摇。我们必须更加深刻地认识对外开放的历史必然性，更加自觉地把握对外开放的规律性，更加坚定地肩负起扩大开放的重大责任。

坚持高水平对外开放。党的二十大报告把“推进高水平对外开放”作为“加快构建新发展格局，着力推动高质量发展”的重要内容。习近平总书记多次强调，“中国推动更高水平开放的脚步不会停滞”，“推动更深层次改革，实行更高水平开放，为构建新发展格局提供强大动力”。这些重要论述深刻阐释了改革开放永无止境，只有进行时没有完成时。高水平对外开放是我们破解发展问题的重要动力。我国不断提高开放水平，以开放促改革促发展促创新，释放新的改革红利，推动高质量发展。

10年来，我国相继推出一大批新的开放举措。全面实施外资准入前国民待遇加负面清单管理模式，限制措施由最初的93项减到31项。实施外商投资法，外商投资法律体系进一步完善。先后设立21个自贸试验区，进出口占全国的17.8%，吸收外资占全国的17.9%。海南自由贸易港加快建设，迄今已推出120多项制度创新成果。颁布实施出口管制法，建立不可靠实体清单等制度，维护产业链、供应链安全，为扩大高水平对外开放提供安全保障。这启示我们，实现高质量发展，必须全面提高对外开放水平，形成国际合作和竞争新优势。

推动建设开放型世界经济。党的二十大报告指出：“推动建设开放型世界经济，更好惠及各国人民。”习近平总书记一贯强调“坚持胸怀天下”，提出要“以更大的开放拥抱发展机遇，以更好的合作谋求互利共赢，引导经济全球化朝正确方向发展”，“维护以世界贸易组织为核心的多边贸易体制，消除贸易、投资、技术壁垒，推动构建开放型世界经济”。这要求我们必须坚持经济全球化正确方向，推动贸易和投资自由化便利化，支持多边贸易体制，推进双边、区域和多边合作，共同营造有利于发展的国际环境。

10年来，我国积极参与全球经济治理，坚定维护多边贸易体制，推动世贸组织2013年达成《贸易便利化协定》、2015年达成《信息技术协定》扩围协议、2022年第12届部长级会议取得一揽子丰硕成果等。全面实施自贸区提升战略，对外签署的自贸协定数由10个增长到19个，与自贸伙伴的贸易额占比从17%提升到约35%。签署并实施《区域全面经济伙伴关系协定》，积极推进加入《全面与进步跨太平洋伙伴关系协定》

《数字经济伙伴关系协定》。中国国际进口博览会连续举办 5 年，已经成为中国构建新发展格局的窗口、推动高水平开放的平台、全球共享的国际公共产品。中国的开放发展为世界开放合作注入源源不断的新动力。

推动构建人类命运共同体。党的二十大报告指出：“构建人类命运共同体是世界各国人民前途所在。”党的十八大以来，习近平总书记深刻把握人类社会发展规律，提出了构建人类命运共同体的重大倡议。习近平总书记强调，“我们要坚持共商共建共享的全球治理观，不断改革完善全球治理体系，推动各国携手建设人类命运共同体”，“推动共建‘一带一路’高质量发展”，“中国提出了全球发展倡议、全球安全倡议，愿同国际社会一道努力落实”。这些重要论述深刻回答了“建设一个什么样的世界，如何建设这个世界”等关乎人类前途命运的重大课题，得到国际社会高度评价和热烈响应。这要求我们不断以中国新发展为世界提供新机遇，巩固拓展全球经贸伙伴关系，开创合作共赢新局面。

10 年来，我们推动“一带一路”经贸合作取得显著成效，2013—2021 年，我国与沿线国家货物贸易额累计近 11 万亿美元，对沿线国家直接投资累计 1 613 亿美元。境外经贸合作区高质量发展，“小而美”项目积极推进，给当地创造了税收、带动了就业，支持和帮助广大发展中国家加快发展，给当地百姓带来了实实在在的获得感。全面开展国际抗疫合作，对外提供新冠疫苗、抗疫物资等支持，推动打造人类卫生健康共同体。中国以实际行动证明，中国不断扩大对外开放，既发展了自身，也造福了世界。

高水平对外开放的时代要求

当前，世界之变、时代之变、历史之变正以前所未有的方式展开。我们要深刻理解党的二十大报告提出的“推进高水平对外开放”的时代要求，以更加坚定的信心、更加有力的措施，把改革开放不断推向深入。

高水平对外开放是促进深层次改革的开放。不断扩大对外开放、提高对外开放水平，以开放促改革、促发展，是我国发展不断取得新成就的重要法宝。改革与开放是我国发展的两大动力，二者相辅相成、缺一不可。党的十八大以来，我国坚定不移推进全面深化改革，着力构建开放型经济新体制，不断破除阻滞经济循环的堵点、卡点，经济发展的活力大幅提升。同时也要看到，我国社会主要矛盾发生变化，重点领域改革还有不少硬骨头要啃，制度型开放仍然存在难点待突破。高水平对外开放促进深层次改革，体现在以开放助力完善社会主义市场经济体制，充分发挥市场在资源配置中的决定性作用，更好发挥政府作用，营造市场化、法治化、国际化一流营商环境；对标高标准国际经贸规则，更好发挥自贸试验区、海南自由贸易港改革开放试验田作用，稳步扩大制度型开放，推动形成更高水平开放型经济新体制。

高水平对外开放是推动高质量发展的开放。高质量发展是全面建设社会主义现代化国家的首要任务。党的十八大以来，以习近平同志为核心的党中央坚持发展是党执政兴国的第一要务，深入实施创新驱动发展战略，补短板、强弱项、固底板、扬优势，推动我国经济迈向更高质量、更有效率、更加公平、更可持续、更为安全的发展。推进高水平对外开放，有利于引进更多国际先进要素，更好利用两个市场、两种资源，为我国发展扩空间、提质量、增动力，实现高水平的自立自强。高水平对外开放推动高质量发展，体现在更好发挥开放作用，推动转方式、调结构、增效益，推动科技创新和产业升级，走开放式创新之路，扩大国际科技交流合作，为高质量发展塑造新动能新优势。

高水平对外开放是服务构建新发展格局的开放。构建新发展格局，是以习近平同志为核心的党中央审时度势做出的重大决策。新发展格局绝不是封闭的国内循环，而是更加开放的国内国际双循环。推进高水平对外开放是构建新发展格局的应有之义，有利于增强国内大循环内生动力和可靠性，有利于提升国际循环质量和水平，有利于增强国内国际两个市场两种资源联动效应。高水平对外开放服务构建新发展格局，体现在坚定实施扩大内需战略，推动形成强大国内市场，以国内大循环吸引全球资源要素；加快建设贸易强国，推动贸易投资自由化便利化，促进市场相通、产业相融、创新相促、规则相联，在更高开放水平上形成良性循环。

高水平对外开放是满足人民美好生活需要的开放。增进民生福祉是发展的根本目的。无论是货物贸易还是服务贸易、出口还是进口，都与人民生活息息相关。我国每年进口大量优质消费品、先进技术设备、关键零部件和能源资源，既满足了产业升级的需要，也满足了消费升级的需要。同时也要看到，当前我国部分中低端产品产能过剩和中高端产品供给不足并存，服务供给短板现象突出。高水平对外开放满足人民美好生活需要，体现在更好发挥外贸外资在稳就业、稳经济上的重要作用，增加优质产品和服务进口，满足人民多层次多样化消费需求，不断增强人民群众的获得感和幸福感。

高水平对外开放是与世界合作共赢的开放。历史反复证明，开放包容、合作共赢才是人间正道。中国对外开放，不是要一家唱独角戏，而是要欢迎各方共同参与；不是要谋求势力范围，而是要支持各国共同发展；不是要营造自己的后花园，而是要建设各国共享的百花园。当前，新一轮科技革命和产业变革深入发展，各国的相互联系和彼此依存比过去任何时候都更频繁、更紧密。推进高水平对外开放，有利于以自身开放推动世界共同开放，共同把全球市场的蛋糕做大、把全球共享的机制做实、把全球合作的方式做活。高水平对外开放与世界合作共赢，体现在以更加开放的心态和举措，推动扩大世界开放合作共识，坚持共商共建共享的全球治理观，主动承担大国责任，维护多边贸易体制，为推动建设开放型世界经济、构建人类命运共同体贡献中国智慧和中国力量。

高水平对外开放是统筹发展和安全的开放。安全是发展的保障，发展是安全的目的。统筹发展和安全，增强忧患意识，做到居安思危，是我们党治国理政的一个重大原则。我国发展进入战略机遇和风险挑战并存、不确定难预料因素增多的时期，各种“黑天鹅”“灰犀牛”事件随时可能发生。经济全球化时代，任何国家都不可能独善其身，需要加强国际合作，在开放中谋求自身安全，扩大共同安全。高水平对外开放要统筹发展和安全，体现在更加注重开放安全，坚持总体国家安全观，坚持独立自主与扩大开放有机结合，深刻认识扩大开放中面临的新问题新挑战，把握好扩大开放的力度、速度和程度，以开放增实力防风险，练就金刚不坏之身。

坚定不移推进新时代高水平对外开放

新时代新征程，推进高水平对外开放，对于实现第二个百年奋斗目标和中华民族伟大复兴的中国梦，具有重大而深远的意义。我们要坚持以习近平新时代中国特色社会主义思想为指导，全面贯彻党的二十大精神和中央经济工作会议精神，坚定不移扩大开放，奋力开创对外开放事业新局面。

依托我国超大规模市场优势，夯实开放经济基础。未来一个时期，我国国内市场主导经济循环的特征会更加明显，经济增长的内需潜力会不断释放。要协同推进强大国内市场和贸易强国建设，促进内需和外需、进口和出口、货物贸易和服务贸易、贸易和双向投资、贸易和产业等协调发展，增强国内大循环内生动力和可靠性，赢得开放发展中的战略主动。坚持扩大内需这个战略基点，加快建设现代流通体系，全面促进消费，推动内外贸一体化，加快形成强大国内市场，更好发挥消费对经济发展的基础性作用，更好满足人民美好生活需要。继续办好进博会、广交会、服贸会、消博会、投洽会等重大展会，以国内大循环吸引全球资源要素，增强国内国际两个市场两种资源联动效应。

推动外贸外资稳中提质，提升开放发展质量。外贸外资是我国开放型经济的重要组成部分，要稳住外贸外资基本盘，推动高质量发展。外贸方面，加快建设贸易强国。推动货物贸易优化升级，协调推进新业态新模式创新发展，扩大优质产品进口。创新服务贸易发展机制，建立健全跨境服务贸易负面清单管理制度，建设国家服务贸易创新发展示范区。加快发展数字贸易，建设国家数字服务出口基地，打造数字贸易示范区，提升贸易数字化水平。外资方面，合理缩减外资准入负面清单，实施好新版鼓励外商投资产业目录，吸引更多外资投向先进制造、节能环保、数字经济、研发等领域，落实好外商投资法，依法保护外商投资权益。开放平台方面，稳步扩大制度型开放，实施自由贸易试验区提升战略，加快建设海南自由贸易港，做好高水平开放压力测试，发挥好改革开放综合试验平台作用。

深化对外经贸关系，拓展开放合作空间。深化拓展对外经贸关系，扩大同各国利益的汇合点，为我国发展创造良好外部环境。持续深化“一带一路”经贸合作，坚持共商共建共享原则，推进基础设施互联互通，支持中欧班列发展，建设国际陆海贸易新通道，高水平建设境外经贸合作区，积极推进数字丝绸之路建设。扩大面向全球的高标准自贸区网络，高质量实施《区域全面经济伙伴关系协定》，继续推进加入《全面与进步跨太平洋伙伴关系协定》和《数字经济伙伴关系协定》，推动商签更多高标准自贸协定。夯实双边合作基础，促进大国协调和良性互动，深化同周边国家经贸关系，加强与发展中国家团结合作，扩大互利共赢。

积极参与全球经济治理，凝聚全球开放共识。始终做全球共同开放的重要推动者、全球治理改革的积极贡献者。坚持真正的多边主义，坚定维护多边贸易体制，全面深入参与世贸组织改革谈判，推动贸易和投资自由化便利化，推动二十国集团、亚太经合组织等机制更好发挥作用，深入参与金砖国家、上海合作组织等机制合作，促进国际宏观经济政策协调。参与全球性议题探讨和规则制定，在贸易投资、数字经济、绿色低碳等领域，贡献更多中国智慧、中国方案，维护多元稳定的国际经济格局和经贸关系。

提升风险防范能力，筑牢开放安全屏障。越开放越要重视安全，越要统筹好发展和安全，着力增强自身竞争能力、开放监管能力、风险防控能力。坚持以开放促发展强安全，着力提升产业链供应链韧性和安全水平，在高水平对外开放中增强综合实力。加强事中事后监管，完善外商投资国家安全审查等制度，为开放发展上好“保险”。贯彻总体国家安全观，增强底线思维和风险意识，防范化解重大风险，在更高开放水平上动态维护国家经济安全。

（资料来源：《求是》，2023 年第 2 期，有改动）

思政阅读，学习强国

- 王镭：《扎实推进高水平对外开放》，《红旗文稿》，2023 年第 7 期。
- 《开启高质量共建“一带一路”新阶段》，《红旗文稿》，2023 年第 21 期。
- 叶小文：《坚持自力更生与促进高水平对外开放》，《红旗文稿》，2023 年第 14 期。
- 《让中国大市场成为世界共享的大市场》，《人民日报》，2023 年 11 月 6 日。
- 王晓红：《优化营商环境吸引高质量外资》，《经济日报》，2023 年 12 月 8 日。

思政探究，入脑入心

1. 奉行互利共赢的开放战略，我们应如何做？
2. 推动共建“一带一路”进入高质量发展新阶段的举措有哪些？
3. 举办链博会的背景和意义有哪些？首届链博会有哪些展览内容？
4. 亚投行在推动解决全球性挑战方面做出了哪些贡献？
5. 上海合作组织在发展过程中积累了哪些重要成功经验？
6. 第六届进博会有哪些亮点？

实践活动 “全力打造对外开放新高地”交流分享会

活动目的：

本次活动旨在使学生了解我国实施对外开放政策 40 多年来所做出的努力及取得的成就，引发学生对持续推进更高水平对外开放的关注，进而增强学生的民族自豪感和自信心，坚定中国特色社会主义道路自信。

活动方式：

交流分享会。

活动要求：

（1）课前查阅资料。教师提前布置查阅资料的作业，让学生以“对外开放，坚持‘走出去’‘引进来’”为主题，查阅对外开放的发展情况，以及与之相关的政策等。

（2）知识分享。全班同学分为若干小组，先开展组内知识分享，然后整理本小组查阅到的相关知识，再与其他小组交流与分享。

[1] 习近平．把握时代潮流 加强团结合作 共创美好未来［N］．光明日报，2022-9-17（2）．

[2] 李强出席首届中国国际供应链促进博览会开幕式暨全球供应链创新发展论坛并发表主旨演讲［N］．人民日报，2023-11-29（1）．

[3] 习近平．建设开放包容、互联互通、共同发展的世界——在第三届“一带一路”国际合作高峰论坛开幕式上的主旨演讲［N］．人民日报，2023-10-19（2）．

[4] 习近平．牢记初心使命，坚持团结协作，实现更大发展——在上海合作组织成员国元首理事会第二十三次会议上的讲话［N］．人民日报，2023-7-5（2）．

[5] 金社平．中国将始终是世界发展的重要机遇［N］．人民日报，2023-11-10（1）．

奋进中国特色大国外交新征程

在以习近平同志为核心的党中央坚强领导下，面对国际形势风云变幻，我国对外工作砥砺前行，取得了历史性成就。在波澜壮阔的外交实践中，习近平总书记牢牢把握中国和世界发展大势，深刻思考人类前途命运，提出了一系列富有中国特色、体现时代精神、引领人类发展进步潮流的新理念、新主张、新倡议，形成了习近平外交思想。

面对新时期、新情况，我国将以习近平外交思想为指导，积极发展全球伙伴关系，扩大同各国的利益交汇点，以周边和大国为重点，以发展中国家为基础，以多边为舞台，以深化务实合作、加强政治互信、夯实社会基础、完善机制建设为渠道，全面发展同各国友好合作，不断完善我国全方位、多层次、立体化的外交布局，打造覆盖全球的“朋友圈”，与各国人民结伴而行、共创美好未来。

展望未来，我们前途相关、命运与共。面对变乱交织的世界，我提出构建人类命运共同体理念和全球发展倡议、全球安全倡议、全球文明倡议，旨在推动世界各国携手应对全球性挑战。当前，中国正在以中国式现代化全面推进强国建设、民族复兴伟业。我们追求的不是独善其身的现代化，将坚定不移走和平发展道路，坚持与邻为善、以邻为伴的周边外交方针和亲诚惠容的周边外交理念，让中国式现代化更多惠及周边国家。

（习近平主席会见中越两国青年和友好人士代表时的讲话，
2023 年 12 月 13 日）

一、开创新时代外交工作新局面

党的十九届六中全会将坚持理论创新作为党百年奋斗的一条重要历史经验。党的十八大以来，以习近平同志为主要代表的中国共产党人，坚持把马克思主义基本原理同中国具体实际相结合、同中华优秀传统文化相结合，坚持毛泽东思想、邓小平理论、“三个代表”重要思想、科学发展观，深刻总结并充分运用党成立以来的历史经验，从新的实际出发，创立了习近平新时代中国特色社会主义思想，实现了马克思主义中国化新的飞跃。习近平总书记是习近平新时代中国特色社会主义思想的主要创立者。习近平外交思想是习近平新时代中国特色社会主义思想的重要组成部分，是马克思主义基本原理同中国特色大国外交实践相结合的重大理论成果，为新时代我国对外工作提供了根本遵循和行动指南。《习近平外交思想学习纲要》出版发行，是党中央着眼党和国家工作全局，把学习贯彻习近平新时代中国特色社会主义思想特别是习近平外交思想不断引向深入的重要举措。我们要深入学习贯彻习近平外交思想，准确领会习近平总书记关于国际形势发展变化和中国外交前进方向的科学分析、重大判断和战略部署，坚决落实到工作方方面面，不断推动新时代中国特色大国外交奋力前行。

当前，世界之变、时代之变、历史之变正以前所未有的方式展开。我国综合国力和国际影响力显著提升，同世界关系发生前所未有的深刻变化。在中国共产党坚强领导下，我们大力推进并拓展中国式现代化，成为维护世界和平稳定的中流砥柱、促进全球经济增长的主要动力。同时，世界百年未有之大变局加速演进，国际力量对比深刻调整，国际格局和秩序复杂演变，世界进入新的动荡变革期。我国发展面临更加错综复杂的国际形势，法治建设对发展对外关系、维护国家利益的作用更加凸显。

——中央政治局委员、中央外事工作委员会办公室主任、外交部部长王毅

（一）深刻领会“世界百年未有之大变局”，把认识统一到习近平总书记关于时代趋势和国际局势的重大判断上来

习近平总书记指出，认识世界发展大势，跟上时代潮流，是一个极为重要并且常做常新的课题。我们党始终高度重视分析判断国际形势。党的十八大以来，习近平总书记准确把握时代进步潮流、世界发展大势、中国历史方位，做出“世界正经历百年未有之大变局”的重大论断，为我们推进新时代中国特色大国外交指明方向。

国际力量对比发生重大变化。这集中表现在一大批新兴市场国家和发展中国家群体性崛起。

一是全球经济版图重画。新兴市场国家和发展中国家过去20年来对世界经济增长贡献率高达80%，过去40年间国内生产总值全球占比从24%增加到超过40%，发达国家主导的国际政治经济秩序已经越来越不适应国际关系新的现实。

二是世界力量格局深刻演变。2021年亚洲国内生产总值全球占比约为38%，世界500强企业亚洲占了227家，联合国人居署评选的全球可持续竞争力前10名城市有5个来自亚洲。许多研究认为，世界经济中心正从美欧加快向亚洲转移，引发深刻的格局演进。

三是东西方软实力消长。个别西方大国内部矛盾重重，政治恶斗、社会撕裂、贫富悬殊问题突出，制度失灵、政府失信、民众失望困局难解。所谓“自由民主”光环不再，海外“民主移植”行不通。许多学者和媒体认为，越来越多国家摆脱对新自由主义的迷信，致力于探索符合本国国情的现代化道路。

中国与世界关系发生历史性变迁。中国的发展壮大从根本上改变了中国人民和中华民族的前途命运，深刻影响了世界历史进程，成为世界格局演变背后的主要推动力量。

一是经济竞争力增强。改革开放以来，我国国内生产总值年均实际增长9%以上，远高于同期世界经济不到3%的年均增速；党的十八大以来，我们党带领人民历史性地消除绝对贫困。我国已是国内生产总值超百万亿元的世界第二大经济体，成为120多个国家和地区的主要贸易伙伴，对世界经济增长的贡献率连续多年超过30%，全方位竞争力不断提升。

二是国际影响力上升。我国日益走近世界舞台中央，提出的构建人类命运共同体、新型国际关系等理念、倡议广获认可，贡献的新冠疫苗等公共产品备受欢迎，全球伙伴关系网络不断拓展，高质量共建“一带一路”稳步推进。特别是在历史关键时刻彰显担当引领：国家主席习近平2017年、2021年两次达沃斯演讲，一次针对保护主义、孤立主义的逆流，点亮经济全球化的灯塔；一次直面新冠肺炎疫情、政治病毒的肆虐，高举多边主义的火炬，为全人类照亮前行之路。

三是制度吸引力彰显。100多年来，中国共产党团结带领中国人民取得了革命、建设、改革的伟大成就，中华民族迎来了从站起来、富起来到强起来的伟大飞跃，创造了世所罕见的经济快速发展和社会长期稳定两大奇迹，战胜了亚洲金融危机、国际金融危机、非典等一系列危机挑战，取得抗击新冠肺炎疫情斗争的重大战略成果，见证了“历史终结论”的终结、“中国崩溃论”的崩溃、“社会主义失败论”的失败，展示了马克思主义的强大生命力，在世界高高举起中国特色社会主义的光辉旗帜。国际社会日益关注“中国共产党为什么能”，思考中国的成功“密码”。《习近平谈治国理政》出版数十个语种和版本、覆盖160多个国家和地区，许多国家领导人从中汲取治国理政经验。

数据库

在复杂动荡的国际局势下，2023年前三季度，中国经济实现增长5.2%，大幅领先全球增速，国际货币基金组织（IMF）也将中国2023年GDP增长预期从之前的5%上调至5.4%，也同时将2024年GDP增长预期上调。摩根大通、瑞银集团、德意志银行等多家金融机构近期也都上调了2023年中国经济增长预测。这与国际组织纷纷下调全球经济增长预期形成了鲜明对比，充分表明中国经济发展韧劲强潜力大。而且，中国经济稳定增长会产生积极溢出效应。事实证明，中国既有能力又有意愿与世界分享发展机遇，将始终是世界发展的重要机遇。

（资料来源：《光明日报》，2023年11月21日，有改动）

世界进入动荡变革期，不稳定性、不确定性显著上升。

一是国际秩序变革“青黄不接”。客观上看，秩序的调整总是滞后于力量格局的变化。随着世界多极化和经济全球化深入发展，全球性挑战层出不穷，二战后建立的全球治理体系不适应当今世界发展的地方越来越多，要求国际秩序更加公正、合理的呼声越来越高。个别国家仍试图搞唯我独尊，大行霸权、霸道、霸凌，执意阻挠发展中国家扩大话语权和影响力，从过去维稳防乱的既得利益者蜕变为添堵添乱的最大麻烦制造者，治理赤字、信任赤字、发展赤字、和平赤字有增无减。

二是经济社会发展困局待解。国家主席习近平在2017年达沃斯演讲中指出的全球增长动能不足、经济治理滞后、发展失衡三大突出矛盾尚未得到有效解决，保护主义、逆全球化思潮时有“抬头”，贫困、失业、冲突、动荡仍在困扰世界。

三是新冠肺炎疫情“雪上加霜”。疫情延宕反复，直接后果是许多国家人民的生命健康受到威胁，国内发展和国际交往陷入混乱。间接影响是加剧了贫富分化、社会矛盾和发展不平衡问题，不少国家内部和国家之间的老矛盾、新问题集中爆发，动荡源、风险点明显增多。世界变局进一步加速演进，国际社会正在经历多边和单边、开放和封闭、合作和对抗的重大考验。

（二）牢牢把握“重要战略机遇期”，把思想统一到习近平总书记关于国家发展外部环境、外交工作目标任务的重大论断上来

习近平总书记强调，深入研究历史发展规律和大势，始终掌握新时代新征程党和国家事业发展的历史主动，增强锚定既定奋斗目标、意气风发走向未来的勇气和力量。习近平总书记指出，“当前和今后一个时期，我国发展仍然处于重要战略机遇期”，并就新时代中国外交的使命与责任、目标与任务、机遇与挑战做出重大论断，为我们开创新时代中国特色大国外交新局面、奋进全面建设社会主义现代化国家新征程提供了科学指南。

从人类社会发展规律的高度，深刻阐明中国特色社会主义的光辉前景。习近平总书记指出，我们依然处在马克思主义所指明的历史时代。世界多极化、经济全球化、社会信息化、文化多样化深入发展，各国相互关联、相互依存程度之深前所未有，充分印证了马克思、恩格斯在《共产党宣言》中所做的科学预见。中国特色社会主义是历史发展的必然结果，是发展中国的必由之路，是经过实践检验的科学真理，具有强大生命力和巨大优越性，能够持续推动国家发展、确保实现民族复兴。我们必须始终坚定道路自信、理论自信、制度自信、文化自信。当今世界，国际关系民主化的潮流不可阻挡，任何霸权、霸道、霸凌的行径都行不通，外部军事干涉和所谓“民主改造”更是贻害无穷。中国共产党团结

带领中国人民坚持和发展中国特色社会主义，成功走出中国式现代化道路，创造了人类文明新形态，拓展了发展中国家走向现代化的途径，给世界上那些既希望加快发展又希望保持自身独立性的国家和民族提供了全新选择。高举中国特色社会主义伟大旗帜，中国特色大国外交之路一定会越走越宽广。

从中华民族伟大复兴进入不可逆转的历史进程出发，科学分析新形势下我国发展的外部环境。习近平总书记强调，中华民族伟大复兴，是造成世界百年未有之大变局的重要原因；世界面临百年未有之大变局，给中华民族伟大复兴带来重大机遇。国际格局从“一家独大”到世界多极化，从个别西方大国说了算到各国商量着办，东西、南北之间的话语权影响力朝着更趋平衡的方向发展演变，这是秩序变革的必然。我国在变局中主持公道正义，在乱局中发挥正能量稳定器作用，牢牢把握利益交汇点、占据道义制高点，在国际上得道多助势头不断强化，时与势在我们一边。但同时，世界动荡变革期也是风险多发期，各种“黑天鹅”“灰犀牛”事件增多。大国博弈更加尖锐，经济、科技、安全等各领域竞争更加复杂，各种可以预见和难以预见的风险挑战交织叠加。我们必须坚持底线思维，增强忧患意识，发扬斗争精神，提高斗争本领，战胜前进道路上的一切艰难险阻，赢得优势、赢得主动、赢得未来。

从维护国家主权、安全、发展利益出发，系统阐述把握重要战略机遇期的新态势新要求。我国发展仍处于重要战略机遇期，机遇更具有战略性、可塑性，挑战更具有复杂性、全局性。过去我们是顺势而为，机遇比较好把握；现在要顶风而上，把握机遇的难度就不一样了。过去大环境相对平稳，风险挑战比较容易看清楚；现在世界形势动荡复杂，地缘政治挑战风高浪急，暗礁和潜流又多，对应变能力提出了更高要求。过去我们发展水平低，同别人的互补性就多一些；现在我们发展水平提高了，同别人的竞争性就多起来了。因此，我们要增强机遇意识，调动和运用好国内外形势变化带来的一切积极因素，准确识变、科学应变、主动求变，在世界大变局中开创新局，在世界乱局中化危为机。要增强风险意识，把牢底线红线，用大概率思维应对小概率事件，从最坏处着眼，做最充分准备。要保持战略定力，做好较长时间应对外部环境变化的准备，集中力量做好自己的事，稳步向全面建成社会主义现代化强国的宏伟目标迈进。

以心系人类前途命运的博大情怀，指明构建人类命运共同体的奋进方向。习近平总书记把握世界之变，做出百年未有之大变局的科学判断；回答时代之问，提出构建人类命运共同体的重大倡议。两者既一脉相承，又辩证统一。世纪疫情凸显出人类祸福相依、休戚与共的现实，全球挑战激发了人们对于共同命运、共同未来的思考，各国越来越认识到构建人类命运共同体是通向美好未来的必然选择。人类命运共同体理念诞生于大变局，又为大变局指明了远景目标。构建人类命运共同体顺大势、合道义、得人心，是解答人类前途命运重大课题的中国方案，成为引领时代潮流和人类前进方向的鲜明旗帜，是我国新时代对外工作的总目标。同时，构建人类命运共同体的进程具有复杂性、曲折性、斗争性。国际力量对比消长变化，国际关系分化组合，国际格局调整发展，注定不会一帆风顺。只要我们始终胸怀中华民族伟大复兴战略全局和世界百年未有之大变局，在实现自身发展的同时，坚持推动构建人类命运共同体，就一定能同世界各国人民一道，推动历史车轮向着光明的前途前进。

思政园地——中国风采

携手构建人类命运共同体，中国既是倡导者也是行动派

2023年9月26日，中国国务院新闻办公室发布《携手构建人类命运共同体：中国的倡议与行动》白皮书，全面介绍构建人类命运共同体的思想内涵和生动实践。

2023年是习近平主席提出构建人类命运共同体理念10周年。10年前，面对“人类向何处去”的世界之问、历史之问、时代之问，习近平主席创造性地提出构建人类命运共同体理念。10年来，中国提出构建人类命运共同体“五位一体”总体框架，包括伙伴关系、安全格局、发展前景、文明交流、生态体系等5个方面，开创了国际交往的新格局。构建人类命运共同体的理念内涵日臻完善，外交实践硕果累累，国际共识日益扩大。从理念到行动，从萌发到壮大，中国用笃定的信念和扎实的行动，为构建人类命运共同体贡献中国力量。

共建“一带一路”倡议是构建人类命运共同体的生动实践。从夯基垒台、立柱架梁，到落地生根、持久发展，共建“一带一路”倡议提出10年来，沿着高质量发展方向不断前进。中巴经济走廊为巴基斯坦经济社会发展注入强劲动能，中老铁路实现了老挝人民“变陆锁国为陆联国”的夙愿，雅万高铁成为东南亚国家首条实现350公里时速的铁路，蒙内铁路拉动了当地经济增长超过2个百分点，马拉维600眼水井成为润泽当地15万民众的“幸福井”，中欧班列“钢铁驼队”助力中国与欧洲双向奔赴，“鲁班工坊”帮助塔吉克斯坦等国家年轻人掌握了职业技能……共建“一带一路”倡议奏响“硬联通”“软联通”“心联通”的交响乐，搭建了各方广泛参与、汇聚国际共识、凝聚各方力量的重要实践平台。

落实“三大全球倡议”是推动构建人类命运共同体的重要依托。全球发展倡议、全球安全倡议、全球文明倡议从发展、安全、文明3个维度指明人类社会前进方向，为解答事关人类和平与发展重大问题提供中国方案。

在发展领域，中国坚持行动导向，共建全球发展共同体，同世界粮食计划署、联合国开发计划署等近20个国际组织开展合作，在埃塞俄比亚、巴基斯坦、尼日利亚等近60个国家实施130多个项目，涵盖减贫、粮食安全、抗疫、气候变化等领域，受益人数超过3 000万人。

在安全领域，中国以谈判协商方式同14个陆上邻国中的12个国家和平解决陆地边界问题，并完成中越北部湾海域划界；推动朝鲜半岛、巴勒斯坦、伊朗核、叙利亚、阿富汗等国际地区问题解决；积极致力于同各方开展反恐、生物安全、粮食安全等非传统安全领域合作，走出一条对话而不对抗、结伴而不结盟、共赢而非零和的新型安全之路。

在文明领域，30余个大型文化和旅游年（节）在全球多国举办，“阿拉伯艺术节”、“相约北京”国际艺术节、“欢乐春节”等文化活动精彩纷呈，丝绸之路国际剧院、博物馆、艺术节、图书馆、美术馆联盟在多国落地开花……全球文明倡议为推动构建人类命运共同体注入精神动力，向全世界发出增进文明交流对话的真挚呼吁。

中国同越来越多地区和国家携手努力推动构建人类命运共同体，为地区和平发展发挥建设性作用。多边层面，中非命运共同体成为中国与地区国家构建命运共同体的典范，中阿、中拉、中国—太平洋岛国等命运共同体建设蹄疾步稳，中国—东盟命运共同体建设持续推进。双边层面，中国同老挝、柬埔寨、缅甸、印度尼西亚、泰国、马来西亚、巴基斯坦、蒙古国、古巴、南非等国家就构建双边命运共同体发表行动计划、联合声明或达成重要共识，同中亚五国双边层面践行人类命运共同体全覆盖，实实在在地推动了当地发展建设，促进了民生福祉。

中国在人类社会面临的重大挑战领域提出致力于构建命运共同体的中国方案，为各领域国际合作注入强劲动力。近年来，中国提出构建人类卫生健康共同体、网络空间命运共同体、核安全命运共同体、海洋命运共同体、人与自然生命共同体、地球生命共同体等重要理念，将丰富主张转化为具体行动，为解决世界性难题做出独特贡献。

凡益之道，与时偕行。10 年来，携手构建人类命运共同体，中国既是倡导者也是行动派。未来，构建人类命运共同体的宏伟蓝图变成路线图，需要国际社会携手努力，也需要一代又一代人接力。不管前途是晴是雨，中国愿同各方携手同行，共同建设一个持久和平、普遍安全、共同繁荣、开放包容、清洁美丽的世界。

（资料来源：《人民日报》（海外版），2023 年 9 月 28 日，有改动）

（三）不断推进中国特色大国外交，把行动统一到以习近平同志为核心的党中央关于对外工作的战略部署上来

习近平总书记在庆祝中国共产党成立 100 周年大会上的重要讲话中庄严宣告：实现中华民族伟大复兴进入了不可逆转的历史进程！站在新的历史起点上，外交战线要深入学习、全面贯彻习近平新时代中国特色社会主义思想和习近平外交思想，对标历史方位，胸怀两个大局，不为任何风险所惧，不为任何干扰所惑，更加积极主动地服务实现第二个百年奋斗目标和中华民族伟大复兴的中国梦，更加奋发有为地书写出构建人类命运共同体的新篇章。

入脑入心、固本强基，切实强化理论武装。坚持习近平新时代中国特色社会主义思想指导地位不动摇，深入学习领会习近平外交思想核心要义，统一思想认识，明确前进方向，凝聚奋进力量。坚持全面系统学、及时跟进学、深入思考学、联系实际学，深刻理解习近平外交思想的科学体系、精神实质、实践要求，学习掌握贯穿其中的马克思主义立场、观点、方法，着力提升驾驭复杂国际形势和开展大国外交的能力，推动对外工作不断迈上新台阶。

提高站位、强化担当，加强党对对外工作的集中统一领导。对外工作是党的事业的重要组成部分，外交大权在党中央。党的集中统一领导是中国外交的最大政治优势和根本政治保障。外交战线要进一步加强党的建设，特别是政治建设，把牢政治方向，心怀“国之

大者”，不断提高政治判断力、政治领悟力、政治执行力。坚决做到“两个维护”，始终在思想上、政治上、行动上同以习近平同志为核心的党中央保持高度一致，全面准确贯彻落实习近平总书记重要指示批示精神和党中央对外战略方针、重大决策部署。增强政治敏锐性，在对外工作中旗帜鲜明地捍卫党的领导和中国特色社会主义制度，捍卫国家主权和民族尊严。

敢于斗争、开拓创新，全方位推进中国特色大国外交。聚焦服务党和国家中心工作，以元首外交为核心和统领，深入做好新形势下各方向、各领域的对外工作，为全面建设社会主义现代化国家创造有利外部环境。丢掉幻想、勇于斗争，在原则问题上寸步不让、寸土不让，发扬不信邪、不怕鬼的精神，同企图颠覆中国共产党领导和我国社会主义制度、企图迟滞甚至阻断中华民族伟大复兴进程的一切势力斗争到底，以前所未有的意志品质维护国家主权、安全、发展利益。善于斗争、善于胜利，积极发展全球伙伴关系，引领全球治理体系改革，稳步推进高质量共建“一带一路”，不断推动构建人类命运共同体，逢山开路、遇水架桥，战胜前进道路上的一切风险挑战。

思政点拨

党的二十大胜利召开后，中国特色大国外交踏上新征程，习近平主席启动举世瞩目的东南亚之行。6 天 5 夜里，习近平主席密集出席 30 多场活动，既运筹多边外交，又引领双边关系；既密切大国互动，又深化南南合作；既阐释中国之治，又回答世界之问；既提出宏大倡议主张，又宣布务实行动举措，内涵丰富、影响深远。国内外舆论高度关注，密集报道，普遍认为，面对变乱交织的国际形势，中国发出促进全球发展、引领全球治理的响亮声音，彰显中国理性、自信、负责任的大国担当。

——中央政治局委员、中央外事工作委员会办公室主任、外交部部长王毅

二、加强多边主义，促进全球发展

世界正经历百年未有之大变局，世界进入动荡变革期，但和平与发展仍然是时代主题，各国人民求和平、谋发展、促合作、图共赢的期待更加强烈。而多边主义则是应对更加严峻的全球性威胁和挑战，维护世界和平、促进共同发展的重要举措。

中国一直是国际合作的倡导者和多边主义的支持者、践行者。国家主席习近平在多个国际场合强调多边主义与多边合作的重要性，中国坚定不移地支持多边贸易体制，坚定不移地维护经济全球化，坚定不移地推动构建人类命运共同体，为推动全球治理体系变革和构建新型国际关系不断贡献中国智慧和中国力量。

（一）什么是真正的多边主义

多边主义是现行国际体系的重要基石，真正的多边主义应当坚持《联合国宪章》的宗旨和原则，尊重国际关系基本准则，尊重世界各国主权，尊重文明多样性，致力于国际关系民主化。其要义是国际上的事由大家共同商量着办，世界前途命运由各国共同掌握。

当前，多边主义正摆脱近年来遭遇的颓势，在国际舞台展现出强劲的回归之势，让人类重拾对成功应对和平赤字、治理赤字、信任赤字和发展赤字的信心。但值得关注的是，有些国家却以多边主义之名行单边主义之实，试图继续给霸权主义和排他行径披上一层虚伪的面纱，这对世界和平稳定与共同发展构成巨大威胁。国家主席习近平在世界经济论坛“达沃斯议程”对话会上明确指出：“‘有选择的多边主义’不应成为我们的选择。”

“有选择的多边主义”不是真正的多边主义，从本质上而言，它是单边主义和霸权主义的思维。此外，在国际社会中打着多边主义幌子的各种“伪多边主义”，还包括封闭排他的“小圈子的多边主义”、表现为政治军事同盟的“俱乐部式的多边主义”等。这些“伪多边主义”以邻为壑、偏狭自私，不仅无法团结全人类应对共同挑战，反而会把世界推向分裂和对抗，甚至引入自相残杀的死胡同。面对当今世界层出不穷的难题、挑战，坚持真正的多边主义才是解决之道。

（二）维护和践行多边主义的基本原则

1. 坚持开放包容，不搞封闭排他

要秉持人类命运共同体理念，坚守和平、发展、公平、正义、民主、自由的全人类共同价值，摆脱意识形态偏见，最大程度增强合作机制、理念、政策的开放性和包容性，共同维护世界和平稳定。要建设开放型世界经济，坚定维护多边贸易体制，不搞歧视性、排他性标准、规则、体系，不设割裂贸易、投资、技术的高墙壁垒。要巩固二十国集团作为全球经济治理主要平台的地位，加强国际宏观经济政策协调，维护全球产业链、供应链稳定顺畅，维护全球金融体系稳健运行，推进结构性改革，扩大全球总需求，推动世界经济实现更高质量、更有韧性的发展。

2. 坚持以国际法则为基础，不搞唯我独尊

“法者，治之端也。”如果没有国际社会共同制定、普遍公认的国际法则，世界最终将滑向弱肉强食的丛林法则，给人类带来灾难性后果。因此，国际社会应该按照各国共同达成的规则和共识来治理，而不能由一个或几个国家来发号施令。

要厉行国际法治，毫不动摇维护以联合国为核心的国际体系、以国际法为基础的国际

秩序。多边机构是践行多边主义的平台，也是维护多边主义的基本框架，其权威性和有效性理应得到维护。要坚持通过制度和规则来协调规范各国关系，反对恃强凌弱，也不能以多边主义之名行单边主义之实。要坚持原则，规则一旦确定，大家都要有效遵循。

3. 坚持协商合作，不搞冲突对抗

各国历史文化和社会制度差异不是对立对抗的理由，而是合作的动力。历史和现实一再告诉我们，当今世界，如果走对立对抗的歧路，无论是搞冷战、热战，还是贸易战、科技战，最终将损害各国利益、牺牲人民福祉。

要尊重和包容差异，不干涉别国内政，通过协商对话解决分歧。要摒弃冷战思维、零和博弈的旧理念，坚持互尊互谅，通过战略沟通增进政治互信。要恪守互利共赢的合作观，拒绝以邻为壑、自私自利的狭隘政策，抛弃垄断发展优势的片面做法，保障各国平等发展权利，促进共同发展繁荣。要提倡公平、公正基础上的竞争，开展你追我赶、共同提高的田径赛，而不是搞相互攻击、你死我活的角斗赛。

4. 坚持与时俱进，不搞故步自封

21 世纪的多边主义要守正出新、面向未来，既要坚持多边主义的核心价值和基本原则，也要立足世界格局变化，着眼应对全球性挑战需要，在广泛协商、凝聚共识基础上改革和完善全球治理体系。

要发挥世界卫生组织作用，构建人类卫生健康共同体。要推进世界贸易组织和国际金融货币体系改革，促进世界经济增长，保障发展中国家发展权益和空间。要秉持以人为中心、基于事实的政策导向，探讨制定全球数字治理规则。要落实应对气候变化《巴黎协定》，促进绿色发展。要坚持发展优先，落实联合国 2030 年可持续发展议程，确保各国特别是发展中国家分享全球发展带来的好处。

（三）维护和践行多边主义的重要举措

1. 继续实施互利共赢的开放战略

经济全球化是社会生产力发展的客观要求和科技进步的必然结果，利用疫情搞“去全球化”、搞封闭脱钩，不符合任何一方利益。中国始终支持经济全球化，坚定实施对外开放基本国策。中国将继续促进贸易和投资自由化、便利化，维护全球产业链、供应链顺畅稳定，推进高质量共建“一带一路”。中国将着力推动规则、规制、管理、标准等制度型开放，持续打造市场化、法治化、国际化营商环境，发挥超大市场优势和内需潜力，为各国合作提供更多机遇，为世界经济复苏和增长注入更多动力。

2. 继续促进可持续发展

中国将全面落实联合国 2030 年可持续发展议程，加强生态文明建设，加快调整优化产业结构、能源结构，倡导绿色低碳的生产生活方式，确保实现 2030 年前二氧化碳排放达到峰值、2060 年前实现碳中和的目标。只要是对全人类有益的事情，中国就义不容辞地

做，并且做好，用实际行动践行多边主义。

3. 继续推进科技创新

科技创新是人类社会发展的重要引擎，是应对许多全球性挑战的有力武器，也是中国构建新发展格局、实现高质量发展的必由之路。中国将加大科技投入，狠抓创新体系建设，加速科技成果向现实生产力转化，加强知识产权保护，推动实现依靠创新驱动的内涵型增长。

同时，科技成果应该造福全人类，而不应该成为限制、遏制其他国家发展的手段。因此，中国将以更加开放的思维和举措推进国际科技交流合作，同各国携手打造开放、公平、公正、非歧视的科技发展环境，促进互惠共享。

4. 继续推动构建新型国际关系

中国坚定奉行独立自主的和平外交政策，努力以对话弥合分歧、以谈判化解争端，在相互尊重、平等互利基础上，积极发展同各国友好合作关系。作为发展中国家的坚定一员，中国将不断深化南南合作，为发展中国家消除贫困、缓解债务压力、实现经济增长做出贡献。中国将更加积极地参与全球经济治理，推动经济全球化朝着更加开放、包容、普惠、平衡、共赢的方向发展。

三、共迎时代挑战，共建美好未来

当今世界正在经历百年未有之大变局，这是世界之变、时代之变、历史之变。当前，新冠肺炎疫情反复延宕，世界经济脆弱性更加突出，地缘政治局势紧张，全球治理严重缺失，粮食和能源等多重危机叠加，人类发展面临重大挑战。面对这些挑战，各国要树立人类命运共同体意识，倡导和平、发展、合作、共赢，让团结代替分裂、合作代替对抗、包容代替排他，共同破解“世界怎么了、我们怎么办”这一时代课题，共渡难关，共创未来。

二十国集团成员都是世界和地区大国，应该体现大国担当，发挥表率作用，为各国谋发展，为人类谋福祉，为世界谋进步。

——我们要推动更加包容的全球发展。团结就是力量，分裂没有出路。我们生活在同一个地球村，面对各种风险挑战，应该同舟共济。以意识形态划线，搞集团政治和阵营对抗，只会割裂世界，阻碍全球发展和人类进步。人类文明已经进入 21 世纪，冷战思维早已过时。我们应该携手努力，开辟合作共赢的新境界。

各国应该相互尊重，求同存异，和平共处，推动建设开放型世界经济，不应该以邻为壑，构筑“小院高墙”，搞封闭排他的“小圈子”。

习近平主席历来主张，二十国集团要坚守团结合作初心，传承同舟共济精神，坚持协商一致原则。正如印尼谚语所说，甘蔗同穴生，香茅成丛长。分裂对抗不符合任何一方利益，团结共生才是正确选择。

——我们要推动更加普惠的全球发展。各国共同发展才是真发展。世界繁荣稳定不可能建立在贫者愈贫、富者愈富的基础之上。每个国家都想过上好日子，现代化不是哪个国家的特权。走在前面的国家应该真心帮助其他国家发展，提供更多全球公共产品。大国要有大国的担当，都应为全球发展事业尽心出力。

习近平主席提出全球发展倡议，就是着眼全球共同发展的长远目标和现实需要，凝聚促进发展的国际共识，培育全球发展新动能，推动世界各国共同发展进步。

一年来，“全球发展倡议之友小组”成员已逾 60 国。我们创设全球发展和南南合作基金，将加大对中国—联合国和平与发展基金投入，制定务实合作清单，设立开放式项目库，明确倡议推进路线图，同 100 多个国家和国际组织推进这一倡议，为落实联合国 2030 年可持续发展议程提供新助力。中方向巴厘岛峰会务实合作项目库提交了 15 个项目，并参与了其他 5 个项目，将同各成员一道认真落实。

——我们要推动更有韧性的全球发展。经济全球化遭遇逆风，世界经济面临衰退风险，大家日子都不好过，发展中国家首当其冲。我们要比以往任何时候都更加重视发展问题。这次巴厘岛峰会确立了“共同复苏、强劲复苏”的合作愿景，传递了二十国集团支持发展中国家发展、避免世界经济分化和不平衡复苏的积极信号。我们要建设全球经济复苏伙伴关系，坚持发展优先、以人民为中心，始终想着发展中国家的难处，照顾发展中国家关切。中方支持非洲联盟加入二十国集团。

各方要继续深化抗疫国际合作，提升疫苗、药物、诊疗手段在发展中国家的可及性和可负担性，为经济复苏营造良好环境。要遏制全球通胀，化解系统性经济金融风险，特别是发达经济体要减少货币政策调整的负面外溢效应，将债务稳定在可持续水平。国际货币基金组织要加快落实向低收入国家转借特别提款权进程。国际金融机构和商业债权人作为发展中国家的主要债权方，应该参与对发展中国家减缓债行动。中方全面落实二十国集团缓债倡议，缓债总额在二十国集团成员中最大，并同有关成员一道参与《二十国集团缓债倡议后续债务处理共同框架》债务处理，为有关发展中国家渡过难关提供了支持。

全球贸易、数字经济、绿色转型、反腐败是促进全球发展的重要因素。我们要继续维护以世界贸易组织为核心的多边贸易体制，积极推动世界贸易组织改革，推进贸易和投资自由化便利化，推动建设开放型世界经济。中方在二十国集团提出了数字创新合作行动计划，期待同各方一道营造开放、公平、非歧视的数字经济发展环境，缩小南北国家间数字鸿沟。应对气候变化挑战、向绿色低碳发展转型，必须本着共同但有区别的责任原则，在资金、技术、能力建设等方面为发展中国家提供支持，积极开展绿色金融合作。反腐败国际合作十分重要，二十国集团成员要坚持对腐败零容忍，加强追逃追赃国际合作，不要成为腐败分子和资产的“避风港”。

全球发展离不开和平稳定的国际环境。为此，习近平主席提出全球安全倡议，目的是同大家一道，弘扬联合国宪章精神，本着安全不可分割原则，坚持共同、综合、合作、可持续的安全观，倡导通过谈判消弭冲突，通过协商化解争端，支持一切有利于和平解决危机的努力。

粮食、能源安全是全球发展领域最紧迫的挑战。当前危机根源不是生产和需求问题，而是供应链出了问题，国际合作受到干扰。解决之道在于各国在联合国等多边国际组织的协调下，加强市场监管合作，构建大宗商品合作伙伴关系，建设开放、稳定、可持续的大宗商品市场，共同畅通供应链，稳定市场价格。要坚决反对将粮食、能源问题政治化、工具化、武器化，撤销单边制裁措施，取消对相关科技合作限制。减少化石能源消费、向清洁能源转型进程要平衡考虑各方面因素，确保转型过程中不影响经济和民生。发展中国家的粮食、能源安全风险更为突出，二十国集团应该把这件事放在心上，在生产、收储、资金、技术等方面提供必要支持。联合国成立了“全球粮食、能源和金融危机应对小组”，二十国集团应该予以呼应。

长期以来，中国对世界粮食、能源安全做出重要贡献。2022 年，中方同印度尼西亚、塞尔维亚等 6 个伙伴国一道发起“构建稳定和富有韧性的产业链供应链国际合作倡议”，同多个国家一道倡导建立全球清洁能源合作伙伴关系，并在二十国集团提出国际粮食安全合作倡议。我们期待同各方深化合作。

中国共产党近期举行了第二十次全国代表大会，谋划了中国未来 5 年乃至更长时期党和国家事业发展的目标任务和大政方针。中国将坚定不移走和平发展道路，坚定不移深化改革、扩大开放，坚定不移以中国式现代化全面推进中华民族伟大复兴。一个不断走向现代化的中国，必将为世界提供更多机遇，为国际合作注入更强动力，为全人类进步做出更大贡献！

四、推动中俄务实合作高质量发展

2023 年 10 月 18 日中午，国家主席习近平在人民大会堂同来华出席第三届“一带一路”国际合作高峰论坛的俄罗斯总统普京举行会谈。

习近平主席指出，普京总统连续 3 次出席“一带一路”国际合作高峰论坛，体现了俄方对共建“一带一路”倡议的支持。俄罗斯是中国开展共建“一带一路”国际合作的重要伙伴。中俄东线天然气管道等重大基础设施项目投入运营，为两国人民带来了实打实的好处。中方愿同俄方及欧亚经济联盟各国一道，推动共建“一带一路”与欧亚经济联盟对接，开展更高水平、更深层次的区域合作，希望中蒙俄天然气管道项目尽早取得实质性进展，开展好“万里茶道”跨境旅游合作，把中蒙俄经济走廊打造成一条高质量联通发展之路。

习近平主席强调，发展永久睦邻友好、全面战略协作、互利合作共赢的中俄关系不是权宜之策，而是长久之计。2024 年是中俄建交 75 周年。中方愿同俄方一道，准确把握历史大势，立足两国人民根本利益，不断充实双方合作的时代内涵。中方支持俄罗斯人民走自主选择的民族复兴道路，维护国家主权、安全、发展利益。双方要推动中俄务实合作高质量发展，积极开拓战略性新兴产业合作，以 2024—2025 年中俄文化年为契机，举办更多丰富多彩的文化交流活动。

习近平主席指出，2023 年 8 月 24 日，金砖国家实现历史性扩员，展现了发展中国家推动世界多极化、国际关系民主化的信心。中方支持俄方 2024 年办好金砖国家领导人喀山会晤，愿同俄方继续加强在联合国、上海合作组织、二十国集团等多边框架内的沟通协作，为维护粮食安全、能源安全及全球产业链供应链稳定发挥更大作用，维护中俄两国及地区和发展中国家的共同利益。

普京总统祝贺第三届“一带一路”国际合作高峰论坛圆满成功，并表示，习近平主席10年前提出的共建“一带一路”倡议取得巨大成功，已经成为世界公认的重要国际公共产品。普京总统高度评价习近平主席在论坛开幕式上发表的主旨演讲，赞赏习近平主席的远见卓识，相信并祝愿共建“一带一路”这一伟大事业取得更大成就。

普京总统表示，2023年3月习近平主席对俄进行成功国事访问，我们就许多重大问题进行了深入沟通，达成的共识正在得到认真落实。国际形势的演变完全印证了习近平主席做出百年未有之大变局的战略判断。俄方愿同中方密切在金砖国家等多边机制内的沟通协作，捍卫以国际法为基础的国际体系，推动建立更加公正合理的全球治理体系。世界上只有一个中国，台湾是中国领土不可分割的一部分，俄方坚定奉行一个中国政策，坚定支持中国维护国家主权和领土完整。俄方愿同中方以2024年庆祝两国建交75周年为契机，进一步推进俄中全面战略协作伙伴关系发展。

当前，百年变局加速演进，世界进入新的动荡变革期。中俄关系经受住国际风云变幻的严峻考验，始终保持高水平发展，树立起新型大国关系典范，对实现全球稳定发展的战略价值更加凸显。2024年是中俄建交75周年，中方愿同俄方共同把握历史大势，坚定发展永久睦邻友好、全面战略协作、互利合作共赢的中俄关系，有力促进两国各自发展振兴，为世界注入更多稳定性和正能量。

（习近平主席致中俄执政党对话机制第十次会议的贺信，2023年11月20日）

大幅超预期，中俄创造两国贸易关系史上最高纪录

2023年1至10月，俄罗斯与中国的贸易额同比增长逾25%，首次达到1965亿美元。据俄联邦海关署预测，2023年全年的俄中贸易额可能大幅超过两国原计划在2024年达到的2 000亿美元水平。俄中贸易额在短短数年内实现了翻番。专家指出，面对西方制裁，俄罗斯将本国很大一部分能源出口转向了中国，同时增加了对中国汽车、设备和电子产品的进口。

与此同时，中国海关总署2023年11月7日发布的数据显示，2023年1至10月俄中贸易额已达到近1 965亿美元，同比增长27.7%。这一金额超过了2022年全年两国的贸易额，创造了两国贸易关系史上的最高纪录。

中国海关总署称，2023 年 1 至 10 月，俄罗斯对华出口 1 064 亿美元，增长 12.4%；中国对俄出口近 901 亿美元，增长 52.2%。

值得指出的是，中国过去 10 年来一直是俄罗斯的关键贸易伙伴。与此同时，俄罗斯在不到一年的时间内将自己在中国贸易伙伴中的排名从第十位提高到了第六位。

根据中国海关总署公布的数据，2023 年 1 至 9 月，碳氢化合物在俄罗斯对华出口中的占比接近 74%。与此同时，俄罗斯超越了自己在亚洲能源市场上的主要竞争对手沙特阿拉伯，成为中国的主要石油供应国。

除了进口能源，中国还积极从俄罗斯采购金属和木材。同时，专家也注意到，俄罗斯深加工产品的对华出口也有所增加。

俄罗斯出口中心负责人韦罗妮卡·尼基申娜说："对于俄罗斯公司而言，中国市场历来非常重要，也很有前途。与此同时，我们看到，非原材料和非能源类（商品的）对华出口也在增加……我们不仅供应初加工产品，也出口附加值较高的商品，如农工复合行业和食品行业（的出口）。"

中国显著扩大了自己在俄罗斯汽车市场中的份额。据俄"汽车统计"分析公司统计，2022 年初在俄售出的全新轻型车中只有 9%为中国品牌，而 2023 年 9 月中国品牌的这一占比已达到 54%。

此外，据俄联邦海关署代署长鲁斯兰·达维多夫介绍，目前俄罗斯进口的外国车中 92%来自中国。

（资料来源：参考消息网，2023 年 11 月 11 日，有改动）

五、开辟中美关系面向未来的新愿景

当地时间 2023 年 11 月 15 日，国家主席习近平在美国旧金山斐洛里庄园同美国总统拜登举行中美元首会晤。两国元首就事关中美关系的战略性、全局性、方向性问题及事关世界和平和发展的重大问题坦诚深入地交换了意见。

习近平主席指出，当今世界正经历百年未有之大变局，中美有两种选择：一种是加强团结合作，携手应对全球性挑战，促进世界安全和繁荣；另一种是抱持零和思维，挑动阵营对立，让世界走向动荡和分裂。两种选择代表着两个方向，将决定人类前途和地球未来。作为世界上最重要的双边关系，中美关系要放在这个大背景下思考和谋划。中美不打交道是不行的，想改变对方是不切实际的，冲突对抗的后果是谁都不能承受的。大国竞争解决不了中美两国和世界面临的问题。中美各自的成功是彼此的机遇。

习近平主席深刻阐释了中国式现代化的本质特征和内涵意义，以及中国的发展前景和战略意图。习近平主席指出，中国的发展有自身的逻辑和规律，中国正在以中国式现代化全面推进中华民族伟大复兴，中国不走殖民掠夺的老路，不走国强必霸的歪路，也不搞意识形态输出。中国没有超越或者取代美国的规划，美国也不要有打压遏制中国的打算。

平语近人

中华人民共和国成立70多年来，中国没有主动挑起过任何一场战争和冲突，没有侵占过别国一寸土地，是唯一将和平发展写入宪法和执政党党章、上升为国家意志的大国。中国是现行国际秩序的受益者和维护者。我们将坚定维护以联合国为核心的国际体系，维护以国际法为基础的国际秩序，维护以联合国宪章宗旨和原则为基础的国际关系基本准则。无论今后发展到哪一步，我们都永远不称霸、不扩张，不强加于人，不谋求势力范围，不同任何国家打冷战热战。中国将坚持对话而不对抗、结伴而不结盟，继续奉行合作共赢的开放战略。中国追求的不是独善其身的现代化，愿同各国一道，实现和平发展、互利合作、共同繁荣的世界现代化，推动构建人类命运共同体！

（习近平主席在美国友好团体联合欢迎宴会上的演讲，2023年11月15日）

习近平主席指出，相互尊重、和平共处、合作共赢，这既是从中美关系历程中提炼出的经验，也是历史上大国冲突带来的启示，应该是中美共同努力的方向。这次旧金山会晤，中美应该有新的愿景，共同努力浇筑中美关系的五根支柱。

一是共同树立正确认知。中国始终致力于构建稳定、健康、可持续的中美关系。同时，中国有必须维护的利益、必须捍卫的原则、必须坚守的底线。希望两国做伙伴，相互尊重、和平共处。

二是共同有效管控分歧。不能让分歧成为横亘在两国之间的鸿沟，而是要想办法架起相向而行的桥梁。双方要了解彼此的原则底线，不折腾、不挑事、不越界，多沟通、多对话、多商量，冷静处理分歧和意外。

三是共同推进互利合作。中美在诸多领域存在广泛共同利益，既包括经贸、农业等传统领域，也包括气候变化、人工智能等新兴领域。当前形势下，两国共同利益不是减少了，而是更多了。双方要充分用好在外交、经济、金融、商务、农业等领域恢复或建立的机制，开展禁毒、司法执法、人工智能、科技等领域合作。

四是共同承担大国责任。解决人类社会面临的麻烦离不开大国合作。中美应该做表率，加强在国际和地区问题上的协调合作，向全球提供更多公共产品。双方提出的倡议要彼此开放，也可以协调对接，形成合力，造福世界。

五是共同促进人文交流。要增加两国航班、促进旅游合作、扩大地方交往、加强教育、残疾人事务合作，减少阻碍人文交流的负面因素，鼓励和支持两国人民多来往、多沟通，为中美关系健康发展夯实基础。

习近平主席深入阐述了台湾问题上的原则立场，指出，台湾问题始终是中美关系中最重要、最敏感的问题。中方重视美方在巴厘岛会晤中做出的有关积极表态。美方应该将不支持“台独”的表态体现在具体行动上，停止武装台湾，支持中国和平统一。中国终将统一，也必然统一。

习近平主席指出，美方在出口管制、投资审查、单边制裁方面不断采取针对中国的举措，严重损害中方正当利益。中国的发展是以创新驱动的，打压中国科技就是遏制中国高质量发展，剥夺中国人民的发展权利。中国的发展壮大有内生逻辑，是外部力量阻挡不了的。希望美方严肃对待中方关切，采取行动，取消单边制裁，为中国企业提供公平、公正、非歧视的环境。

拜登总统对习近平主席应邀赴美出席美中元首会晤表示热烈欢迎。拜登总统表示，2022 年他同习近平主席在巴厘岛进行了重要会晤。旧金山是华人最先抵达美国的地方，是美中共同参与签署《联合国宪章》的地方，也是美中最早建立友城的地方。双方在旧金山再次面对面会晤具有特殊重要意义，期待在巴厘岛会晤基础上取得新的共识和成果。

拜登总统表示，他始终认为，美中关系是世界上最重要的双边关系，美中冲突并非不可避免，一个稳定和发展的中国符合美国和世界的利益，中国经济增长有利于美国，也有利于世界。美中关系保持稳定，防止冲突，管控分歧，并在符合双方利益的领域开展合作，有助于两国更好应对各自和共同面临的问题。他愿重申在巴厘岛会晤中做出的 5 点承诺，即：美国不寻求新冷战，不寻求改变中国体制，不寻求通过强化同盟关系反对中国，不支持“台湾独立”，无意同中国发生冲突。美中经济相互依赖，美国乐见中国发展富裕，不寻求打压遏制中国发展，不寻求同中国脱钩。美方恪守一个中国政策，欢迎双方各部门各层级开展对话，愿继续同中方保持开放坦诚的沟通，增进了解，避免误解，管控分歧。美方愿同中方持续发展经贸关系，在气候变化、禁毒、人工智能等重要领域加强合作，乐见两国增加直航航班，扩大教育科技交流和人员往来。

两国元首认可双方团队自巴厘岛会晤以来讨论确立中美关系指导原则所做努力，强调要相互尊重、和平共处、保持沟通、防止冲突、恪守《联合国宪章》，在有共同利益的领域开展合作，负责任地管控双边关系中的竞争因素。两国元首欢迎双方团队继续就此讨论。

两国元首同意推动和加强中美各领域对话合作，包括建立人工智能政府间对话；成立中美禁毒合作工作组，开展禁毒合作；在平等和尊重基础上恢复两军高层沟通、中美国防部工作会晤、中美海上军事安全磋商机制会议，开展中美两军战区领导通话；同意 2024 年早些时候进一步大幅增加航班；扩大教育、留学生、青年、文化、体育和工商界交流；等等。

两国元首强调在当下关键 10 年中美加快努力应对气候危机的重要性，欢迎两国气候特使近期开展的积极讨论，包括：2020 年代国内减排行动，共同推动联合国气候变化迪拜大会（COP28）成功，启动中美“21 世纪 20 年代强化气候行动工作组”以加快具体气候行动。

这次会晤积极、全面、富有建设性，为改善和发展中美关系指明了方向。旧金山应该成为稳定中美关系的新起点。两国元首责成双方团队在落实好巴厘岛会晤共识基础上，及时跟进和落实本次会晤达成的新愿景。两国元首同意继续保持经常性联系。

思政点拨

中国的选择是和平，坚持的是和平发展，对中美关系的最基本期待是和平共处。中美实现和平共处，要遵循双方均认可的规则。在双边层面，应当是中美三个联合公报，以及两国领导人达成的重要共识。在国际层面，应当是以联合国宪章宗旨和原则为基础的国际关系基本准则。中美有责任共同维护好这个秩序和这套规则。

——中央政治局委员、中央外事工作委员会办公室主任、外交部部长王毅

六、推动世界格局进行深度调整

2022 年 2 月 24 日，俄罗斯对乌克兰发起特别军事行动，乌克兰危机出现升级。

关于政治解决乌克兰危机的中国立场

当下，俄乌冲突已持续一年，战局依旧胶着，大量重型武器还在接二连三涌入战场，冲突影响不断外溢。同时，冲突也激发起各方特别是欧洲国家反思：随美国起舞除了牺牲和平与繁荣，欧洲到底得到了什么？

回望这一年，俄乌冲突已不单限于两国的战场军事对抗，更延伸至国家地区间在政治、经济、文化等领域的博弈，加剧了世界格局演变，进一步推动国际战略力量和格局进行深度调整。

（一）战场军事对抗——逐步演变为持久消耗的韧性比拼

自俄乌冲突爆发以来，战场局势可谓变化迭起、悬念颇多，呈现出的战争形式备受关注。

冲突初期，俄在对乌全境重要目标实施突袭的同时，还派遣地面部队分四路对乌首都基辅等枢纽城市实施纵深穿插奔袭，力图以闪电战击垮乌抵抗意志，实现速战速决。虽取得一定成效，但这一目标并未达成。随后面对乌坚固的筑垒防御体系，俄放弃南北对进围歼乌东重兵集团目标，继而发挥自身大兵团作战优势，在近千公里战线上逐步平推。在反复拉锯争夺中，双方动用了多种类型弹药，在马里乌波尔、波帕斯纳亚、北顿涅茨克等地，出现了类似一战时期的堑壕战战况。在美西方对乌持续军援的支撑下，2022 年 9 月，乌军在哈尔科夫反攻得手，俄迅速收缩战线、局部动员，并宣布乌东四地公投入俄，战事再次陷入僵持，双方对抗愈趋白热化。其间，民用卫星、人工智能、无人机的使用，也改写了现代战争的作战方式。

目前，俄乌战场情况依旧扑朔迷离，战事逐步演变为持久消耗的韧性比拼。俄攻击目标扩大至乌重要基础设施，乌则积极争取西方重武器援助，但双方均不具备在战场速胜的条件，面临着赢不了、谈不拢、退不得的境地，冲突目标也逐步异化为让对手流更多的血、承受更大的损失，最大限度地消耗对方资源，在意志和韧性的比拼中迫使对方退让。

（二）国家地区博弈——日益呈现出总体对决态势

俄乌冲突爆发一年来，其不仅是俄乌之间关于领土主权和发展方向之争，同时也是俄

与西方阵营因北约东扩引发的对决，日益呈现总体对决态势，其矛盾愈发难以调和。

这一年来，美西方给予乌克兰大量军事援助，动员武装乌克兰战斗到“最后一个乌克兰人”，以维持战线僵持、久战不和的态势，使乌克兰成为消耗俄实力的长期出血点。不仅如此，美西方借冲突对俄进行政治全盘否定、外交全面打压、文化完全孤立，以混合战争手法对俄实施总体战，并利用自身经济技术优势，高举制裁大棒，对俄进行战略绞杀。据统计，一年来，西方对俄实施的制裁措施近 1 万项。从科技封锁、经济断供，到冻结没收俄央行和公民海外资产，从禁止俄运动员参加国际体育赛事，到制裁俄罗斯的猫、狗、植物，美西方对俄制裁力度惊人，妄图通过制裁彻底扼杀俄发展潜力和国计民生，对俄妖魔化塑势，以压促变。

值得注意的是，除战场中血与火的惨烈交锋外，信息域认知域战场“搏杀”同样激烈。这一边，美西方利用话语霸权，制造反俄单向信息流，对俄捂嘴噤声，塑造反俄“政治正确”，裹挟民意倒逼各国联手抗俄，甚至运用深度伪造技术散布各种“似是而非的信息”，制造信息迷雾，不断对俄实施舆论干预和诱导欺骗。另一边，俄罗斯积极利用第三方社交媒体平台，突破西方信息封锁，建立己方话语体系，强化己方正面认知，向全球辐射认知影响，并充分利用在乌境内发现的美国生物实验室，揭批美从事生物实验研究甚至故意传播病毒的事实，打破西方炮制的信息茧房，争取舆论道义制高点。

（三）世界格局演变——深刻影响国际安全形势

俄乌冲突是冷战结束以来最大的地缘政治冲突，正推动国际战略力量和格局进行深度调整。

国际安全形势愈发尖锐对立。这场冲突严重加剧了国际政治中的集团对抗和阵营对立。围绕俄乌冲突，以联合国安理会为核心的大国协商一致原则面临困境，集团对抗日益取代机制合作。同时，其反向助推全球性军备竞赛，增大了大国高强度对抗风险。受俄乌冲突刺激，北约各成员国军事化程度明显提升，英、法、德等军事大国纷纷上调军费比例。此外，美西方对俄史无前例的全方位经济金融制裁，破坏国际贸易规则，增大国际债务和金融领域风险，造成国际产业链供应链断裂，加剧世界能源和粮食危机，令经济全球化遭受历史性重创。这进一步削弱了全球安全架构的基础，对全球安全治理体系形成巨大冲击。

欧洲陷入长久地缘政治冲突漩涡。总体来看，俄乌冲突严重削弱了俄罗斯和欧洲，美国成为最大的获利者。俄乌冲突的爆发，既让北约摆脱“脑死亡”，进一步固化美欧捆绑一致对俄态势，也使欧洲长期追求的战略自主遭遇挫折，对美战略依赖程度加深。另外，欧俄经贸合作彻底破裂、政治合作冻结，对抗取代合作成为欧俄关系的主基调，隔绝孤立恐将长期延续。当下，西方对乌军援已由最初的单兵反坦克导弹和防空导弹，升格为坦克等进攻性重装备，冲突升级、甚至失控的可能性进一步增强。

尽管当下欧美空前一致对俄，但冲突发生在欧洲，牺牲的是欧洲利益，维护的是美国霸权。美国借冲突大发战争横财，其军工复合体和能源巨头弹冠相庆；欧洲经济民生遭受重创，能源食品价格飞涨，通胀率居高不下。欧美抱团只能是一种危机刺激下的“应急团结”。长期看，美国煽风点火、趁火打劫的行径，势必遭到盟友伙伴越来越多的不满和反抗。

俄乌冲突延宕至今，是欧洲深层次安全矛盾长期累积、不断演进的结果，是美国为一己私利、持续“拱火”的结果。当务之急是，各方都应放弃本国利益优先的“小道理”，服从遵守联合国宪章宗旨和原则的“大道理”，共同反对冷战思维，共同抵制阵营对抗。只有各方克服分歧，坐到谈判桌前，才是化解乌克兰危机最现实可行的办法。虽然和谈之路不会一帆风顺，但只要不放弃努力，实现和平的前景就始终是可能的。

七、同心协力，共迎挑战，谱写亚太合作新篇章

30年前，面对冷战结束后“人类向何处去”的世界之问、历史之问、时代之问，亚太地区领导人顺应和平和发展的时代潮流，召开了首次亚太经合组织领导人非正式会议，一致同意超越集团对抗、零和博弈的旧思维，深化区域经济合作和一体化，致力于共建一个活力、和谐、繁荣的亚太大家庭。这一重大决定推动亚太发展和经济全球化进入快车道，助力亚太成为世界经济增长中心、全球发展稳定之锚和合作高地。亚太合作的非凡历程带给我们许多深刻启示。

——开放包容是亚太合作的主旋律。亚太发展靠的是开放包容、取长补短、互通有无，而不是对立对抗、以邻为壑、“小院高墙”。我们秉持开放的区域主义，共同制定了茂物目标和布特拉加亚愿景，推进贸易和投资自由化便利化，提升区域经济一体化水平。过去30年，亚太地区平均关税水平从17%下降至5%，对世界经济增长的贡献达到七成。

思政点滴

茂物目标是在1994年印尼茂物召开的亚太经合组织峰会上提出的。该目标要求发达成员在2010年前、发展中成员在2020年前实现贸易和投资的自由化。

布特拉加亚愿景，即《2040年亚太经合组织布特拉加亚愿景》，是在2020年亚太经合组织第二十七次领导人非正式会议上通过的文件。这份愿景的宗旨是到2040年建成一个开放、活力、强劲、和平的亚太共同体，实现亚太人民和子孙后代的共同繁荣。

——共同发展是亚太合作的总目标。发展是亚太地区永恒的主题。我们始终聚焦发展，不断深化经济技术合作，增强发展中成员自主发展能力。我们共同开创了自主自愿、协商一致、循序渐进的“亚太经合组织方式”，尊重各成员发展权。过去30年，亚太地区人均收入翻了两番还要多，10亿人口成功脱贫，为人类进步和全球可持续发展做出重要贡献。

——求同存异是亚太合作的好做法。亚太地区经济体历史文化和发展阶段不同，在亚太地区推进合作不能要求整齐划一，只能走求同存异的路子。过去30年，我们妥善应对亚洲金融危机、国际金融危机等重大挑战，维护了亚太经济发展的良好势头，靠的就是谋大势、顾大局，弘扬和而不同、和衷共济的伙伴精神，不断将成员多样性转化为合作动力，优势互补，携手共进。

世界进入新的动荡变革期，世界经济增长动能不足，不稳定、不确定、难预料因素增多。亚太合作下一个30年将走向何方，成为我们面临的新的时代之问。“万物得其本者生，百事得其道者成。”我们要秉持亚太经合组织初心，牢记历史赋予我们的使命，推动亚太合作再出发。

旧金山是《联合国宪章》签署地，寄托着各国人民对世界和平的美好愿望。和平来之不易，发展任重道远。我们要共同维护联合国宪章宗旨和原则，坚持对话而不对抗、结伴而不结盟的国与国交往之道，维护亚太繁荣稳定。亚太不能也不应该沦为地缘博弈的角斗场，更不能搞“新冷战”和阵营对抗。

亚太繁荣发展的历程表明，唯有合作才能发展，不合作是最大的风险，搞“脱钩断链”对谁都没好处。我们要坚持开放的区域主义，坚定不移推进亚太自由贸易区进程，尊重经济规律，发挥各自比较优势，促进各国经济联动融通，加强相关区域经贸协定和发展战略对接，打造合作共赢的开放型亚太经济。

面对新一轮科技革命和产业变革浪潮，我们要着眼长远、把握机遇、乘势而上，推进数字化、智能化、绿色化转型发展，共同强化科技创新和成果转化，推进数字经济和实体经济深度融合。要携手完善全球科技治理，强化科技创新对绿色化数字化转型和可持续发展的支撑，营造开放、公平、公正、非歧视的科技发展环境。

10年前，习近平主席提出推动构建人类命运共同体的理念。亚太经合组织制定的布特拉加亚愿景，明确提出2040年建成亚太共同体，为亚太合作指明了方向。近年来，针对全球迫切需要，习近平主席又提出了全球发展倡议、全球安全倡议、全球文明倡议，旨在推动各方携手应对各种全球性挑战、促进全球共同发展、增进全人类福祉。中方愿同亚太各方一道，推进落实这些倡议，共同建设持久和平、普遍安全、共同繁荣、开放包容、清洁美丽的世界。

2023年以来，中国经济持续回升向好，增速在全球主要经济体中保持领先，高质量发展扎实推进。中国仍然是全球增长最大引擎，2023年对全球经济增长的贡献将达到1/3。

中国具有社会主义市场经济的体制优势、超大规模市场的需求优势、产业体系配套完整的供给优势、大量高素质劳动者和企业家的人才优势，经济发展具备强劲的内生动力、韧性、潜力。过去，中国在不断战胜风险挑战中爬坡过坎，取得历史性成就。现在，中国经济韧性强、潜力足、回旋余地广，长期向好的基本面没有变也不会变。我们有信心、更有能力实现长期稳定发展，并不断以中国新发展为世界带来新动力、新机遇。

中国深入贯彻创新、协调、绿色、开放、共享的新发展理念，坚定不移推进高质量发展，经济增长的含金量更高、绿色成色更浓。近年来，中国新能源汽车、锂电池、光伏产品“新三样”出口快速增长，即将启动的全国温室气体自愿减排交易市场将创造巨大的绿色市场机遇。我们将加快推进现代化产业体系建设，为各类经营主体共享发展成果提供更好制度性保障，不断培育新的增长动能、释放更大发展空间。

我们坚持敞开大门搞建设，坚定不移推进高水平对外开放，进一步扩大市场准入，已经宣布全面取消制造业领域外资准入限制措施。2023 年 11 月 5 日至 10 日成功举办了第六届中国国际进口博览会，11 月 23 日至 27 日成功举办了第二届全球数字贸易博览会，进一步扩大开放，同各国共享发展机遇和红利。中国正在高质量实施《区域全面经济伙伴关系协定》，主动对接《全面与进步跨太平洋伙伴关系协定》和《数字经济伙伴关系协定》高标准经贸规则，积极推动加入两个协定进程，扩大面向全球的高标准自由贸易区网络。2023 年是习近平主席提出共建“一带一路”倡议 10 周年。中国成功举办第三届“一带一路”国际合作高峰论坛，形成了 458 项成果，中国金融机构成立 7 800 亿元人民币的“一带一路”项目融资窗口，中外企业达成 972 亿美元的商业合作协议，这将推动共建“一带一路”高质量发展，为全球互联互通、促进发展繁荣注入强劲动力。

无论国际形势如何变化，中国打造市场化、法治化、国际化营商环境的决心不会变，一视同仁为外商投资提供优质服务的政策不会变。我们将不断完善外商投资权益保护机制，进一步缩减外商投资准入负面清单，全面保障外商投资企业国民待遇，持续加强知识产权保护。我们将努力打破制约创新要素流动的壁垒，深化数字经济领域改革，促进数据依法有序自由流动。同时，推出更多“暖心”举措，优化外国人来华和停居留政策，着力打通大家在华使用金融、医疗、互联网支付等服务的堵点，为外国工商界朋友来华投资兴业提供更好保障。

中国经济克服挑战、稳步前行，实现高质量发展，这也是推进中国式现代化的必然要求。中国式现代化的出发点和落脚点是让 14 亿多中国人民过上更加美好的生活。对世界来说，这意味着更加广阔的市场和前所未有的合作机遇，也将为世界现代化注入强大动力。

阔步人间正道　共向光明未来

“中国追求的不是独善其身的现代化，愿同各国一道，实现和平发展、互利合作、共同繁荣的世界现代化，推动构建人类命运共同体！”

2023 年 11 月 15 日，旧金山，国家主席习近平在美国友好团体联合欢迎宴会上的演讲中这样说。

站在历史的十字路口，人类如何抉择，考验各国智慧，关乎世界前途命运。

10 年前的春天，国家主席习近平面对世界百年未有之大变局，提出构建人类命运共同体理念，深刻回答“人类向何处去”的世界之问、历史之问、时代之问。

10 年来，构建人类命运共同体的理念不断丰富和发展，凝聚起各国人民对于共建美好世界的新愿景，汇聚了全球求和平谋发展盼稳定的最大公约数，画出了不同文化背景和发展程度国家之间的最大同心圆。

10年来，构建人类命运共同体的实践稳步推进，从双边到多边，从区域到全球，取得全方位、开创性的丰硕成果，为彷徨求索的世界点亮前行之路，为各国人民走向携手同心共护家园、共享繁荣的美好未来贡献中国方案，成为引领时代潮流和人类前进方向的鲜明旗帜。

新时代呼唤新理念：中国方案为世界前行提供启迪

“这个世界，各国相互联系、相互依存的程度空前加深，人类生活在同一个地球村里，生活在历史和现实交汇的同一个时空里，越来越成为你中有我、我中有你的命运共同体。”2013年3月23日，在俄罗斯莫斯科国际关系学院，习近平主席深刻把握时代潮流大势，以宽广战略视野、卓越政治智慧和强烈使命担当，创造性地提出构建人类命运共同体理念。

“当今世界，各国相互依存、休戚与共。我们要继承和弘扬联合国宪章的宗旨和原则，构建以合作共赢为核心的新型国际关系，打造人类命运共同体。”2015年9月28日，纽约联合国总部，习近平主席在第七十届联合国大会一般性辩论上发表重要讲话，从伙伴关系、安全格局、发展前景、文明交流、生态体系5个方面系统阐释构建人类命运共同体理念的主要内涵，就“建设一个什么样的世界、如何建设这个世界”提出中国方案。

“建立平等相待、互商互谅的伙伴关系”，要走出一条“对话而不对抗，结伴而不结盟”的国与国交往新路；“营造公道正义、共建共享的安全格局”，要摒弃一切形式的冷战思维，树立共同、综合、合作、可持续安全的新观念；“谋求开放创新、包容互惠的发展前景”，要秉承开放精神，推进互帮互助、互惠互利；“促进和而不同、兼收并蓄的文明交流”，要尊重各种文明，平等相待，互学互鉴，兼收并蓄，推动人类文明实现创造性发展；“构筑尊崇自然、绿色发展的生态体系”，要以人与自然和谐相处为目标，实现世界的可持续发展和人的全面发展。“五位一体”的总体框架继承和弘扬了联合国宪章的宗旨和原则，为国际关系发展提供了新理念、开辟了新愿景，开创了国际交往新格局。

2017年1月18日，联合国日内瓦总部。

“让和平的薪火代代相传，让发展的动力源源不断，让文明的光芒熠熠生辉，是各国人民的期待，也是我们这一代政治家应有的担当。中国方案是：构建人类命运共同体，实现共赢共享。”习近平主席提出建设“五个世界”的总目标，构建人类命运共同体理念的思想内涵不断深化拓展。

“坚持对话协商，建设一个持久和平的世界”“坚持共建共享，建设一个普遍安全的世界”“坚持合作共赢，建设一个共同繁荣的世界”“坚持交流互鉴，建设一个开放包容的世界”“坚持绿色低碳，建设一个清洁美丽的世界”——从“五位一体”总体框架到“五个世界”总目标，构建人类命运共同体理念实现了历史视野的再拓展、思想内涵的再深化，为人类未来锚定了更明确的目标、描绘了更清晰的图景。

春华秋实，十载有成。

10年来，构建人类命运共同体理念从萌发到壮大，日益形成宏大、系统、全面的科学理论体系。构建人类命运共同体理念具有开放包容、公平正义、和谐共处、多元互鉴、团结协作的鲜明特征，主张世界各国同呼吸、共命运，在全球范围内产生广泛共鸣。构建人类命运共同体理念连续6年写入联大决议，多次写入上海合作组织、金砖国家等多边机制决议或宣言，展现出强大的影响力、生命力、感召力。

2023年5月，首届中国—中亚峰会成功召开，“构建更加紧密的中国—中亚命运共同体”作为峰会最重要的政治成果写入宣言文件，中国同中亚五国实现双边层面践行人类命运共同体全覆盖。

10年来，中国与广大新兴市场国家和发展中国家携手前行，共同迈出构建人类命运共同体的稳健步伐。中非命运共同体是最早提出的区域命运共同体，成为中国与地区国家构建命运共同体的典范，中阿、中拉、中国—太平洋岛国等命运共同体建设蹄疾步稳。周边命运共同体不断落地生根，中国—东盟命运共同体建设持续推进，上海合作组织命运共同体成果丰硕。在双边层面，中国同老挝、柬埔寨、缅甸、印度尼西亚、泰国、马来西亚、巴基斯坦、蒙古国、古巴、南非等国家就构建双边命运共同体发表行动计划、联合声明或达成重要共识……

参天之木，必有其根；怀山之水，必有其源。根植于中华优秀传统文化的沃土，构建人类命运共同体理念把人类历史长河中跨越时空、超越国度、富有永恒魅力、具有当代价值的优秀文化弘扬起来，凝聚不同民族、不同信仰、不同文化、不同地域人民的价值共识，描绘出建成持久和平、普遍安全、共同繁荣、开放包容、清洁美丽世界的光辉愿景。

倡导构建人类命运共同体是中国共产党立足全球视野、厚植天下情怀、担当使命责任的生动体现。中国共产党始终坚持发展自己、兼济天下、造福世界，不仅要让中国人民都过得好，也帮助其他国家人民过上好日子，努力为人类做出新的更大贡献。党的二十大报告明确提出推动构建人类命运共同体是中国式现代化的本质要求之一，把中国的前途命运和人类的前途命运紧密联系起来。

立时代之潮头，发思想之先声。10年来，构建人类命运共同体理念顺应历史发展趋势，迸发出澎湃的思想伟力，凝聚起世界人民求和平、谋发展、促合作的共同期盼。在第七十一届联合国大会主席彼得·汤姆森眼中，构建人类命运共同体是“人类在这个星球上的唯一未来”。

是倡导者也是行动派：十年实践让美好向往变成现实

“人类命运共同体，顾名思义，就是每个民族、每个国家的前途命运都紧紧联系在一起，应该风雨同舟，荣辱与共，努力把我们生于斯、长于斯的这个星球建成一个和睦的大家庭，把世界各国人民对美好生活的向往变成现实。”习近平主席说。

2023年10月2日，印度尼西亚雅万高铁正式启用，成为东南亚国家首条实现350公里时速的铁路。

通过共建“一带一路”合作，中国携手各方力量共同发展，积极践行构建人类命运共同体理念，一个又一个鲜活范例惠及世界、造福人民。

从助力老挝“变陆锁国为陆联国”的中老铁路，到将古老“东方十字路口”变为“未来城”的斯里兰卡科伦坡港口城；从重获新生的希腊比雷埃夫斯港，到帮助克罗地亚人民实现连接南北领土夙愿的佩列沙茨大桥；从让沙漠地带居民喝上干净饮用水的塞内加尔乡村打井工程，到造福肯尼亚千家万户的东非最大光伏电站加里萨光伏电站……

一个个合作项目落地、一项项成果实现共享，中国以脚踏实地的行动，践行着命运与共、共同发展的诺言。

中国与150多个国家、30多个国际组织签署了230多份共建“一带一路”合作文件，显著提升全球互联互通和贸易水平。共建“一带一路”走过10年，是中国推动构建人类命运共同体的生动实践，是深受欢迎的国际公共产品和国际合作平台，成为人类社会发展史上具有里程碑意义的重大事件。

在习近平主席的引领和推动下，构建人类命运共同体理念内涵不断丰富发展，壮阔实践不断深入推进。2021年以来，习近平主席相继提出全球发展倡议、全球安全倡议、全球文明倡议三大倡议，从发展、安全、文明三个维度指明人类社会前进方向，彼此呼应、相得益彰，为当前人类面临的难题提供了综合性解决方案，成为推动构建人类命运共同体的重要依托。

——“发展是实现人民幸福的关键。”2021年9月，习近平主席在第七十六届联合国大会一般性辩论上提出全球发展倡议。

全球发展倡议，最根本的目标是加快落实联合国2030年可持续发展议程，最核心的要求是坚持以人民为中心，最重要的理念是倡导共建团结、平等、均衡、普惠的全球发展伙伴关系，最关键的举措在于坚持行动导向，推动实现更加强劲、绿色、健康的全球发展，共建全球发展共同体。

在全球发展倡议助力下，老挝政府延续了为偏远地区1 400多所学校超过13万名学生提供营养餐的国家校餐计划；吉尔吉斯斯坦妇女在“知识女性，知识国家”培训班上学到了信息技术、商业规划、网络营销等课程；莫桑比克德尔加杜角省的数千户难民家庭在得到生活物资的支持后，开始自建安居之所；蒙古国乌兰巴托市的近千户家庭也将告别棚户区，搬进整洁明亮的新楼房。

——“冲出迷雾走向光明，最强大的力量是同心合力，最有效的方法是和衷共济。”2022年4月的博鳌亚洲论坛年会开幕式上，习近平主席面向世界首次提出全球安全倡议。

全球安全倡议倡导以团结精神适应深刻调整的国际格局，以共赢思维应对各种传统安全和非传统安全风险挑战，走出一条对话而不对抗、结伴而不结盟、共赢而非零和的新型安全之路。

中国正式发布《全球安全倡议概念文件》，进一步阐释全球安全倡议的核心理念与原则，明确重点合作方向；就乌克兰危机升级，发布《关于政治解决乌克兰危机的中国立场》文件，派出中国政府欧亚事务特别代表，推动乌克兰危机政治解决；在阿富汗问题上发布《关于阿富汗问题的中国立场》文件，在鼓励阿富汗温和稳健施政、推动和平重建等多个方面给予坚定支持。

在非传统安全领域，中国深度参与反恐、公共卫生、数字治理、生物安全、应对气候变化等领域的国际合作，加入了几乎所有普遍性政府间国际组织；中国援外医疗队累计诊治患者近 3 亿人次；中国累计派出联合国维和人员超过 5 万人次，在安理会常任理事国中名列第一……

——“在各国前途命运紧密相连的今天，不同文明包容共存、交流互鉴，在推动人类社会现代化进程、繁荣世界文明百花园中具有不可替代的作用。”2023 年 3 月，习近平主席首提全球文明倡议。

全球文明倡议向全世界发出增进文明交流对话、在包容互鉴中促进人类文明进步的真挚呼吁，为推动构建人类命运共同体注入了精神动力。

同多国举办 30 余个大型文化和旅游年（节）；建立丝绸之路国际剧院、博物馆、艺术节、图书馆、美术馆联盟；同各国建立了约 3 000 对友好城市（省州）关系；在人文交往领域，推动 16 个多边交流合作机制和 25 个双边合作机制不断发展；广泛开展双多边政党交流合作活动，推进形式多样的民间外交、城市外交、公共外交。

“中国通过共建‘一带一路’倡议以及全球发展倡议、全球安全倡议、全球文明倡议等，努力弘扬多边主义、弥合南北发展鸿沟、促进文明交流互鉴，为世界做出了实实在在的贡献。”阿根廷拉普拉塔国立大学中国研究中心研究员塞巴斯蒂安·舒尔茨说。

应大势而谋未来：携手各国共创美好明天

“当前，发展中国家群体性崛起，国际影响力不断增强，已经成为不可逆转的时代潮流。”2023 年 9 月 15 日，在同来华进行国事访问的赞比亚总统希奇莱马举行会谈时，习近平主席这样阐述当今国际社会发展趋势。

历史大势，浩浩荡荡。从沙特、埃及、阿联酋、阿根廷、伊朗、埃塞俄比亚获邀成为金砖大家庭成员到非盟获邀加入二十国集团，从第七十八届联合国大会一般性辩论上发展中国家发出捍卫多边主义呼声到“77 国集团和中国”峰会聚焦推动南方国家协调合作应对当前挑战……在当前世界动荡变革、风险挑战层出不穷的背景下，发展中国家群体性觉醒，谋求团结进步、反对外部干涉的共同意愿与日俱增。

“作为发展中国家、‘全球南方’的一员，我们始终同其他发展中国家同呼吸、共命运，坚定维护发展中国家共同利益，推动增加新兴市场国家和发展中国家在全球事务中的代表性和发言权。中国没有称王称霸的基因，没有大国博弈的冲动，坚定站在历史正确一边，坚定奉行‘大道之行，天下为公’。”习近平主席在 2023 年金砖国家工商论坛闭幕式上的致辞中说。

同世界粮食计划署、联合国开发计划署、儿童基金会、难民署、世界卫生组织、红十字国际委员会等近 20 个国际组织开展合作，在埃塞俄比亚、巴基斯坦、尼日利亚等近 60个国家实施了130多个项目，聚焦“小而美、惠民生”，涵盖减贫、粮食安全、抗疫、气候变化等领域，受益人数超过 3 000 万人。积极推动并全面落实二十国集团缓债倡议，在二十国集团缓债倡议中贡献最大，同 19 个非洲国家签署缓债协议或达成缓债共识，帮助非洲减缓债务压力……只要是对全人类有益的事情，中国就会义不容辞地做，并且全力以赴做好。

10 年来，中国推动构建人类命运共同体的努力为各国提供了国际关系新思路，通过倡导真正的多边主义，广交伙伴，求同存异，超越集团政治的“小圈子”规则，超越实力至上的逻辑，推动国际秩序朝着更加公正合理的方向发展。

为人类长远计，为子孙后代计，中国以构建人类命运共同体理念为指引，为解决世界性难题做出独特贡献，向各领域国际合作注入强劲动力，勾勒出人类共同的美好明天的详尽蓝图。

面对新冠疫情，中国提出构建人类卫生健康共同体，站在国际抗疫合作“第一方阵”；对于全球网络空间治理，中国提出构建网络空间命运共同体，积极参与联合国网络安全进程，成立世界互联网大会国际组织，为全球互联网共享共治搭建平台；面对日益严峻的全球气候挑战，中国先后提出构建人与自然生命共同体、地球生命共同体等重要理念，积极推动经济发展转型，承诺力争 2030 年前实现碳达峰、努力争取 2060 年前实现碳中和……

希腊前总统帕夫洛普洛斯说：“当今世界面临气候变化、公共卫生、难民和地区冲突等挑战，更加凸显构建人类命运共同体理念的重要性。”

和平、发展、合作、共赢的时代潮流不可阻挡，构建人类命运共同体是世界各国人民前途所在。各国不是乘坐在190多条小船上，而是乘坐在一条命运与共的大船上。构建人类命运共同体理念反映世界人民追求和平、正义、进步的共同心声，汇聚共建美好世界的磅礴力量，是把握历史规律、推动人类发展的必然选择，是顺应时代潮流、提升全球治理的正确方向，是坚持和平发展、促进团结协作的人间正道。

（资料来源：《求是》，2023 年第 23 期，有改动）

思政阅读，学习强国

- 《承担大国责任才能合力造福世界》，《人民日报》，2023 年 11 月 24 日。
- 崔天凯：《纪念基辛格，推动中美关系健康稳定发展》，《人民日报》，2023 年 12 月 8 日。
- 习近平：《构建具有战略意义的中越命运共同体 开启携手迈向现代化的新篇章》，《人民报》，2023 年 12 月 12 日。

- 杨发喜：《从“协和万邦”到推动构建人类命运共同体》，《红旗文稿》，2023 第 14 期。
- 韩显阳：《俄战略界：“中国立场”平衡且有价值》，《光明日报》，2023 年 2 月 28 日。

思政探究，入脑入心

1. 努力开创新时代外交新局面应从哪些方面着手？
2. 如何正确理解多边主义？维护和践行多边主义应遵循哪几项基本原则？
3. 中美关系的五根支柱分别是什么？
4. 俄乌冲突对于国际格局产生了哪些深刻影响？
5. 中俄两国在哪些方面取得了深入务实的合作？
6. 中国为推动亚太经济一体化发挥了哪些关键作用？

思政训练营

实践活动　“中国特色大国外交的生动实践”知识分享会

活动目的：

本次活动旨在帮助学生深刻领悟习近平外交思想所蕴含的非凡理论勇气、卓越政治智慧、深厚天下情怀，自觉树立正确的世界观、历史观、大局观、角色观。

活动方式：

知识分享会。

活动要求：

学生可结合党的二十大报告，谈一谈新时代 10 年我国外交工作取得的新进展，深切感受不断开创新时代中国特色大国外交新局面的生动实践，从而更加坚定支持构建人类命运共同体，更加坚定支持党和政府维护国家主权、安全、发展利益的各项举措。

参考文献

［1］中共中央宣传部，中华人民共和国外交部．习近平外交思想学习纲要［M］．北京：人民出版社，学习出版社，2021．

[2] 习近平．共迎时代挑战 共建美好未来［N］．人民日报，2022-11-16（2）．

[3] 中国外交部发布《关于政治解决乌克兰危机的中国立场》［N］．人民日报，2023-2-25（5）．

[4] 习近平同俄罗斯总统普京会谈［N］．人民日报，2023-10-19（1）．

[5] 习近平同美国总统拜登举行中美元首会晤［N］．人民日报，2023-11-17（1）．

[6] 俄乌冲突一周年回望：推动世界格局进行深度调整．新华社，2023 年 02 月 23 日。

[7] 习近平．同心协力 共迎挑战 谱写亚太合作新篇章——在亚太经合组织工商领导人峰会上的书面演讲［N］．人民日报，2023-11-18（2）．